Günther Geyer / Wolfgang Ronzal

Führen und Verkaufen

Günther Geyer / Wolfgang Ronzal

Führen und Verkaufen

Mehr Erfolg im Filialgeschäft
von Banken und Sparkassen

2. Auflage

Bibliografische Information der Deutschen Nationalbibliothek
Die Deutsche Nationalbibliothek verzeichnet diese Publikation in der
Deutschen Nationalbibliografie; detaillierte bibliografische Daten sind im Internet über
<http://dnb.d-nb.de> abrufbar.

1. Auflage 2002
2. Auflage 2010

Alle Rechte vorbehalten
© Gabler | GWV Fachverlage GmbH, Wiesbaden 2010

Lektorat: Guido Notthoff

Gabler ist Teil der Fachverlagsgruppe Springer Science+Business Media.
www.gabler.de

Das Werk einschließlich aller seiner Teile ist urheberrechtlich geschützt. Jede Verwertung außerhalb der engen Grenzen des Urheberrechtsgesetzes ist ohne Zustimmung des Verlags unzulässig und strafbar. Das gilt insbesondere für Vervielfältigungen, Übersetzungen, Mikroverfilmungen und die Einspeicherung und Verarbeitung in elektronischen Systemen.

Die Wiedergabe von Gebrauchsnamen, Handelsnamen, Warenbezeichnungen usw. in diesem Werk berechtigt auch ohne besondere Kennzeichnung nicht zu der Annahme, dass solche Namen im Sinne der Warenzeichen- und Markenschutz-Gesetzgebung als frei zu betrachten wären und daher von jedermann benutzt werden dürften.

Umschlaggestaltung: KünkelLopka Medienentwicklung, Heidelberg
Druck und buchbinderische Verarbeitung: MercedesDruck, Berlin
Gedruckt auf säurefreiem und chlorfrei gebleichtem Papier
Printed in Germany

ISBN 978-3-8349-2001-0

Vorwort

Der persönliche Erfolg von Führungskräften und Verkäufern in Kreditinstituten ist das Kernanliegen dieses Buches. Unser Ziel ist es, Ihnen und Ihren Mitarbeitern praxisbewährte und sofort anwendbare Tipps zum Führungs- und Verkaufsverhalten zu liefern. Für Ihre schnelle Orientierung haben wir die 120 Praxistipps dieses Buches in sechs überschaubare Kapitel gegliedert:

Kapitel 1: Verkaufen

Kapitel 2: Verkaufsförderung

Kapitel 3: Argumentation

Kapitel 4: Service und Kundenbetreuung

Kapitel 5: Zweigstelle und Arbeitstechnik

Kapitel 6: Führen

Einige Tipps werden für Sie eine gute Bestätigung Ihrer bisherigen Arbeit sein. Mit vielen anderen Tipps betreten Sie Neuland: Wenn Sie nur jeden zehnten Tipp aufgreifen und ihn künftig in Ihrem Führungs- und Verkaufsverhalten nutzen, dann hat sich Ihre Investition in dieses Buch für Sie, für Ihre Mitarbeiter und Kunden sowie für Ihr Kreditinstitut gelohnt. Wenn Sie bereits alle Vorschläge – was wir nicht erwarten – in Ihrem Berufsalltag berücksichtigen, dann erhalten Sie zumindest Bestätigung und Sicherheit für Ihr Verhalten.

Nutzen Sie die hier vorliegende zweite aktualisierte Auflage unseres Buches intensiv. Vor allem

- als individuelle Lektüre – Sie erhalten übersichtlich gegliederte praxiserprobte Tipps zum Führen und Verkaufen;

- durch Hinweise (zum Beispiel Kopien) an Ihre Mitarbeiter im Verkauf – Ihre Mitarbeiter erhalten konkrete Ideen für erfolgreiches Verkaufen und Sie initiieren Gespräche im Mitarbeiterkreis zum Dauerthema „Verkaufen";

- mit gezielten Hinweisen an einzelne Mitarbeiter – Sie wählen aus vielen Tipps Mitarbeiterspezifisches aus und haben eine solide Basis für Mitarbeitergespräche über Verkäuferisches;

- als Nachschlagewerk zum Führen und Verkaufen – Sie verfügen über ein umfangreiches Wissen für sich sowie Ihre Mitarbeiter und sichern sich und Ihrem Verkaufsteam einen schnellen Zugriff zu Führungs- und Verkaufsideen;
- und als Ideenbörse für Mitarbeiter-/Verkäuferbesprechungen (zum Beispiel ein verkäuferischer Tipp pro Besprechung) – Sie greifen das Thema „Verkaufen" kontinuierlich auf und ersparen sich Vorbereitungszeit durch die überschaubaren Tipps.

Erfolgreiche Führungskräfte und Verkäufer suchen immer wieder nach neuen Wegen, Anregungen und Ideen. Nehmen Sie sich bei der Lektüre dieses Buches nicht zuviel vor. Denn: Tausend Ideen sind gut – eine umgesetzte Idee ist für Sie viel besser.

Viel Freude bei der Lektüre und viel Erfolg beim erfolgreichen Führen und Verkaufen wünschen Ihnen herzlichst

Bensheim und Wien, im September 2009 Günther Geyer und Wolfgang Ronzal

Inhaltsverzeichnis

Vorwort 5

Teil I
Verkaufen 15

Tipp 1 „Ich bin der finanzielle Coach meiner Kunden" 17

Tipp 2 „Ihre Kunden erwarten von Ihnen konkrete Tipps
        zu Bank- und Geldgeschäften" 20

Tipp 3 „Fragen Sie doch einfach Ihren Kunden!" 22

Tipp 4 Vertriebs-Coaching: die zwölf häufigsten Fehler
        in Verkaufsgesprächen 24

Tipp 5 Wie erkennen Sie, ob ein Kunde Interesse an einem Kauf hat? ... 35

Tipp 6 Ein Angebot für den Kunden – ein Erfolgsfaktor im Verkauf ... 37

Tipp 7 Aktuelle Depotauszüge 38

Tipp 8 Die Erstkonto-Eröffnung 40

Tipp 9 Preise und Konditionen erfolgreich verkaufen 42

Tipp 10 Reklamationen und Präsente 53

Tipp 11 Nachverkauf – den Kunden nach dem Verkaufen
        noch einmal überzeugen! 55

Tipp 12 „Metzger-Qualität" bei Kreditinstituten! 56

Tipp 13 „Das hätten Sie mir aber früher sagen können!" 57

Tipp 14 Gute Kreditkunden sind rar! 59

Tipp 15 „Ich kenne meine langjährigen Kunden gut!" 61

Tipp 16 Verkaufsorientierung am Telefon 62

Tipp 17 Der angewärmte Kundenstuhl 70

Tipp 18 Persönliche Betreuung –
und wen erreicht der Kunde in der Urlaubszeit? 72

Tipp 19 Freundlichkeit und Höflichkeit sind „schlechte Verkäufer"! 73

Tipp 20 Der Mutige gewinnt! 75

Teil II
Verkaufsförderung 77

Tipp 21 Blickfang für Kunden und Aufhänger für die Ansprache 79

Tipp 22 „Vergissmeinnicht" 82

Tipp 23 Sicherheit – ein wichtiges Motiv für die Menschen 83

Tipp 24 Das Mitarbeiter-Kochbuch als Weihnachtsgeschenk
für Ihre Kunden 84

Tipp 25 „Gesundheitstag" 85

Tipp 26 Wie viele Münzen sind im Glas? 86

Tipp 27 Sponsoring mit Gegenleistungen 87

Tipp 28 Weihnachten kommt jedes Jahr 88

Tipp 29 „Warum sind Sie Kunde bei uns geworden?" 90

Tipp 30 Kunden laden Kunden ein 91

Tipp 31	Haben Sie immer eine Visitenkarte dabei?	92
Tipp 32	Was bekommt der Kunde beim Abschluss?	97
Tipp 33	Woran erinnern Sie Kunden nach einem Gespräch	98
Tipp 34	Die Erinnerungskarte	99
Tipp 35	Ein Blatt Papier	100
Tipp 36	Ein Bild sagt mehr als tausend Worte!	102
Tipp 37	Wofür haben Sie Prospekte?	103
Tipp 38	Verkaufen Sie mit Stift und Papier	104
Tipp 39	Sie verlieren einen Kunden, kann man da noch etwas tun?	105
Tipp 40	Die einfachste und erfolgreichste Verkaufsaktion	107

Teil III
Argumentation ... 111

Tipp 41	Die Sprache des Verkäufers	113
Tipp 42	„Wo haben Sie Bedarf?"	119
Tipp 43	Der „Nein"-Sager von heute ist der „Ja"-Sager von morgen!	120
Tipp 44	Ein guter Tipp ist oft mehr wert als die Lockangebote von Wettbewerbern!	122
Tipp 45	Ist das Schweigen des Kunden Zustimmung?	124
Tipp 46	„Sie sind doch sowieso immer da!" oder feste Terminvereinbarungen?	125
Tipp 47	Der Kunde zieht ein Wettbewerbsangebot vor!	128
Tipp 48	„… Ich hoffe Ihnen gedient zu haben und stehe Ihnen jederzeit gerne zur Verfügung."	129

Tipp 49   Einmal im Jahr: das Grundsatzgespräch mit dem Kunden 131

Tipp 50   Zu viele Schuhe!!! 134

Tipp 51   Sagen Sie es Ihrem Kunden! 135

Tipp 52   Das Problem mit den vielen Problemen 137

Tipp 53   „Bitte setzen Sie sich in den nächsten Tagen mit uns
          in Verbindung!" 139

Tipp 54   Die Fälligkeitsliste ist überfällig 140

Tipp 55   „Gönnen Sie sich etwas Besonderes
          von Ihren Wertpapiergewinnen!" 141

Tipp 56   Wollen Sie sich mit Kunden wirklich nur „unterhalten"? 143

Tipp 57   Ja-Reaktionen auslösen! 144

Tipp 58   „Sprechen Sie über den Zinssatz noch einmal mit Ihrem Chef!" 145

Tipp 59   Wege zur Einwandbeantwortung 147

Tipp 60   Verkaufen gestern und heute 157

Teil IV
Service und Kundenbetreuung 159

Tipp 61   Störenfried Kunde? 161

Tipp 62   „We are ladies and gentlemen, serving ladies and gentlemen" 164

Tipp 63   Der Service-Manager 165

Tipp 64   Wir haben die Lösung, bevor das Problem kommt 166

Tipp 65   „Das Glück liegt in der Aufmerksamkeit in kleinen Dingen." 167

Tipp 66   25 wichtige Kleinigkeiten, über die sich Ihr Kunde freut 170

Tipp 67	Verlassen Sie sich nicht zu sehr auf die Treue Ihrer Kunden!	172
Tipp 68	„Ich bin noch nie angesprochen worden!"	173
Tipp 69	Wissen Sie, warum Kunden ihr Konto bei Ihnen auflösen?	174
Tipp 70	Eine Reklamation – elf argwöhnische Kunden	175
Tipp 71	Unerwartetes Verhalten verändert auch das Kundenverhalten	180
Tipp 72	Ich bin heute 20 Jahre Kunde Ihrer Bank!	181
Tipp 73	Wie Sie Ihre Weihnachtskarten persönlich und individuell gestalten	182
Tipp 74	Wer spricht die ersten fünf Minuten im Verkaufsgespräch?	185
Tipp 75	Telefon-Standards	186
Tipp 76	Service in Selbstbedienungs-Foyers	187
Tipp 77	Soll ich mich beim Kunden für den Abschluss eines Geschäftes bedanken?	189
Tipp 78	Den Kunden nicht wegschicken, sondern begleiten	191
Tipp 79	Fünf Minuten später schließen	193
Tipp 80	Wie waren Sie heute mit uns zufrieden?	194

Teil V
Filiale und Arbeitstechnik 197

Tipp 81	Warten Sie gerne?	199
Tipp 82	Wie oft werden Sie bei Beratungsgesprächen gestört?	202
Tipp 83	Diskretion ist nicht gleich Diskretion!	204
Tipp 84	Systematische und konsequente Neukundenbetreuung	205
Tipp 85	„Eine gute und eine schlechte Nachricht"	208

Tipp 86   Suchen Sie Kunden für Ihre Angebote?
          Oder suchen Sie Angebote für Ihre Kunden? 210

Tipp 87   Mehr Zeit für den Kunden durch gezielte Terminvereinbarung 214

Tipp 88   Sichere Rückrufe 215

Tipp 89   „Dazu hatte ich keine Zeit" 216

Tipp 90   Abgänge oder Zuwächse festhalten? 217

Tipp 91   Jeden Tag gut aussehen! Auch Ihre Filiale 218

Tipp 92   Es regnet! Es beginnt zu regnen! 224

Tipp 93   Drinnen warm, draußen kalt! 225

Tipp 94   Kundenfeiertag 226

Tipp 95   Wer erklärt den Kunden die SB-Geräte? 228

Tipp 96   Außer Betrieb – derzeit nicht besetzt 229

Tipp 97   Prospekte im Gummiband 230

Tipp 98   Einmal im Jahr werfen wir die nicht gebrauchten Prospekte weg 231

Tipp 99   Erfolgsbilanz: drei kreative Ideen 232

Tipp 100 Wie wirke ich auf Kunden? 234

Teil VI
Führen 239

Tipp 101 Der erste Chef prägt entscheidend 241

Tipp 102 Das Mitarbeitergespräch 243

Tipp 103 Der Verhaltenskorridor: Mitarbeiter souverän führen
          und entwickeln 248

Tipp 104 Veränderungen machen Angst! 250

Tipp 105 Wenn die Ziele für das nächste Jahr fixiert sind,
dann ist alles in Ordnung! 252

Tipp 106 Was ist in Mitarbeiterbesprechungen diskussionsfähig? 253

Tipp 107 „Haben Sie diese Idee umgesetzt?" 255

Tipp 108 Ertappen Sie Ihre Mitarbeiter bei guten Leistungen! 257

Tipp 109 Mitarbeiter und Kunden begeistern 258

Tipp 110 Kontrolle oder Erfolgsbilanz? 260

Tipp 111 Die Mitarbeiterbesprechung 261

Tipp 112 Warum besucht ein Mitarbeiter ein Seminar? 267

Tipp 113 „Ich versuche es einmal" 269

Tipp 114 Erste Erfolgsbilanz bei Verkaufsaktionen kurz nach dem Start 270

Tipp 115 „Ich habe da etwas Interessantes für Sie!" 271

Tipp 116 Haben Sie heute schon einen Mitarbeiter bestätigt,
anerkannt oder gelobt? 273

Tipp 117 Beispiele wirken ansteckend! – Vorbild durch Beispiele! 275

Tipp 118 Mitarbeiter gezielt führen – aber wie? 277

Tipp 119 Das Vorbild des Geschäftsstellenleiters 279

Tipp 120 Geht nicht – gibt es nicht! 280

Die Autoren 283

Weitere Literatur von beiden Autoren 285

Stichwortverzeichnis 287

Teil I
Verkaufen

Tipp 1   „Ich bin der finanzielle Coach meiner Kunden!"
Tipp 2   Ihre Kunden erwarten von Ihnen konkrete Tipps zu Bank- und Geldgeschäften!
Tipp 3   „Fragen Sie doch einfach Ihren Kunden!"
Tipp 4   Vertriebs-Coaching: die zwölf häufigsten Fehler in Verkaufsgesprächen
Tipp 5   Wie erkennen Sie, ob ein Kunde Interesse an einem Kauf hat?
Tipp 6   Ein Angebot für einen Kunden – ein Erfolgsfaktor im Verkauf
Tipp 7   Aktuelle Depotauszüge
Tipp 8   Die Erstkonto-Eröffnung
Tipp 9   Preise und Konditionen erfolgreich verkaufen
Tipp 10 Reklamationen und Präsente
Tipp 11 Nachverkauf – den Kunden nach dem Verkauf noch einmal überzeugen!
Tipp 12 „Metzger-Qualität" bei Kreditinstituten!
Tipp 13 „Das hätten Sie mir aber früher sagen können!"
Tipp 14 Gute Kreditkunden sind rar!
Tipp 15 „Ich kenne meine langjährigen Kunden gut!"
Tipp 16 Verkaufsorientierung am Telefon
Tipp 17 Der angewärmte Kundenstuhl
Tipp 18 Persönliche Betreuung – und wen erreicht der Kunde in der Urlaubszeit?
Tipp 19 Freundlichkeit und Höflichkeit sind „schlechte Verkäufer"
Tipp 20 Der Mutige gewinnt!

Tipp 1
„Ich bin der finanzielle Coach meiner Kunden"

Sie kennen das aus den Medien: Erfolgreiche oder weniger erfolgreiche Sportler werden nach den Hintergründen und Ursachen ihrer sportlichen Leistung gefragt. Schnell kommt dann fast schablonenhaft eine Antwort wie etwa „Das hat vor allem an meiner Einstellung gelegen!"

Und wie ist es beim Verkaufen von Finanzdienstleistungen? Auch hier spielt die Grundeinstellung zur eigenen Tätigkeit sowie zu den Kunden und für Führungskräfte zusätzlich die Grundeinstellung zu den Mitarbeitern eine erfolgsentscheidende Rolle.

Noch vor wenigen Jahren wurden die Gedanken von Bankern durch Grundpositionen wie „Der Kunde ist König!" oder durch Begriffe wie „Bank-" oder „Schalterbeamter" geprägt. Doch das ist inzwischen Vergangenheit. Vergessen Sie alles, was mit Über- und Unterordnungen, was mit Öffentlichem Dienst oder Beamtentum zu tun hat. Streben Sie vielmehr eine dauerhafte Geschäftspartnerschaft mit Ihren Kunden an und verstehen Sie sich als Verkäufer von beratungsintensiven Dienstleistungen.

Was bedeutet Geschäftspartnerschaft für Sie als Verkäufer in einem Kreditinstitut?

Geschäftspartnerschaft verlangt vom Verkäufer eine konsequente Markt- und Kundenorientierung, Geschäftspartnerschaft fordert vor allem *Partnerorientierung*. Neben dem Geschäft, dem isolierten Verkauf steht der Kunde als Abnehmer und als Mensch im Zentrum aller Tätigkeiten. Das setzt auf der Verkäuferseite Selbstvertrauen und Energie für eine langfristige und dauerhafte Geschäftsbeziehung voraus.

Nicht das kurzfristige Einmalgeschäft, den schnellen Umsatz gilt es anzustreben. Geschäftspartnerschaft zielt somit auf *Kontinuität* in der Beziehung zwischen Kunde und Verkäufer sowie in der Zusammenarbeit zwischen Kreditinstitut und Kunden. Die „neuen" Verkäufer sind weder unterwürfige Bittsteller noch aggressive Drücker. Sie hinterlassen keine „verbrannte Erde" mit ausgetricksten, unzufriedenen und verärgerten Kunden. Und sie müssen deshalb nicht permanent nach neuen Kunden suchen. Elemente des Kundenservice und der Kundenbetreuung gewinnen dadurch eine noch stärkere Bedeutung. Das bedeutet:

> Ziel des Erstkontaktes und des Erstverkaufes ist nicht nur der (schnelle) Verkaufsabschluss – die eigentliche Verkäuferqualität liegt in dem systematischen Einstieg in eine langfristige Verkäufer-Kunde-Beziehung!

Die Geschäftspartnerschaft lässt sich durch das Bild einer Waage symbolisieren: Geschäftspartner – Verkäufer und Kunde – wiegen gleich viel auf den beiden Seiten einer Pendelwaage. Die Waage pendelt sich auf der Waagrechten ein. Beide Geschäftspartner haben ein fundamentales Interesse an einem Geschäftsabschluss. Sie möchten jeweils einen persönlichen Vorteil erzielen: Der Kunde nutzt die Vorteile eines Produkts oder einer Dienstleistung und der Verkäufer erzielt einen Geschäftsabschluss mit einem angemessenen Preis.

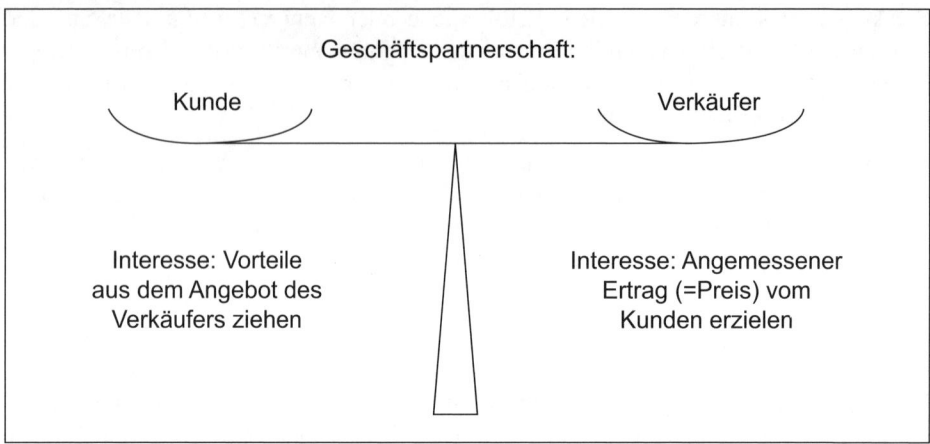

Die Geschäftspartnerschaft bezieht sich nicht nur auf den aktuellen einzelnen Verkaufsvorgang. Sie berücksichtigt auch die gesamte Geschäftsbeziehung zu einem Kunden, dessen Umfeld und auch das künftige Geschäftspotenzial. So erbringen geschäftspartnerschaftlich agierende Verkäufer bestimmte Leistungen bewusst ohne Berechnung, weil sie sicher sind, dass sich die gesamte Kundenbeziehung jetzt oder in Zukunft rechnet. Andere Verkaufsverhandlungen werden mit sehr harten Rahmenbedingungen ohne jegliche Konzessionsbereitschaft ablaufen, da es sich sichtbar um ein Einmalgeschäft handelt und damit Zusatz- oder künftige Erträge nicht zu erwarten sind. Erzielt der Kunde oder der Verkäufer deutlich mehr Vorteile, dann schlägt das Pendel der Geschäftspartnerschaft aus: Die faire Zusammenarbeit ist stark gefährdet.

Der Benachteiligte wird früher oder später nach einem neuen Partner suchen. Verkäufer lassen sich dauerhaft und ohne Änderungschance auf keine Verlustgeschäfte ein, Kunden wechseln bei längerer Unzufriedenheit zu konkurrierenden Anbietern mit günstigeren Bedingungen.

Neben dem eigentlichen Angebot, also der materiellen Seite, bestimmt die Verkäuferpersönlichkeit die Geschäftspartnerschaft. Persönliches Verhalten kann die Pendelwaage in beide Richtungen verändern. In diesem Buch erhalten Sie eine Vielzahl von praktischen Tipps, wie Sie – neben den Rahmenbedingungen Ihres Kreditinstituts – die Geschäftspartnerschaft zu Ihren Kunden ausbauen und stärken können.

Der Begriff Geschäftspartnerschaft mit dem Bild der Pendelwaage bewegt sich eher auf der theoretischen Ebene. Doch er hat auch ganz praktische Seiten: Vor einiger Zeit saß ich mit den Teilnehmern eines Verkaufstrainings bei einem Glas Wein zusammen. Die Eindrücke des Trainingstages wurden in lockerer Atmosphäre aufgearbeitet. Das Gespräch drehte sich letztendlich um den Themenkreis „Selbstverständnis des Bankers und Grundeinstellung zu seiner Verkäufertätigkeit". Und dann fiel da ein sehr beachtenswerter Satz eines Teilnehmers:

„Ich bin der finanzielle Coach meiner Kunden!"

Dieser Satz hat die Runde sofort fasziniert. Er steht für das Bild der gelebten Geschäftspartnerschaft in Kreditinstituten. Der positive Begriff „Coach" aus dem Sport und aus der Mitarbeiterführung führt direkt zu weiteren Assoziationen. Das Bild des finanziellen Coachs ist dann schnell aus unterschiedlichen Blickwinkeln gemalt:

- Finanzieller Coach meiner Kunden – das bedeutet Betreuer des Kunden über einen längeren Zeitraum.
- Finanzieller Coach meiner Kunden – das bedeutet Ideengeber für den Kunden rund um das Finanzielle.
- Finanzieller Coach meiner Kunden – das bedeutet Ratgeber für den Kunden in schwierigen Situationen.
- Finanzieller Coach meiner Kunden – das bedeutet Warner und Mahner für den Kunden bei allzu Riskantem.
- Finanzieller Coach meiner Kunden – das bedeutet Impulsgeber für Chancen und neue Möglichkeiten für den Kunden.
- Finanzieller Coach meiner Kunden – das bedeutet Prüfer von Alternativen und Spekulativem für den Kunden.
- Finanzieller Coach meiner Kunden – das bedeutet Helfer und Unterstützer für den Kunden beim Tagesgeschäft.
- Finanzieller Coach meiner Kunden – das bedeutet Zuhörer für den Kunden rund um (finanzielle) Sorgen, Gedanken und Ängste.
- Finanzieller Coach meiner Kunden – das bedeutet Informant des Kunden für Alles mit geldwertem Vorteil.
- Finanzieller Coach meiner Kunden – das bedeutet Gesprächspartner für den Kunden bei allen Geldangelegenheiten.

Tipp 2
„Ihre Kunden erwarten von Ihnen konkrete Tipps zu Bank- und Geldgeschäften"

In Führungs- oder Verkaufstrainings bei Kreditinstituten stelle ich den Teilnehmern wiederholt diese Frage:

„Was ist die wichtigste Kundenerwartung an Kreditinstitute?"

Zuerst kommen verunsicherte Blicke, dann aber bald zögerlich unsichere Vorschläge wie „gute Beratung", „umfassendes Angebot" oder auch „günstige Konditionen" von den Teilnehmern. Meine ungläubige Reaktion beendet schließlich schnell die Antworten.

Dann suche ich nach einem Vergleich mit ebenfalls beratungsintensiven Branchen: Ich frage die Seminarteilnehmer ganz direkt „Was erwarten Sie als Kunde von einem Reisebüro, was erwarten Sie als Klient bei einem Steuerberater?" und konkretisiere „Wann gehen Sie in ein Reisebüro und nehmen selbst keine Direktbuchung vor, warum holen Sie den Rat eines Steuerberaters ein und füllen die Steuererklärung nicht selbst aus?".

Jetzt kommen die Antworten in einem Redeschwall und mit vielen kleinen Beispielen: „günstigere Verbindungen", „bequemere Buchung", „zusätzliche Leistungen", „Anregungen für Aktivitäten am Urlaubsort" usw. beim Reisebüro sowie „höhere Rückerstattungen", „Berücksichtigung aktueller Steuerurteile", „Tipps zum Steuersparen" usw. beim Steuerberater. Und jetzt frage ich noch einmal nach:

„Und was ist die wichtigste Kundenerwartung an Kreditinstitute?"

Der Groschen ist gefallen:

> Bank- und Sparkassenkunden erwarten von Ihren Betreuern ganz konkrete Tipps zu allen Bank- und Geldgeschäften!

Kunden gieren förmlich nach Anregungen, Vorschlägen, Ideen, Tipps, Hinweisen, Informationen usw. Sie hoffen auf geldwerte Vorteile wie günstige Erträge, besondere Vorteile (zum Beispiel staatliche Prämien) und Einsparungen bei bisherigen Kosten oder bei den Steuern. Sie wünschen sich aber auch Bequemlichkeitsvorteile wie Zeitgewinn, weniger Wege, Telefonate und Formulare oder nur Vereinfachungen beim Zahlungsverkehr oder bei sonstigen Aufträgen.

Erfüllen Sie möglichst oft die – meistens nicht direkt ausgesprochene – Kundenerwartung nach geldwerten Vorteilen oder nach Bequemlichkeitsvorteilen. Der einfachste und direkte Weg ist die aktive Ansprache bei allen denkbaren Kontakten: Beim Besuch des Kunden in der Geschäftsstelle rund um den Zahlungsverkehr, bei umfassenderen Beratungs- und Verkaufsgesprächen, bei aktiven und bei reaktiven Telefonaten, bei Veranstaltungen, aber auch als schriftliche Ergänzung im schriftlichen Kontakt. Hier einige konkrete Beispiele:

- „Frau Meister, heute habe ich einen Tipp für Sie, wie Sie zusammen mit Ihrem Mann jährlich 100 € von Staat geschenkt bekommen. Interessiert Sie das näher, wie das auch für Sie künftig möglich ist?"

- „Herr König, Sie haben jetzt die bequeme Möglichkeiten Ihren kompletten Zahlungsverkehr zu Hause zu erledigen. Dabei können Sie rund um die Uhr auf Ihren aktuellen Kontostand zugreifen und zusätzlich Jahr für Jahr noch über 100 € sparen. Ich erläutere Ihnen gerne, wie das bequem gehen kann?"

- „Frau Kaiser, jetzt können Sie für Ihr Baby rund 50.000 € bis zu dessen Volljährigkeit ansammeln ohne auch nur einen eigenen Euro einzusetzen. Damit können Sie die Ausbildung oder ein Studium, den Führerschein und ein erstes Auto oder die erste Wohnung bequem finanzieren. Was halten Sie davon, wenn ich Ihnen dazu eine Berechnung erstelle?"

Tipp 3
„Fragen Sie doch einfach Ihren Kunden!"

In vielen Verkaufsgesprächen leidet die Qualität – Beratungsqualität, Abschlussqualität, Beziehungsqualität – unter den fehlenden Informationen von und über den Kunden. Da kommt die Forderung von Führungskräften ganz schnell über die Lippen:

- „Fragen Sie doch den Kunden!"
- „Fragen Sie doch mehr!"
- „Fragen Sie doch Ihre Kunden gezielter!"

Dem wird niemand widersprechen. Wer fragt, der führt ein Gespräch und erhält damit auch mehr Informationen. Doch die allgemeine Aufforderung „Fragen Sie einfach Ihren Kunden" ist keine Hilfe für den Verkäufer. Nicht jede Frage führt nämlich zwangsläufig zu dem gewünschten Ergebnis: mehr Informationen vom Kunden.

Überprüfen wir die Fragepraxis an einigen Beispielen:

1. „Wie viel möchten Sie anlegen?"

Sicher ist es wichtig, den geplanten Anlagebetrag vom Kunden zu erfahren. Doch was bewirkt diese Standardfrage am Beginn der Bedarfsermittlung? Das Gespräch wird viel zu früh auf den Anlagebetrag eingeengt. Der Vermögensberater erfährt schnell – nur – eine ganz konkrete Zahl, den Anlagebetrag.

Wichtiger sind allerdings Informationen über grundsätzliche Einstellungen, über Erfahrungen und Risikoneigung sowie über Erwartungen des Anlegers. Der Anlagebetrag kann später immer noch erfragt werden, wenn er nicht „nebenbei" vom Kunden erwähnt wird.

Die konstruktiveren Fragen liefern umfassendere Informationen:

- „Was sollte ich alles zu Ihrem Anlagewunsch wissen?"
- „Auf was legen Sie besonderen Wert?"
- „Bitte erzählen Sie: Was hat Ihnen bisher bei Anlagen besonders gut gefallen (weniger zugesagt; Sie überzeugt; Sie verärgert?"

Die verkäuferische Regel lautet: Fragen Sie erst nach Einstellungen, Erfahrungen und Erwartungen und erst im späteren Gesprächsverlauf nach Zahlen, Terminen und Beträgen.

2. „Welchen Bedarf haben Sie noch?"

Sicher ist diese Frage besser als eine Bevormundung. Doch Kunden antworten schnell „Im Moment nicht!". Damit ist das Gespräch schnell beendet. Die direkte Frage bringt selten ein positives Ergebnis.

Gehen Sie besser vorsichtig mit bedarfsorientierten Fragen um. Oft besteht noch kein Bedarf, doch Interesse an den Dienstleistungen und deren Vorteilen ist schon gegeben. Dann führt eine Frage wie

- „Was interessiert Sie zurzeit am meisten: Eher Geldanlagen, eher Finanzierungen oder eher sonstige Dienstleistungen?"

viel weiter. Sie können schon eine positive Antwort erwarten, wenn auch nur grundsätzliches Interesse und noch längst kein Bedarf besteht. Sie können bei dieser „weichen" Frage nach dem aktuellen Interesse die drei Möglichkeiten beliebig austauschen („... eher einmalige Geldanlagen, regelmäßiges Sparen oder eher Steuersparen?").

3. „Was ist Ihnen noch unklar?"

Diese Frage wird gerne am Ende von Verkaufsgesprächen gestellt. Die Standardantwort lautet prompt „Nichts!". Das Gespräch schließt dann auch schnell ohne konkrete Vereinbarung; die zeitliche Investition in den Kunden droht, sich als Fehlinvestition zu zeigen.

Fragen Sie besser nach der Zukunft, dem weiteren gemeinsamen Weg, mit einer Frage wie

- „Wie wollen wir jetzt verbleiben?".

Die Wahrscheinlichkeit konkreter Absprachen steigt alleine durch die geänderte Frage. Sollte der Kunde wirklich noch zusätzliche Informationen benötigen, wird er danach fragen. Achten Sie bei der Fragetechnik auch auf den Grundsatz: Weg von der Vergangenheit, hin in die Zukunft!

Die drei Beispiele zeigen, dass alleine das Fragen nicht ausreicht um gute Verkaufsgespräche zu führen. Entscheidend ist vielmehr, die passende Frage im richtigen Moment zu stellen. Das „Wie frage ich?" ist der Erfolgsfaktor. Tauschen Sie mit Ihren Kollegen die häufigsten Fragen aus und streben Sie immer nach noch wirksameren Fragen.

Tipp 4
Vertriebs-Coaching: die zwölf häufigsten Fehler in Verkaufsgesprächen

Fehler 1: Gespräche ohne Termin, Thema und Zeitrahmen

Sehr viele Gespräche sind weder mit dem Kunden abgesprochen, noch geplant und vorbereitet. Der Kunde „überrascht" den Banker mit einem Wunsch: von der kleinen Frage zum Konto über eine gewöhnliche Wiederanlage bis zu einem umfassenden Beratungswunsch für eine Immobilienfinanzierung. Der Kunde bestimmt Zeitpunkt, Themen und Zeitdauer – der Banker wird „gearbeitet".

Erfolgreiche – effiziente und abschlussstarke – Verkäufer streben nach einer hohen Terminquote. Sie nutzen alle Möglichkeiten zur Terminabsprache mit Tagesordnung und Zeitrahmen sowie beiderseitigen Vorbereitung. *Terminierte Verkaufsgespräche*

- sind vom Kunden besser vorbereitet (bringt Unterlagen und Detailinformationen mit),
- sind vom Verkäufer besser vorbereitet (hat sich über den Kunden informiert und legt Verkaufshilfen bereit),
- werten den Kunden auf und sparen dennoch Zeit gegenüber spontanen Gesprächen,
- ermöglichen eine gleichmäßigere Auslastung des Verkäufers,
- führen zu höheren Abschlussquoten und
- erleichtern den Zusatzverkauf.

Mit einer kontinuierlich steigenden Terminquote steuern Verkäufer Ihr Tagesgeschäft aktiv und erzielen bessere Verkaufsergebnisse.

Fehler 2: Keine – sichtbare – Vorbereitung

Aus Kundensicht sehen viele Beratungsplätze in Kreditinstituten ungeordnet aus: Von der letzten Beratung liegen noch Hilfsmittel wie Broschüren, Ordner oder Ausdrucke, vom Gespräch mit dem letzten Kunden Unterlagen und Formulare herum, vom letzten Telefonat sind Notizzettel und die handgeschriebenen Telefonnotizen übrig, Tageszeitung, Postmappe, Börsenbriefe und diverse Zettel für Unerledigtes ...

Sicher nimmt der Kunde wahr: Hier ist ein „geschäftiger" Banker bei der Arbeit. Doch er spürt auch ein gewisses Chaos und er sieht Unterlagen oder einen Bildschirm, die für sein Auge nicht bestimmt sind. Ein schneller Blick des Kunden auf den Monitor und schon ist die Diskretion nicht mehr gewahrt.

Die Alternative: Kunden schätzen die **sichtbare Vorbereitung** von Beratungs- und Verkaufsgesprächen.

Zur allgemeinen Vorbereitung gehört ein geordneter und beratungsbereiter Arbeitsplatz mit Hilfsmitteln (Stift, Notizpapier, griffbereite Unterlagen/Ordner) sowie ein arbeitsbereiter oder auf den Kunden eingestellter Bildschirm. Die spezielle Vorbereitung – bei vereinbarten Terminen – erfolgt mit kundenspezifischen Informationen (zum Beispiel Gesamtabfrage) oder auch nur einzelne aktuelle Kontenstände oder zumindest die handschriftliche Tagesordnung mit dem Kundennamen und dem Termin. Die sichtbare Vorbereitung signalisiert dem jeweiligen Kunden: Ich bin für Sie da, habe mich vorbereitet und bin jetzt ganz auf Sie konzentriert.

Fehler 3: Wiederholte Störungen

Längere Verkaufsgespräche ohne jegliche Störung sind fast die seltene Ausnahme bei Kreditinstituten. Weit öfter werden Gespräche durch andere Kunden, durch Telefonate mit Kollegen oder Kunden, durch Vorgesetzte oder durch Kollegen unterbrochen und gestört.

Dabei ist eine einmalige Störung oft sogar noch ein Gesprächsförderer: Nach der Unterbrechung wird eine Zusammenfassung („Wir haben bisher ... besprochen?") und eine Kontrollfrage („Was ist noch offen?") vorgenommen. Die Beteiligten werden sich über die weitere Vorgehensweise klarer und sparen sogar Zeit.

Störungen in sehr kurzen Gesprächen oder gar mehrmalige Störungen bringen jedoch nur Nachteile: Die Gesprächsteilnehmer werden abgelenkt, Gleiches muss mehrmals angegangen und geklärt werden und der Kunde fühlt sich als Nebensache, weil immer wieder eine „Störung" im Mittelpunkt steht.

Wie können Sie Störungen besser in den Griff bekommen? Sehen Sie die folgenden Punkte als Anregungen zur Optimierung; sicher ist nicht jeder Vorschlag in jedem Kreditinstitut oder an jedem Beratungsplatz anwendbar.

Vor dem Gespräch:

- Suchen Sie einen geeigneten (ungestörten) Beratungsplatz
- Informieren Sie Ihre Umgebung über Ihre zeitliche Situation

- Informieren Sie Ihre Umgebung, wann Sie sich wieder über Kontakte freuen
- Nutzen Sie Hilfsmittel (zum Beispiel Telefon umstellen, Mail-Box einstellen; Signale vor der Tür aktivieren: „Bitte nicht stören!" oder „Sie werden abgeholt")
- Bieten Sie Kunden eine Wartezone an.

Im Gespräch:

- Entschuldigen Sie sich beim anwesenden Kunden für die Störung bevor Sie aktiv werden
- Gehen Sie schnell auf die Störung ein – Störungen haben immer Vorrang, da sie sofort ablenken.
- Achten Sie darauf, dass auch bei Störungen die Diskretion gewahrt wird.
- Halten Sie die Störung kurz.
- Bieten Sie dem Störer schnell eine Lösung an (zum Beispiel „Ich bin gerade in einem Gespräch mit einem Kunden. Ich melde mich ... bei Ihnen").
- Setzen Sie sich bei den Lösungen nicht unter Zeitdruck (falsch: „Ich melde mich in zehn Minuten!").

Nach dem Gespräch:

- Sprechen Sie mit den „Störern" über günstigere Alternativen (zum Beispiel „Sie erreichen mich am besten ...").
- Legen Sie künftig besonders wichtige Termine in weniger störungsanfällige Zeiten.
- Rufen Sie selbst möglichst oft zurück, damit werden Sie weniger durch Rückrufe gestört.

Auch wenn Sie nur einige dieser Tipps beherzigen, gehen Sie schnell souveräner mit Störungen um und erleichtern sich damit den Verkaufsalltag.

Fehler 4: Unvollständige Bedarfsanalyse

Den meisten Verkäufern ist es bekannt: Mit einer vollständigen Bedarfsanalyse steigt die Abschlusswahrscheinlichkeit in Verkaufsgesprächen. Und dennoch wird im verkäuferischen Alltag oft dieses Wissen über Bord geworfen: Die Bedarfsanalyse erfolgt nur oberflächlich, ein bestimmter Bedarf wird bei bekannten Kunden einfach unterstellt oder die gefährliche Kundenfrage „Was ist zur Zeit am besten?" wird sofort und damit vorschnell beantwortet.

Eine intensive Bedarfsanalyse geht schrittweise (*Bedarfstrichter*) vor:

1. Schritt: Begründung für die Bedarfsanalyse („Damit ich Ihnen die passende ... anbieten kann, bitte ich Sie um einige Hinweise und Informationen").

2. Schritt: Aufforderung zum Erzählen („Bitte schildern Sie mir ...", „Informieren Sie mich bitte über ...").

3. Schritt: Verdichten mit offenen Fragen („Wieviel?", „Wie lange?", „Welche?", „Was ist Ihnen wichtig?").

4. Schritt: Konkretisieren mit Alternativfragen („Was ist Ihnen wichtiger?", „Lieber?", „Angenehmer?").

5. Schritt: Zusammenfassung mit Kontrollfrage („Habe ich Sie richtig verstanden, dass Sie auf ... besonderen Wert legen?").

Reagiert der Kunde auf den fünften Schritt mit einem „Ja", dann ist die Grundlage für ein kundenspezifisches Angebot gelegt. Kommt ein einschränkendes „Ja, aber ...", „Nicht ganz!" oder gar ein glattes „Nein", dann wird die Bedarfsanalyse noch einmal mit den Schritten 2 bis 5 konkretisiert. Nur nach einem eindeutigen „Ja" des Kunden ist eine Angebotsnennung sinnvoll.

Sie legen nur mit einer vollständigen Bedarfsanalyse die Grundlage für das passende Angebot für den Kunden und sparen damit Beratungszeit.

Fehler 5: Zu viele Angebote

Der sicherste – und auch häufigste – Weg zum verkäuferischen Misserfolg ist das Unterbreiten einer Vielzahl von ähnlichen Angeboten zum gleichen Bedarf des Kunden. Denn: Der Kunde wünscht nur ein passendes und günstiges Angebot; oft fragt er ganz direkt den Verkäufer „Was würden Sie jetzt an meiner Stelle machen?".

Mit jeder weiteren Angebotsnennung des Verkäufers

- verringert sich die Abschlusswahrscheinlichkeit erheblich
- und gleichzeitig wird der Zeitbedarf für das Gespräch größer.

Bewährt hat sich die klare Empfehlung für ein kundenspezifisches Angebot mit einer Formulierung nach diesem Muster:

1. Baustein: Bezug auf die Bedarfsanalyse – „Dann", „Deshalb"

2. Baustein: klare Empfehlung – „rate", „empfehle", „schlage vor"

3. Baustein: Ich-Aussage – „ich", „mein"

4. Baustein: Sie-Stil – „Ihnen", „Sie", „Ihre" – „Du", „Dein"

5. Baustein: Begründung – „weil", „damit", „dadurch"

6. Baustein: Dreier-Aufzählung von Vorteilen – „1., 2. und 3."

Typische Aussagen lauten dann „Dann schlage ich Ihnen ... vor, weil Sie damit ..., ... und ... erreichen." oder „Deshalb ist meine Empfehlung für Sie ... . Damit sichern Sie sich ..., ... und ...". Das Angebot kann aus einem Produktvorschlag bestehen, es kann aber auch aus mehreren Produkten zu einem Angebotspaket zusammengesetzt sein.

Vereinzelt fragen Kunden nach einer Alternative zur Empfehlung: „Was gibt es noch für Möglichkeiten für mich?". Die Gefahr ist jetzt groß, das verkäuferische Wissen auszubreiten. Kunden- und abschlussorientierte Antworten orientieren sich weiter an der Regel: ein Bedarf – ein Angebot! Damit bietet sich beispielsweise eine Antwort wie „Es gibt noch einige andere Möglichkeiten. Doch Sie legen Wert auf ... und ...; deshalb ist ... (die bisherige Empfehlung!) das Richtige für Sie" an. So optimieren Sie Ihr Zeit-Management rund um die Angebotsempfehlung und helfen Ihren Kunden bei der Abschlussentscheidung.

Fehler 6: Innen- und verwaltungsorientierte Sprache

Die Bedeutung der Nutzen- und Kundenorientierung für den Verkaufserfolg ist den meisten Mitarbeitern von Banken und Sparkassen sehr bewusst. Dennoch ist der verkäuferische Alltag, vor allem die Beratungs- und Verkaufsgespräche, ganz stark durch eine innen- und verwaltungsorientierte Sprache gekennzeichnet mit dem verallgemeinernden Wir-Stil, dem lustlosen Man-Stil und stilneutralen Aussagen:

- „*Wir* haben da verschiedene Möglichkeiten, wie ...",
- „*Unser* Haus legt großen Wert auf aktuelle Einkommensunterlagen",
- „*Wir* bieten jetzt auch ... an".
- „*Unser* Herr Soundso wird das erledigen."

Es wird verstärkt in der Mehrzahl (wir, uns, unser) gesprochen. Im Mittelpunkt steht das anonyme Kreditinstitut und nicht ein konkreter Mitarbeiter, ein Mensch.

- „Das kann *man* mit der Zahlung so machen"
- „Da gibt *es* verschiedene Möglichkeiten"
- „*Man* hat die Wahl zwischen ... und ..."

Der Man-Stil mit den Schlüsselbegriffen „man" und „es" signalisiert – unabhängig vom Inhalt der Aussage – deutliches Desinteresse an der Sache und auch am Kunden. Die gefühlsmäßige Botschaft lautet „Das kann man machen – man kann es auch sein lassen!".

Ähnlich unpersönlich sind fachlich korrekte, aber sprachlich absolut neutrale Formulierungen. Die Sache, der nackte Informationsgegenstand, steht im Mittelpunkt der Aussagen – Verbindliches und Persönliches steht außen vor:

- „Der Finanzierungszinssatz ist 5,25 Prozent; die Zinsfestschreibung beträgt fünf Jahre".
- „Der Mindestanlagebetrag ist 1.000 €, der Ausgabekurs ist 99,50 und der 15. März ist der Zinstermin".

Eine verkäuferisch wirkungsvolle und kundenorientierte Sprache verzichtet weitgehend auf den verallgemeinernden Wir-Stil, den lustlosen Man-Stil und stilistisch neutrale Formulierungen und kombiniert konsequent

- den überzeugenden Ich-Stil mit
- dem nutzenorientierten Sie-Stil und
- dem verbindenden Wir-Stil.

Dazu zwei Beispiele aus dem Bankalltag, die auch die Anteile der geeigneten kundenorientierten Sprach-Stile zeigen:

(1) „In *Ihrer* Situation empfehle *ich Ihnen* die fünfjährige Zinsfestschreibung mit dem garantierten Zins von 5,25 Prozent. Ich drucke *Ihnen* dazu gerne den Tilgungsplan aus. Schauen *wir uns* den Zahlungsfluss bis ... *zusammen* an".

(2) „*Sie* wünschen sich einen regelmäßigen Kapitalaufbau in den nächsten Jahren. Dazu schlage ich *Ihnen* den ... Anlageplan vor. Er bringt *Ihnen* einen sicheren Wertzuwachs und gibt *Ihnen* große Spielräume bei den Einzahlungsterminen. Gehen *wir* die Merkmale am besten *gemeinsam* durch ...".

Dominant ist in den beiden Beispielen jeweils der vorteilsorientierte Sie-Stil mit den Begriffen „Ihrer", „Ihnen" und „Sie", dann folgt der verbindliche Ich-Stil und schließlich der verbindende Wir-Stil mit „wir uns zusammen" und „wir gemeinsam".

Fehler 7: Falscher Gesprächs- oder Entscheidungspartner

Ein weiterer klassischer Fehler bei vielen Beratungs- und Verkaufsgesprächen: Das eigentliche Gespräch wurde souverän bis zur Abschlussentscheidung geführt. Der Vertragsabschluss scheint nur noch eine Formsache zu sein. Doch dann kommt die völlig überraschende Reaktion des Kunden:

- „Das muss ich erst noch mit meinem Mann / meiner Frau /meinem Partner / meinem Steuerberater / meinem Mitgesellschafter / usw. besprechen".

Nach dieser Aussage wird ein schneller Abschluss für beide Seiten sehr unwahrscheinlich. Wie sieht die konstruktive Alternative mit erheblich besseren Abschlussmöglichkeiten aus?

Orientieren Sie sich konsequent an der bewährten Verkäuferregel

> „Alle (Mit-)Entscheider an einen Tisch!".

Das gilt für jedes längere Beratungs- und Verkaufsgespräch, aber vor allem bei Kundenwünschen und -entscheidungen, die einen alltäglichen Entscheidungsrahmen sprengen. Deshalb ist es notwendig, sehr früh den Gesprächspartner ganz gezielt nach den Entscheidern und Mitentscheidern zu fragen; beispielsweise:

- „... Wer wird bei dieser Entscheidung außer Ihnen noch mitwirken?" oder
- „... Wen möchten Sie in die Entscheidung über ... noch einbinden?".

Der günstigste Zeitpunkt für solche Fragen liegt bei der Terminabsprache mit dem Kunden, der späteste Zeitpunkt ist beim Gesprächseinstieg direkt nach der Zusammenfassung des Kundenwunsches. Wird ein anderer Entscheider oder ein Mitentscheider genannt, so laden Sie diese Person/en ein. Wird die Frage verneint, führen Sie das Verkaufsgespräch kunden- und abschlussorientiert. Das Risiko eines „Das muss ich noch mit ... besprechen!" haben Sie minimiert.

Fehler 8: Fehlende Abschlussinitiative

Es ist alles rund um das individuelle Angebot vom Verkäufer gezeigt, verdeutlicht, gesagt – und es ist auch alles vom Kunden erfragt und bestens verstanden. Doch keiner der beiden Gesprächspartner ergreift die Initiative zu einer Abschlussentscheidung. Dann folgt schließlich nur noch der freundlich-formelle Ausstieg durch den Kunden

- „Vielen Dank für Ihre umfassende Beratung".

Diese Kundenaussage beendet zum einen das Gespräch und hinterlässt zum anderen einen verunsicherten Bankmitarbeiter. Die Alternative ist eine sorgfältig vorbereitete Initiative zur Abschlussentscheidung: Nach einer intensiven Bedarfsermittlung und einer kundenspezifischen Angebotspräsentation stellt der abschlusssichere Verkäufer eine offene Frage wie

- „Welche Informationen benötigen Sie noch?",

- „Was ist im Moment für Sie noch offen?" oder
- „Welche Fragen kann ich Ihnen jetzt noch beantworten?".

Besteht zusätzlicher Beratungsbedarf, wird er selbstverständlich vollständig erfüllt. Kommt eine Antwort vom Kunden wie „Danke!" und „Ich habe keine Fragen mehr!" (also: kein weiterer Informationsbedarf!) ist die eigentliche Abschlussinitiative an der Zeit:

- „Dann bereite ich Ihnen den ...Vertrag vor?",
- „Damit kann ich jetzt alle Daten für Sie eingeben?" oder
- „Wann soll der Vertrag dann starten: am 15. oder lieber am ersten des nächsten Monats?"

Übrigens: Der sichere und direkte Weg des Verkäufers zur Abschlussentscheidung erleichtert dem Kunden Kaufentscheidungen!

Fehler 9: Initiative zum Zusatzverkauf fehlt

Es ist leichter ein zusätzliches Geschäft mit einem Kunden nach einem ersten Geschäft abzuschließen, als ein vergleichbares Geschäft mit einem neuen Kunden zu vereinbaren. Und dennoch wird in vielen Kundenkontakten einfach nur der Kundenwunsch solide erfüllt – und der zusätzliche verkäuferische Impuls nach mehr Geschäft (= Zusatzverkauf), nach weiterem Geschäft (= Cross-Selling) oder auch nach künftigen Geschäften (= Anschlussgeschäfte) unterbleibt.

Doch Kunden von Kreditinstituten erwarten mehr als nur das Erfüllen von ihren Anlage-, Finanzierungs- oder Dienstleistungswünschen. Sie erwarten von ihrem Banker konkrete Tipps, Ideen, Vorschläge, Anregungen, Informationen usw. mit geldwerten Vorteilen wie Zusatzerträgen oder Kosteneinsparungen sowie mit Bequemlichkeitsvorteilen wie Erleichterungen, Beschleunigungen oder Vereinfachungen (siehe Tipp 2).

Verkäuferinitiativen wie der Zusatzverkauf, das Cross-Selling oder zu Anschlussgeschäften entsprechen damit der Erwartungshaltung von Kunden. Denken Sie deshalb in jedem Beratungs- und Verkaufsgespräch an zusätzliche verkäuferische Chancen:

1. Beispiele für Initiativen zum Zusatzverkauf

- „Was kann ich heute noch für Sie tun?"
- „Was können wir bei der Anlagesumme noch dazu nehmen?"
- „Worüber darf ich Sie noch informieren?"

2. Beispiele für Initiativen zum Cross-Selling

- „Dann empfehle ich Ihnen, dass wir gleich zusätzlich ein Ertragskonto für Sie eröffnen."
- „Was halten Sie davon, wenn wir gleich prüfen welche staatlichen Vorteile Sie und Ihr Gatte noch nutzen können?"

3. Beispiele für Initiativen zu Anschlussgeschäften

- „Ich gebe Ihnen hier noch eine interessante Broschüre zu ... mit. Bei unserem nächsten Gespräch werde ich Sie dann noch einmal auf ... ansprechen. Sind Sie damit einverstanden?"
- „Was interessiert Sie in nächster Zeit am meisten: Eher ... (Geldanlage), eher ... (Finanzierungen) oder eher ... (andere Dienstleistungen)?"

Sie entsprechen mit den Initiativen der Kundenerwartung nach interessanten Tipps und Anregungen; damit nutzen Sie nach der Erfüllung eines Kundenwunsches konsequent die Chance zu weiteren Bankgeschäften.

Fehler 10: Kontaktsicherung fehlt

Das eigentliche Verkaufsgespräch ist für beide Seiten beendet. Der abwicklungsorientierte Mitarbeiter geht jetzt zur Verabschiedung seines Kunden über. Doch das ist Denken aus dem vergangenen Jahrhundert. Heute und noch verstärkt in der nahen Zukunft geht es um die Kundenbindung und die Kontaktsicherung, vor allem bei Ihren wichtigen und interessanten Kunden.

Der strategische Gedanke aktiver Verkäufer sieht ein Gespräch nicht mehr als einen isolierten Kontakt zum Kunden, sondern als einen Baustein in einer Kontaktkette: Gegen Gesprächsende wird eine logische Brücke zum nächsten Gespräch mit dem gleichen Kunden geknüpft. Aus der traditionellen Verabschiedungs-Phase wird somit die Kontaktsicherungs-Phase.

Ein umfassendes Beratungs- und Verkaufsgespräch beginnt mit einem vergangenheitsorientierten Abschnitt: „Was war?", „Was hat sich inzwischen geändert?", „Welche Erfahrungen haben Sie gemacht?". Es folgt der gegenwartsbezogene Gesprächsteil: Der aktuelle Bedarf wird geklärt, der Bedarf wird durch ein individuelles Angebot gedeckt, die Formalitäten werden mit dem Kunden geklärt. In einem weiteren Gesprächsabschnitt wird dann der Bogen zur (nahen) Zukunft gespannt. Die Kernbotschaft des Verkäufers ist die Antwort auf die oft unausgesprochene Kundenfrage „Wie geht es jetzt weiter?". Dazu einige Beispiele:

- „... Wir sehen uns am ... wieder. Sie erhalten dann ..."

- „Für unseren nächsten Kontakt habe ich noch einige Hinweise, wie Sie künftig ..."
- „Spätestens zu der Wiederanlage von ... werden wir uns wieder sehen. Zusätzlich sollten wir dann auch noch über ... sprechen"

Sie sichern mit solchen Hinweisen den Kundenkontakt und bereiten Ihre Kunden gedanklich auf weitere Themen vor.

Fehler 11: Weiche Formulierungen

Der Volksmund sagt „Wie es in den Wald hineinschallt, so schallt es auch heraus!". Diese Erfahrung gilt auch für Beratungs- und Verkaufsgespräche in Kreditinstituten. Da werden weiche, recht unsichere und manchmal sogar unterwürfige Formulierungen gegenüber Kunden verwendet und prompt reagieren diese Kunden dann auch wenig klar, oft entscheidungsschwach oder einfach überraschend:

Verkäufer: „Vielleicht darf ich Ihnen das zeigen?"

Kunde: „Das muss nicht unbedingt sein, vielleicht später!"

Verkäufer: „Das ist nicht schlecht. Darüber könnten wir dann mal genauer reden?"

Kunde: „Das können wir irgendwann mal machen!"

Verkäufer: „Ich würde Ihnen das schon empfehlen können!"

Kunde: „Und was gibt es noch anderes?"

Die sprachlichen Schwächezeichen wie „vielleicht", „darf", „könnten", „mal", „würde" usw. erschweren dem Kunden eine schnelle zustimmende Antwort. Oft werden diese Schwächezeichen noch durch eine unsichere und ängstliche Körpersprache begleitet.

Die verkäuferische Sprache muss dagegen partnerschaftlich, klar und gewinnend sowie positiv sein, wenn sie den Kunden überzeugen soll. Meiden Sie deshalb abschwächende Begriffe wie „nur", „eventuell", „wenig", oder „nicht kompliziert" und Konjunktivformulierungen mit den Schlüsselwörtern „würde", „wäre" oder „dürfte". Hier jeweils eine Formulierungsalternative zu den drei Beispielen:

- „Ich zeige Ihnen das gerne" – „Ja, bitte!"
- „... bringt Ihnen mehrere Vorteile: Soll ich es Ihnen in unserem nächsten Gespräch oder gleich jetzt an einem persönlichen Zahlenbeipiel erläutern?" – „Bitte gleich!"

- „Ich empfehle Ihnen ..., weil Sie sich damit ... sichern!" – „Das ist gut!"

Sie stecken Ihre Kunden sprachlich an und erleichtern ihnen damit – positive – Reaktionen.

Fehler 12: Dialog mit dem Bildschirm

Beratungs- und Verkaufsgespräche sind heute kaum mehr ohne technische Unterstützung denkbar. Der erwartungsvolle Blick zum Bildschirm, die intensive Beschäftigung mit der Tastatur, der kurze Gang oder der schnelle Dreher zum Drucker, der überraschende Griff zum Telefon für die Klärung technischer Details usw. sind Alltag.

Doch bei diesen notwendigen Tätigkeiten wird der Kunde schnell vernachlässigt. Im Mittelpunkt der Aktivitäten steht sehr schnell die Technik, der Bildschirm, die Eingabe, der Drucker, das Telefon oder das Internet. Der Kunde wird in eine stumme und passende Rolle zurückgedrängt. Binden Sie deshalb Ihre Kunden in alle Tätigkeiten ein und halten Sie Blick- und sprachlichen Kontakt:

- Drehen Sie den Bildschirm zum Kunden.
- Erklären Sie Ihre Tätigkeiten (zum Beispiel „Ich rufe für Sie jetzt Ihr Konto auf damit ich Ihnen ...").
- Sprechen Sie bei Eingaben von Daten zu Ihren Kunden: Der Kunde kontrolliert und kann schnell korrigieren.
- Informieren Sie Kunden auch über kurze Wege („Ich hole jetzt für Sie den Vertragsentwurf vom Drucker. Ich bin gleich wieder bei Ihnen").
- Halten Sie Blickkontakt zu den Kunden.

Die technische Abwicklung, die einzelnen Formalitäten, werden für den Kunden interessanter und er kann gleichzeitig eventuelle Korrekturen vornehmen.

Tipp 5
Wie erkennen Sie, ob ein Kunde Interesse an einem Kauf hat?

Eine sicher schwierige Situation in einem Verkaufsgespräch ist es, verlässlich zu erkennen, ob ein Kunde tatsächlich Interesse hat und damit abschlussbereit ist. Viele Verkäufer reden deshalb „um den heißen Brei" herum und trauen sich nicht, eine gezielte Abschlussfrage zu stellen.

Der Kunde reagiert dann mit einem „Das muss ich mir noch einmal überlegen!" und beendet so das Gespräch. Oft ist der Kunde nicht weit weg von einer Abschlussentscheidung – doch davor haben eine zusätzliche Information und vor allem noch eine gezielte Abschlussinitiative gefehlt.

Wie erkennen Sie Abschlusssignale von Kunden?

- Gesprächsbeginn: Die erste Frage, die Ihr Kunde stellt, zeigt Ihnen, dass er zumindest generelles Interesse hat. Hätte er absolut kein Interesse, würde er nicht fragen. Nach der ersten Frage des Kunden liegt es damit an Ihnen, Ihren Kunden so vom Nutzen Ihres Angebotes zu überzeugen, dass er nicht vertagt, sondern abschließt.

- Der Kunde schaut sich einen Prospekt, ein Plakat, eine Vitrine usw. näher an. Das sollten Sie bemerken und dem Kunden Ihre Hilfe anbieten

- Im Gespräch selbst: Der Kunde ändert seine Körperhaltung, beugt sich zu einem Bildschirm, einer Unterlage und zu Ihnen. Er geht auf Musterrechnungen, Ausdrucke, Prospekte, Broschüren, Bildschirme zu und fragt nicht mehr allgemein („Wie ist der Kurs?"), sondern personenbezogen („Ist das auch mein Kurs?" oder „Gilt der Zinssatz auch bei mir?").

Und wie erkennen Sie, dass diese Zeichen tatsächlich für eine Abschlussbereitschaft des Kunden stehen?

Werden Sie initiativ und stellen Sie offene Fragen zu dem von Ihnen präsentierten Vorschlag:

- „Welche Fragen kann ich Ihnen noch beantworten?"
- „Welche Informationen benötigen Sie noch?"
- „Was ist aus Ihrer Sicht jetzt noch offen?"

Unausgesprochen steht die Botschaft im Raum ‚Wenn Sie keinen Informationsbedarf mehr haben, dann haben Sie sich für meinen Vorschlag entschieden!'.

Ist dagegen noch etwas offen, können Sie die Frage sofort beantworten und eine ähnliche Frage anschließen. Ist nichts mehr offen, stellen Sie als Abschlussfrage eine geschlossene Frage, zum Beispiel:

- „Dann bereite ich Ihnen jetzt alle Unterlagen vor?"

Ihr Kunde wird sofort auf Ihre Frage reagieren. Die meisten Antworten sind glücklicherweise positiv; doch manchmal kommt ein überraschendes „Nein". Antworten Sie am besten mit einem kleinen Puffer („Oh, Sie benötigen noch weitere Informationen ...") und fragen Sie erneut („... Wie kann ich Ihnen noch zusätzlich helfen, dass Sie sich für ... entscheiden können?").

Nach der positiven Kundenentscheidung erledigen Sie alle Formalitäten; bei einer endgültigen negativen Entscheidung klären und sichern Sie am besten den weiteren Kontakt.

Tipp 6
Ein Angebot für den Kunden – ein Erfolgsfaktor im Verkauf

Eine bewährte verkäuferische Regel zum Abschlussverhalten – nicht nur in der Kreditwirtschaft – lautet:

Mit jedem weiteren Angebot wird die Abschlusswahrscheinlichkeit geringer und gleichzeitig der Zeitbedarf größer!

In vertriebsorientierten Führungs- und in Verkaufstrainings stelle ich allerdings bei meinen Teilnehmern immer wieder fest, dass sie sehr skeptisch diesem Erfahrungswert gegenüberstehen. Gerne wird argumentiert, dass

- Kunden Vergleiche zwischen verschiedenen Vorschlägen vornehmen möchten,
- gerne wird von Beratern Angst vor „Beraterhaftung!" geschürt und
- gerne wird vermutet, dass Kunden von nur einem Vorschlag enttäuscht sind.

Deshalb schlage ich Ihnen hier einen individuellen Test für Ihre Abschlussorientierung und Ihre Effizienz im Verkauf vor. Füllen Sie die nächsten zwei Wochen die folgende Liste konsequent – und vor allem ehrlich! – aus. Sie können schon jetzt auf Ihre Ergebnisse sehr gespannt sein:

Anzahl der dargestellten Angebote	1	2	3	4	mehr als 4
Ergebnis: Abschluss					
Ergebnis: Kein Abschluss					

Nutzen Sie die Tabelle als Strichliste. Nach jedem erfolgreichen und auch nicht erfolgreichen Verkaufsgespräch gehen Sie das Gespräch noch einmal gedanklich durch. Zählen Sie zuerst alle erwähnten Angebote/Leistungen/Produkte zusammen und legen Sie mit der Zahl die Spalte der Tabelle fest. Nehmen Sie dann bei „Abschluss" oder „kein Abschluss" die Markierung vor.

Wie sieht Ihre individuelle Verteilung aus? Sind Sie damit zufrieden? Entsprechen Ihre Werte dem oben zitierten Erfahrungswert?

Die häufige Kundenfrage „Was würden Sie an meiner Stelle machen?" ist ein zusätzliches starkes Zeichen dafür, dass Kunden ein passendes Angebot für ihren finanziellen Bedarf wünschen. Das Angebot kann sich natürlich aus mehreren Einzelprodukten zu einem Bündel zusammensetzen.

Tipp 7
Aktuelle Depotauszüge

Anfang eines jeden Kalenderjahres erhalten Wertpapierbesitzer von ihren Kreditinstituten, Investgesellschaften und Brokerhäusern die aktuellen Depotaufstellungen mit den Werten zum 31. Dezember des Vorjahres. Das ist für Sie als Kundenbetreuer ein besonders gut geeigneter Zeitpunkt für Initiativen zu individuellen Depotanalysen mit Ihren Wertpapierkunden. Gerade nach Jahren sehr kräftiger Kursveränderungen, unabhängig ob Kursrückgange oder Kurssteigerungen dominieren, ist die Akzeptanz bei Kunden hoch.

Laden Sie gezielt ausgewählte Wertpapierkunden zu einem baldigen Grundsatzgespräch ein. Konzentrieren Sie sich aus Wirtschaftlichkeitsgründen (zeitlicher Aufwand und Verkaufschancen) zuerst auf folgende Kundengruppen:

1. **Kunden mit rückläufigem Depotbestand (Anzahl der Stücke!)**

    Vermutung: *Kunde hat im vergangenen Jahr Anlagevolumen zu anderen Anbietern übertragen.*

    Ziele: *Vermutung überprüfen; Ansätze zur Rückgewinnung und Geschäftsintensivierung mit dem Kunden finden.*

2. **Kunden mit kräftigen Kurs- und damit Wertrückgängen**

    Vermutung: *Der Kunde ist enttäuscht und damit sehr wahrscheinlich abwanderungsgefährdet.*

    Ziele: *Vermutung überprüfen; Anlageziele des Kunden überprüfen und aktualisieren; Anlagestrategie vereinbaren: zum Beispiel Durchhalten, günstig nachkaufen, Verluste (steuermindernd) realisieren, Werte tauschen.*

3. **Kunden mit weiteren Depots bei anderen Anbietern und/oder „kleinen Freistellungsaufträgen"**

    Vermutung: *Sowohl Abwanderungsgefährdung als auch Intensivierungschance.*

    Ziele: *Schon zur Vorbereitung der Depotanalyse: Einsicht in die Depotauszüge der Wettbewerber; Abstimmung von Anlagen (Überschneidungen abbauen!); Informationen über Zinstermine und Fälligkeiten.*

4. Kunden mit stark wachsendem Einkommen und Vermögen

Vermutung: *Besonders großer Anlagebedarf und Abwanderungsgefahr.*

Ziele: *Vermutung überprüfen; Anlageziele und -struktur mit dem Kunden aktualisieren; Betreuungsmaßnahmen für das laufende Jahr mit dem Kunden abstimmen; neue Ideen rund um die Geldanlage liefern.*

Übrigens: Bitten Sie vor den Analysegesprächen um Depotauszüge Ihrer Kunden von deren anderen Finanzpartnern. Wirkungsvolle Begründungen sind beispielsweise „Damit wir auch alle Ihre Anlagewerte in die Analyse einbeziehen können ...", „Damit wir Überschneidungen und Doppelanlagen vermeiden ..." oder „Damit wir Anschlussanlagen und Zinstermine berücksichtigen können, bitte ich Sie zur Vorbereitung auf unser Gespräch um den Depotauszug Ihrer anderen Bank."

Bei gezielter Bitte spielt fast jeder zweite Kunde mit – und Sie erhalten eine Fundgrube von verkäuferischen Ansätzen für das jeweils neue Jahr. Wer nicht fragt, erhält auch keine zusätzlichen Informationen und stochert mit Teilen der Anlageberatung im verkäuferischen Nebel. Ohne Aufforderung werden Ihnen in den seltensten Fällen Kunden zu Jahresbeginn die Depotaufstellungen von anderen Anbietern liefern.

Sie gehen mit dieser Bitte um Depotinformationen in die Betreuungsoffensive und nutzen einen besonders günstigen Zeitpunkt für Grundsatzgespräche mit Ihren Kunden; erfahrungsgemäß fällt bei fast jeder Analyse ein Abschluss (oder gar mehrere!) ab.

Tipp 8
Die Erstkonto-Eröffnung

Sie erleben eine erfreuliche Situation: Ein neuer Kunde betritt Ihre Geschäftsstelle und eröffnet bei Ihnen ein erstes Konto (Gehaltskonto, Wertpapierdepot, Sparbuch usw.), nutzt erstmalig ein Dienstleistungsangebot oder beantragt eine Finanzierung.

Die eine Seite ist das sorgfältige und routinierte Erfüllen des Kundenwunsches: Der Neukunde soll nach dem ersten Gespräch zuverlässig sein Gehalt erhalten und Dienstleistungen rund um das Konto erledigen können, der Neukunde soll bequem Wertpapiere ordern können sowie Dividenden und Zinszahlungen erhalten, der neue Finanzierungskunde soll pünktlich den Finanzierungsbetrag erhalten ... - Die andere Seite ist die gemeinsame geschäftliche Zukunft mit dem Neukunden. Dazu gehören vor allem zwei Initiativen direkt bei der Erstkonto-Eröffnung oder auch wenige Tage danach:

1. Überraschen Sie Ihre Neukunden durch Unerwartetes!

Sind die Formalitäten rund um das Erstkonto erledigt, ist aus Kundensicht der erste Kontakt eigentlich beendet. Doch jetzt sollte Unerwartetes den Neukunden positiv überraschen: Das kann ein formeller Dank und ein Abschlussverstärker („Danke für Ihr Vertrauen in die ... . Ich sichere Ihnen freundliche und faire Beratung und Betreuung zu. Mit dem ... Konto haben Sie die Grundlage für die Nutzung vieler Dienstleistungen gelegt."), das Vorstellen der Kollegen und/oder des Geschäftsstellenleiters („Ich mache Sie noch mit ... bekannt. Er hilft Ihnen, wenn ich mal nicht da sein sollte.") oder eine kurze Führung durch die Geschäftsstelle („Ich zeige Ihnen noch die wichtigsten Einrichtungen – SB-Geräte, Safeanlage, Räume von Spezialisten usw. – bei uns.") sein.

2. Signalisieren Sie Ihren Neukunden, dass Sie künftig zusätzliche Geschäfte vereinbaren möchten!

Sprechen Sie gezielt den Neukunden auf zusätzliche Interessen an. Sie haben seinen akuten Bedarf erfüllt, der latente Bedarf muss dagegen bewusst gemacht werden: „Ich unterstütze Sie künftig bei allen Geld- und Finanzangelegenheiten – Sie erhalten bei uns ein Komplettangebot aus einer Hand. Was interessiert Sie in nächster

Zeit am ehesten? Eher ... (zum Beispiel: regelmäßige Geldanlagen), eher ... (günstige Finanzierungen) oder eher ... (sonstige Dienstleistungen wie ...)?" Sie werten durch Ihre Aktivitäten Ihre Neukunden auf, zeigen sehr konkrete Ansätze zu weiterer Zusammenarbeit und sichern frühzeitig zusätzliche Geschäfte mit diesen Neukunden.

Tipp 9
Preise und Konditionen erfolgreich verkaufen

1. Die Bedeutung von Preisgesprächen

Als Banker mit Kundenkontakt vergeht für Sie kaum ein Verkaufstag, bei dem Sie nicht mit dem Themenkreis Preise/Zinssätze/Konditionen konfrontiert werden. Das Preisthema ist in der Regel ein Thema von mehreren Themen in einem Gespräch. Die Sammelbegriffe Preise und Konditionen stehen stellvertretend für Bezeichnungen wie Zinsen, Provisionen, Gebühren, Courtagen, Wertstellungen und alle anderen Preise und Konditionen. Sie sind für viele Verkäufer ein Reizthema: Aus einem harmonischen Verkaufsgespräch wird oft eine harte Konfrontation.

Kunden wissen sehr wohl, dass für die meisten Leistungen ein Preis anfällt. Aus Kundensicht sind Preise und Konditionen ein normaler Teil eines Verkaufsgesprächs. Seien Sie sich deshalb immer bewusst,

- dass der Preis für den Kunden selbstverständlich ist,
- dass, was nichts kostet, auch nichts wert ist,
- dass Dienstleistungen ohne Preis weniger wertvoll und interessant sind,
- dass Kunden bei kostenlosen Angeboten schnell skeptisch werden („Wo ist der Haken?"),
- dass sprachliche und nichtsprachliche Schwächezeichen beim Preis den Kunden spürbar preissensibler machen und
- dass bei den meisten Kreditinstituten die Preise ganz in der Nähe Ihres Kreditinstitutes liegen.

Für Kunden sind Preise ein Entscheidungsmerkmal unter vielen anderen. Beachten Sie vor allem, dass

- persönliche Stärken wie Initiative, Service, Engagement, Fachwissen, Zuverlässigkeit, Höflichkeit, Freundlichkeit, Bekanntheitsgrat oder Kreativität sowie
- institutsbezogene Stärken wie Angebotsbreite, Schnelligkeit, Nähe zum Kunden, Serviceeinrichtungen, Beratungsqualität und individuelle Angebote

das Preisthema schnell in den Hintergrund drängen. Dennoch: Das Thema Preis und Konditionen gewinnt weiter an Bedeutung – Kunden werden preisempfindlicher.

Mit einer positiven Einstellung zur Preispräsentation werden Sie schnell preissicherer.

2. Vor der Preis- und Konditionennennung

Kunde ist nicht gleich Kunde – und das gerade im Preis- und Konditionengespräch. Gute Vorbereitung von Verkaufsgesprächen, vor allem Informationen über den Kunden, erleichtern Konditionengestaltung, Konditionennennung und Konditionenargumentation. Denken Sie vor allem an Kenntnisse über

1. Kernkundenwunsch: Was will der Kunde wirklich?

Termine ohne Themenabsprache und unabgesprochene Gespräche führen zu einem passiven Verlauf. Begründen Sie den Wunsch nach Gesprächsinhalten mit Kundenvorteilen („Damit ich mich für Sie vorbereiten kann, sagen Sie mir bitte noch, um was es bei unserem Gespräch gehen wird"); Sie können sich dann auch auf die Preis- und Konditionsseite einstellen und vorbereiten.

2. Produktnutzung: Was nutzt der Kunde bisher?

Zeigen Sie Ihrem Kunden die gute Vorbereitung, zum Beispiel Ausdrucke aus Ihrem Kundeninformationssystem deutlich sichtbar in einer Transparenthülle. Mit dem Wissen über die bisherige Produktnutzung steigt Ihre Sicherheit – auch in Bezug auf den Preis.

3. Wirtschaftliche Verhältnisse: Was kann sich der Kunde leisten?

Einkommens- und Vermögensverhältnisse sind wichtige Rahmenbedingungen für jedes Preisgespräch.

4. Umfeld: Wie informiert sich der Kunde?

Einige Kunden haben Detailkenntnisse über das Angebot von Kreditinstituten, viele Kunden besitzen nur oberflächliche Informationen und für große Kundengruppen sind Bankgeschäfte wie ein „Buch mit sieben Siegeln". Die Art der Preispräsentation hängt vom Informationsstand des Kunden ab.

5. Grundeinstellung: Was ist dem Kunden wichtig?

Grundwerte, Mentalitäten und Einstellungen prägen das Verhalten von Kunden und damit den Gesprächsablauf.

6. Regionale Wettbewerber: Was bieten andere Institute dem Kunden?

Denken Sie an die Angebote von benachbarten Instituten mit Geschäftsstellen, an indirekte Anbieter (Makler, Repräsentanten usw.) und Direktanbieter per Brief, Telefon und Internet (Direktbanken).

7. Geschäftspolitik: Was sollen Sie dem Kunden vorrangig anbieten?

Mit dem Wissen über geschäftspolitische Ziele und die Kalkulation Ihres Kreditinstituts wird der Gesprächsabschnitt um die Preisnennung zielorientierter und damit effizienter.

3. Die eigentliche Preisnennung

Sie können die konkrete Preis- und Konditionennennung von Bankdienstleistungen

- dem Zufall überlassen,
- hoffen, dass der Kunde nicht nach dem Preis fragt,
- warten, bis der Kunde nach dem Preis fragt,
- den Preis ganz schnell nebenbei erwähnen,
- den Preis möglichst übergehen,
- den Preis immer erst ganz am Schluss eines Gesprächs erwähnen,
- usw.

Jede Taktik hat Vorteile; doch jede dieser Taktiken hat auch den Nachteil, dass keine bewusste Steuerung vorliegt; die Risiken für den Verkäufer:

- Der Kunde fragt überraschend nach Preisen und Nebenpreisen.
- Der Kunde fragt und bohrt intensiv nach Zinssätzen.
- Der Kunde wünscht tiefere Informationen rund um den Preis.
- Der Kunde sieht nur noch den (hohen) Preis.
- Der Kunde beendet sofort nach der Preisinformation das Verkaufsgespräch.

Suchen Sie deshalb den geeignetsten Zeitpunkt für die Preisangabe. Das darf nicht zu früh sein: Der Kunde hat noch kein Informationsinteresse am Preis oder Abschlussinteresse. Mit der zu frühen Preisnennung geht das Gespräch in eine Sackgasse! Und es darf nicht zu spät sein: Der Kunde wird durch (zu) späte Preisnennungen immer skeptischer. Der Preis wird zu einer großen Hürde!

Nennen Sie deshalb Ihre Zinssätze, Gebühren und andere Preisbestandteile im Rahmen der üblichen Angebotsbeschreibungen. Erläutern Sie Ihre Preise weder isoliert noch gleich zum Gesprächseinstieg. Der beste Zeitpunkt ist das Ansprechen neben anderen produktspezifischen Informationen wie Anlage- oder Finanzierungsbeträge, Laufzeiten und besondere Angebotsmerkmale. Sie können dann weitere, gegenüber dem eher negativen Preis, positive Argumente für Ihren Kunden anführen. Die Preis-

und Konditionennennung ist dadurch harmonisch in das gesamte Beratungs- und Verkaufsgespräch eingebunden.

4. Der Preis und die Leistung

Die mit Abstand wichtigste Regel für erfolgreiche Preis- und Konditionengespräche lautet:

> **Verbinden Sie jede Preisangabe mit Kundenvorteilen!**

Dazu einige Formulierungsbeispiele aus dem Bank- und Sparkassenalltag:

- „Sie erhalten die neue Maestro-Karte mit der Geldbörsenfunktion für nur 8 € pro Jahr. Damit können Sie alle Geldausgabeautomaten rund um die Uhr nutzen."
- „Die Komplettverwahrung Ihrer Wertpapiere bekommen Sie für jährlich 1,5 Promille vom Kurswert. Regelmäßige Informationen, Dividenden und Zinsgutschriften ... und eine bewertete Übersicht zu Jahresbeginn und die persönliche Beratung sind zusätzlich enthalten."

„Sie erzielen mit der XY-Anlage einen festen Zinsertrag von 4,5 Prozent jährlich. Es handelt sich um eine Nettokondition; Sie ersparen sich Kaufspesen und Verwahrungskosten."

Die Preisangaben informieren den Kunden ohne Einschränkungen über den Preis oder Zinssatz. Zusätzlich werden die Preisangaben durch Vorteile für die Kunden ergänzt. Das Denken und Fühlen wird vom – negativ belasteten – Preis auf möglichst individuelle Kundenvorteile gelenkt. Damit wird ein positiver Reiz gesetzt, der die Geldausgabe teilweise verdrängt. Die Vorteile der Dienstleistung klingen nach, und die Wahrscheinlichkeit von Preiseinwänden wird erheblich geringer. Die Argumentationsreihenfolge lautet:

> **Erst mindestens ein Kundenvorteil, dann die eigentliche Preisnennung und abschließend weitere Kundenvorteile!**

Hier noch ein Beispiel für eine Pkw-Finanzierung:

- „Finanzierungsbeträge bis zu 25.000 € erhalten Sie zur Zeit für einen garantierten Zinssatz von 9,75 Prozent. Beachten Sie bitte, dass Sie dadurch zum Barzahler werden; da ist sicher ein Rabatt oder ein Skontoabzug möglich."

5. Der Preis und die Sprache

Mit unserer Wortwahl rund um die verschiedenen Konditionen lösen wir unterschiedliche Reaktionen bei Kunden aus. Die Bezeichnungen „Gebühr", „Kosten", „Provision" oder „Courtage" klingen nicht unbedingt sehr verlockend. Sprachlich wird die Einnahme des Kreditinstitutes hervorgehoben. Die eigentlich wertvolle Leistung, der Dienstleistungsnutzen für den Kunden, tritt in den Hintergrund.

Absolut ungeeignete Formulierungen zu Kunden sind demnach Aussagen wie

- „Der Überziehungskredit **kostet** Sie zur Zeit 12,75 Prozent",
- „Für die Kreditkarte **verlangen** wir 20 € pro Jahr",
- „Für ein Hypothekendarlehen **zahlen** Sie bei einer fünfjährigen Zinsfestschreibung ...",
- „Den Ausgabeaufschlag von 5 Prozent **zahlen** Sie bei ..." oder
- „Für Betriebsmittelkredite **berechnen** wir zur Zeit ...",

da die isolierte Preisnennung mit negativen Begriffen verstärkt wird. Weitere negative Wörter sind „belasten", „bezahlen", „abbuchen" oder „einziehen". Unser verkäuferisches Ziel muss es sein, positive Wörter oder zumindest neutrale Begriffe zu verwenden.

Die ungünstigen Beispielsformulierungen klingen für die Kunden mit positiven Begriffen viel freundlicher:

- „Sie erhalten auf Ihrem Konto zur Zeit Überziehungen für 12,75 Prozent. Bitte beachten Sie, dass jede Gutschrift Ihren Finanzierungsbetrag sofort reduziert".
- „Sie nutzen die Kreditkarte weltweit für nur 20 € pro Jahr. Je häufiger Sie die Karte verwenden, desto günstiger wird es für Sie unterm Strich".
- „Sie sichern sich heute beim Hypothekendarlehen einen Zinssatz von 5,7 Prozent für die nächsten fünf Jahre ...".
- „Der aktuelle Kaufkurs beträgt ... € und liegt 5 Prozent über dem Rücknahmekurs. Damit erwerben Sie den Immobilienfonds günstiger als eine Immobilie, wenn Sie Notar- und Maklergebühren sowie die Grunderwerbssteuer berücksichtigen".
- „Sie können jederzeit auf Ihren Kreditrahmen von 50.000 € für ... zurückgreifen. Es handelt sich um eine Nettokondition; Bearbeitung, Bereitstellung und die quartalsweise Kontoabrechnung sind darin schon enthalten ...".

6. Redlichkeit und Ehrlichkeit beim Preis

Das geschäftspolitische Ziel von Kreditinstituten, Kunden dauerhaft und umfassend mit Finanzdienstleistungen zu versorgen, führt zu einer weiteren Regel im Preisgespräch:

> Informieren Sie Ihre Kunden redlich über Ihre Preise!

Tricks rund um die Preis- oder Zinsnennung wirken wie der Wurf eines Bumerangs: So wie jeder Bumerang – oft unberechenbar für den Werfer – zurückkehrt, so kommt auch das vermeintlich trickreich umschiffte Preis- oder Zinsgespräch – oft schneller als erwartet – zurück. Doch dann nicht aktiv gestaltbar, sondern von dem überraschten, enttäuschten oder gar entsetzten Kunden bestimmt.

Der redliche Weg mit Kunden rund um Zinsen und andere Preisbestandteile berücksichtigt vor allem:

- Informieren Sie Ihre Kunden aktiv über die Konditionen (auch wenn Sie nicht danach gefragt werden).
- Nennen Sie immer korrekte und aktuelle Preise.
- Erwähnen Sie alle wesentlichen Preisbestandteile.
- Weisen Sie auch auf – für diesen Kunden – wahrscheinlich anfallende Zusatzpreise hin.

Natürlich sollten Sie alle Preisinformationen mit dem Verpacken der Preise in die kundenspezifischen Vorteile jeder einzelnen Dienstleistung kombinieren. Beachten Sie dabei:

> Kunden von Kreditinstituten erwarten absolute Rechungsklarheit!

Sicher ist es unklug, Kunden unverständliche Abrechnungen, unberechtigte Abrechnungen oder total unerwartete Abrechnungspositionen zu präsentieren. Sicher ist es nicht nur unklug, sondern auch geschäftsschädigend, Preise nur auf Kundenfragen zu erwähnen oder aus vermeintlich taktischen Gründen Nebenpreise wie Gebühren nicht zu erwähnen, um besser abschließen zu können.

Natürlich müssen Sie dem Kunden bekannte Preise nicht in jedem Gespräch erneut wiederholen. Zum Beispiel erwartet ein regelmäßiger Wertpapierkäufer keine Information über unveränderte Kauf- und Verkaufsspesen. Doch Besonderheiten für diesen Kunden wie

- bisher unbekannte pauschale Mindestspesen,
- höhere Spesen bei besonderen Wertpapiergattungen,
- höhere Depotpreise bei auslandsverwahrten Wertpapieren oder
- der spesenfreie Ersterwerb von Wertpapieren

sind die Erwähnung wert. Beugen Sie durch redliches Informationsverhalten dem Vorwurf „Das haben Sie mir aber nicht gesagt!" vor.

7. Das Relativieren von Preisen

Preise von Kreditinstituten lassen sich sehr unterschiedlich darstellen. Die korrekten Informationen über Zinsen und andere Konditionen sind dabei die eine Seite, die verkäuferisch geschickte Form der Darstellung einzelner Preise ist die andere Seite des gleichen Themas.

Relativieren Sie Ihre Preisangaben:

- Vergrößern Sie sprachlich Einnahmen Ihrer Kunden!
- Verkleinern Sie sprachlich Ausgaben und Zahlungen!
- Verbinden Sie Preise mit alltäglichen Geldausgaben!

Zinserträge von Kunden, über die Anlagelaufzeit von einigen Jahren addiert, werden zu einem größeren Kaufreiz; Finanzierungszinsen können entsprechend sprachlich erheblich verkleinert werden. So ergeben sich bei 100.000 € und 6 Prozent Anlagen- oder ebenfalls 6 Prozent Kreditzins (ohne Tilgung) bei fünfjähriger Laufzeit:

Ertrag: „Sie erhalten einen sicheren jährlichen Zinsertrag von 6.000 €. Diese Erträge summieren sich für Sie zu über 30.000 € mit dem Zinseszinseffekt."

Ausgabe: „Sie erhalten Ihr Darlehen zu 6 Prozent Zinsen. Das bedeutet für Sie, dass Ihr monatlicher Betrag nur rund 500 € für 100.000 € beträgt. Außerdem sind Ihnen die Zinsen für fünf Jahre garantiert ..."

Einige weitere Beispiele für das Relativieren von Zins- und anderen Konditionen:

- „Sie erhalten die Kunden-Karte für 5 € jährlich; das sind noch nicht mal 50 Cent im Monat!"
- „Sie können Ihr Gehaltskonto jederzeit sofort überziehen. Bei einem Zinsatz von 14 Prozent bekommen Sie 1.000 € täglich für weniger als 40 Cent!"
- „... Sie bauen sich mit dieser Anlageform eine sichere und flexible Zusatzrente auf. Und das Ganze für den Gegenwert von noch nicht einmal einem Päckchen Zigaretten pro Tag!" (bei einem Jahresanlagebetrag von bis ca. 1.400 €)

Bei dem letzten Beispiel darf nicht der Eindruck entstehen, dass der Kunde künftig regelmäßig sparen statt rauchen soll. Es geht nur um den Vergleich mit einer ganz alltäglichen Ausgabe für diesen Kunden. Bei anderen Kunden passt vielleicht der Vergleich

- „... und (der Versicherungsbeitrag; der jährliche Anlagebetrag) entspricht noch nicht einmal einer Tankfüllung für Ihren Wagen im Monat!" (Beträge bis ca. 700 € je nach PkW-Größe) oder
- „Und das ist noch nicht einmal der Gegenwert für eine Tankfüllung Ihres Wagens in der Woche!" (Jahresbetrag bis ca. 3.000 €).

Die Relativierungen, vor allem die Vergleiche mit den alltäglichen Ausgaben Ihrer Kunden, setzen gute Informationen über den Kunden und ein ausgesprochenes Einfühlungsvermögen in die Kundensituation voraus. Die einzelnen Relativierungen und Vergleiche müssen für den Kunden fast beiläufig erfolgen. Die Wirkung verpufft, wenn der Kunde vertiefende Informationen zu den relativierenden Zahlen wünscht.

8. Der Preis und die Schriftform

Es ist schon erstaunlich, wie unterschiedlich Kunden auf die gleiche Preisinformation reagieren: Der „mündliche Preis" führt oft zu Widerständen und Preisverhandlungen, der gleiche „schriftlich fixierte Preis" wird dagegen sofort akzeptiert.

Doch die Skepsis von Bankern gegenüber einer schriftlichen Preisinformation ist groß. Da ist die Angst, dass der Kunde das schriftliche Angebot gleich zur nächsten Bank trägt und es damit dem Wettbewerber leicht gemacht wird. Doch auf der anderen Seite sind viele Kunden nicht bereit, größere Geschäfte ohne schriftliche Preisinformation zu tätigen. Der Kunde möchte Klarheit, er möchte schwarz auf weiß das (Konditionen-)Angebot nachlesen können.

Bedenken Sie auch, dass mündliche Kondionsnennungen (zum Beispiel beim Festgeld) aus Kundensicht erst einmal eine unverbindliche Orientierung darstellen. Die Frage nach einer Konditions-/Zinsaufbesserung ist die direkte Folge. Deshalb:

> Notieren Sie Preisangaben für Ihre Kunden!

Der Kunde sieht den Preis klar und deutlich als Teil eines Angebots. Die Zins- oder Konditionsangabe wird durch die Schriftform (Handschrift, Druck, Ausdruck) weniger diskutabel, die Verhandlungsbreite wird für den Kunden eingeengt. Jetzt kann es in der weiteren Verhandlung nur noch um kleine Abweichungen von dem fixierten Preis gehen.

9. Preis- und Konditionenübersichten

Kreditinstitute halten für ihre Mitarbeiter verschiedenste Übersichten (aktuelle Anlageangebote, Rentenwerte mit unterschiedlichen Restlaufzeiten, Finanzierungsmöglichkeiten auf einen Blick, Gebühren-/Konditionenverzeichnisse usw.) bereit. Die weit überwiegende Zahl der in den verschiedenen Übersichten aufgeführten Einzelpreise ist für den betreffenden Kunden unzutreffend. Die Vielzahl produziert schnell Überinformation und dadurch verwirrte und verunsicherte Kunden.

> Meiden Sie umfangreiche Preis- und Konditionenübersichten! Denn: Der Kunde „schielt" sowieso auf die zahlenmäßig günstigste Preisangabe.

Wenn tatsächlich mehrere Angebote/Leistungen mit Konditionen präsentiert werden, dann sollten Sie die für den Kunden passende Variante optisch deutlich hervorheben: ankreuzen, einkreisen, unterstreichen oder markieren. Damit treten die anderen Konditionsvarianten – optisch – in den Hintergrund.

Unterstreichen Sie allerdings die Vorteilhaftigkeit und Preiswürdigkeit Ihrer Angebote durch aktuelle Publikationen wie Zeitungsausschnitte, Leistungsvergleiche und Fachbeiträge.

10. Veränderungen des Preises

Zinssätze und Preise bei Kreditinstituten sind weitgehend über längere Zeiträume stabil. Dennoch werden Konditionen immer wieder verändert: Kunden erhalten Sonder- oder Vorzugskonditionen, Kunden verhandeln intensiv und fordern die Aufbesserung von Preisen und Kreditinstitute nehmen selbst Preisänderungen vor.

> Meiden Sie „preisabwertende" Begriffe, die Ihre Kunden zum Handeln einladen: Normalkondition oder Normalzins, übliche Kondition/Zins, Standardkondition/-preis!

Die Begriffe „Vorzugskondition/-zins" signalisieren dem Kunden individuelle Kalkulation gegenüber dem verallgemeinernden „Sonderkondition/-zins", der für alle Kunden gilt. Doch „Vorzugsangebote" dürfen nicht inflationär angeboten werden, müssen stimmen und vor allem begründet werden („Sie erhalten eine Vorzugsverzinsung von 4,35 Prozent auf Grund der Größenordnung unserer Zusammenarbeit").

Die Ankündigung von „Preiserhöhungen" und „Preisanpassungen" führen regelmäßig zu sehr aufmerksamen und kritischen Kunden. Eleganter sind Aussagen wie „Der neue Preis/Zins ist ...", „Der aktuelle Zins ist ..." oder „Der Zins ab ... beträgt ...". Falsch ist sicher, den Kunden nicht über geänderte Konditionen zu informieren, auch wenn er nicht danach fragt. Damit vermeiden Sie den Vorwurf „Warum wurde mir der geänderte Zins/Preis nicht genannt?".

> Nehmen Sie Preisaufbesserungen für den Kunden nur gegen Gegenleistungen des Kunden wie größeres Volumen, andere Nebenbedingungen, zusätzliche Geschäfte oder andere Verfahrensweisen vor!

Sie zeigen den Kunden Verhandlungsbereitschaft nach dem bewährten Motto „Leistung gegen Gegenleistung!". Dazu einige Beispiele aus dem Bank- und Sparkassenalltag:

- „Wenn Sie eine Lebensversicherung abtreten, reduziert sich der Zinssatz auf ... für Sie"
- „Unter der Voraussetzung, dass Sie auch Ihre privaten Bankgeschäfte über uns abwickeln, biete ich Ihnen bei ... eine Nettokondition. Sie sparen dabei ..."
- „Legen Sie noch 8.000 € drauf. Ab 50.000 € erhalten Sie 2,25 Prozent für Ihr Festgeld."
- „Verdoppeln wir den Tilgungssatz, dann kann ich Ihnen den gewünschten Zinssatz von 4,5 Prozent bieten."

Lassen Sie Preisaufbesserungen nicht durch Vorgesetzte vornehmen; Sie verlieren die Preiskompetenz und der Kunde wird sich immer wieder an Ihren Vorgesetzten wenden. Der bessere Weg ist die Taktik des Zeitgewinns mit Aussagen wie „Ich kalkuliere das für Sie noch einmal durch" oder „Bitte geben Sie mir einen Moment Zeit. Ich rechne mein Angebot noch einmal für Sie durch.".

11. Der Preis am Telefon

Schnelle Konditionennennungen am Telefon gefährden die Chance auf ein persönliches Beratungs- und Verkaufsgespräch. Da Nichtkunden am Telefon Erstgeschäfte mit Kreditinstituten nicht abschließen können, gilt der Grundsatz:

> Nennen Sie Nichtkunden am Telefon keine Preise!

Der Nichtkunde wird die Preisinformation bei seiner bisherigen Bankverbindung ausspielen. Im besten Fall für Sie: Der Anrufer verschlechtert die Marge dieses anderen Instituts. Eine wirklich gute Chance haben Sie kaum – selbst mit besten Konditionen im Vergleich zu Ihren Wettbewerbern.

Trennen Sie telefonische Konditionenanfragen sorgfältig in Anrufe von Kunden und Nichtkunden. Ihre Kunden können Sie alle Informationen um Preise am Telefon geben. Sie streben einen telefonischen Abschluss mit dem Kunden an. Bei Nichtkunden ist ein persönlicher Erstkontakt zur Geschäftsaufnahme erforderlich.

Wie können Sie ganz konkret auf telefonische Konditionsanfragen reagieren?

1. Schritt: Melden Sie sich kundenorientiert! (Zum Beispiel: „Guten Tag, die XY-Banksparkasse Irgendwo, Vorname Berater. Was kann ich für Sie tun?"

2. Schritt: Danken Sie für den Anruf! („Vielen Dank für Ihren Anruf und Ihr Interesse")

3. Schritt: Klären Sie, ob Kunde oder Nichtkunde anruft! („Anrede, Wer betreut Sie bisher in der XY-Banksparkasse?")

4. Schritt: Bei Kundenanfragen Beratung und Verkauf nach dem Kundenbedarf („Gerne informiere ich Sie ...") und bei Nichtkunden Einladung zu einem persönlichem Gespräch („Ich lade Sie zu einer persönlichen Beratung in die XY-Banksparkasse ein oder komme gerne zu Ihnen. Am Telefon kann ich Ihnen nur allgemeine Konditionen nennen. Bei einem Anlage-/Finanzierungsbetrag von ... € lohnt sich ein persönliches Gespräch immer für Sie.") und positive Präsentation („Unser Institut legt großen Wert auf persönliche Beratung und Betreuung", „... die X-Bank ist der regionale Marktführer bei ...").

Auch bei Kunden sind oft die Grenzen telefonischer Information und Beratung erreicht. Stellt der Kunde die dritte oder vierte fachliche Frage, sollen Sie zum dritten oder vierten Angebot (oder Angebotsvariante) Zinssätze oder andere Preisangaben nennen, dann entspricht der vierte Schritt bei Kunden dem von Nichtkundenanrufen: Sprechen Sie auch bei Kunden eine Einladung zu einem persönlichen Gespräch aus.

Versteifen sich Kunden und vor allem Nichtkunden am Telefon auf die Frage nach dem Preis haben Sie schlechte Karten als Verkäufer. Die fehlende Bereitschaft zu einem Gesprächstermin bedeutet fast immer, dass kein echtes Interesse besteht. Die Preisnennung am Telefon ist meist identisch mit dem endgültigen Ausstieg aus dem Kontakt. Die Einladung zur Beratung ist die – absichtliche – Nagelprobe: Die Annahme lässt Ihnen alle verkäuferischen Möglichkeiten offen, die abgelehnte Einladung ist ein klares Zeichen, dass der Anfrager den Banker nur als Informationsquelle „benutzen" wollte.

Tipp 10
Reklamationen und Präsente

In vielen Kreditinstituten ist es eine langjährige Tradition, Kunden ein Präsent zu überreichen, wenn eine Reklamation eingereicht wurde. Das Präsent soll ein „Dankeschön" für die Mühe, den zusätzlichen Aufwand und das Verständnis des Kunden sein.

Bei berechtigten Reklamationen mag dies noch eine sinnvolle Vorgehensweise sein; bei ungerechtfertigten Reklamationen (der Kunde hat sich einfach geirrt oder eine Abwicklung einfach nicht verstanden!) führen Präsente eher in einen Irrweg: Das Präsent signalisiert dem Kunden, dass er „Recht" hatte, dass das Kreditinstitut einen Fehler gemacht hat, dass ein wirtschaftlicher (geldwerter) Nachteil durch ein Präsent ausgeglichen werden soll.

Und dann gibt es noch eine fatale Folge, wenn das Präsent eine längere Lebens-/Gebrauchsdauer hat: Mit jeder Nutzung des vermeintlich praktischen Geschenks wird der Kunde an die Reklamation erinnert! Das gilt für wertvolle Lederkalender, für hochwertige Schlüsselmäppchen oder für den Qualitätsstraßenatlas – diese Präsente sind emotional bei jeder Nutzung mit der Reklamation verknüpft.

Wenn schon ein Präsent für notwendig erachtet wird, dann muss es schnell „verbraucht" werden können:

- eine Telefonkarte,
- eine Flasche Premiumsekt oder ein hochwertiger Wein,
- zwei Eintrittskarten für eine aktuelle Veranstaltung,
- usw. ...

Der risikofreie Weg ist der komplette Verzicht auf Präsente. Der Kunde wird durch eine souveräne Reklamationsbearbeitung überzeugt:

- Dank für das Vorbringen der Reklamation,
- Interesse, intensives Zuhören und Verständnis,
- schnelles Prüfen der Zusammenhänge,
- bei längerem Zeitbedarf: früher Zwischeninformationen,
- und vor allem eine beidseitig zufriedenstellende Klärung der Reklamation mit dem Ausgleich aller Kundennachteile.

Mit dem Verzicht auf Präsente als Ausgleichsleistung überzeugen Sie den Kunden durch Leistung und reduzieren die Erinnerungswahrscheinlichkeit. Wenn schon Präsente zur Tradition Ihres Kreditinstituts gehören, sollten sie als reine Geste der Entschuldigung verwendet werden.

Tipp 11
Nachverkauf – den Kunden nach dem Verkaufen noch einmal überzeugen!

Eine Tendenz verstärkt sich immer mehr bei Branchen mit beratungsintensiven Waren und Dienstleistungen: Der eigentliche Verkauf wird durch gezielte Maßnahmen des Nachverkaufens ergänzt und verstärkt. Die Botschaft an den Kunden lautet

> „Wir wollen Ihnen nicht nur etwas verkaufen, wir wollen auch nach dem Verkauf oder dem Vertragsabschluss weiter für Sie da sein!"

Sicher haben Sie schon das eine oder andere Beispiel als Kunde erleben dürfen:

- Der Autohändler ruft einige Tage nach der Auslieferung des Neuwagens an.
- Der Mitarbeiter des Reisebüros meldet sich nach der Weltreise und erkundigt sich nach Einzelheiten.
- Der Immobilienmakler besucht den Käufer einer Eigentumswohnung mit einem Blumenstrauß.
- Der Technikhändler (PC, Kopierer, Telekommunikation) schickt einen Katalog mit seinem Serviceangebot (Hot-Line, Werkstatt), seinem weiteren Leistungen (Broschüre im Angebotsübersicht) und dem aktuellen Angebot des Monats.
- Der Möbelhändler sendet sein Kundenmagazin und Informationen für eine Stammkundenkarte ...

Die ganz klassische Nachverkaufsaktivität bei Kreditinstituten ist der Anruf beim Kunden wenige Tage nach einem Geschäftsabschluss:

> „... Sie haben bei mir ... (konkrete Leistungsnennung) vor einigen Tagen abgeschlossen. Inzwischen habe ich für Sie ... (konkrete Schritte) getan. Welche Fragen kann ich Ihnen noch beantworten?"

Es ist erstaunlich, wie oft das der Einstieg in ein nächstes Verkaufsgespräch ist. Und wenn nur der Dank des Kunden kommt, hat sich die Nachverkaufsinitiative gelohnt. Die Bindung an das Kreditinstitut wurde gestärkt.

Tipp 12
„Metzger-Qualität" bei Kreditinstituten!

Es klingt für jeden Banker erst einmal fremd: Wir können von jeder Verkäuferin in einer Metzgerei verkäuferisch lernen! Sie kennen das Ritual beim Kauf von Fleisch, Wurstwaren oder die schnelle Mahlzeit an der „heißen Theke". Sie werden als Kunde sicher gegrüßt, bei einem gewissen Bekanntheitsgrad werden Sie sogar mit Namen angesprochen, und gegen Ende Ihres Einkaufs folgen dann verkaufsfördernde Fragen wie

- „Darf es etwas mehr sein?" und
- „Was darf es noch sein?".

Die – verdeckte – Botschaft in der Metzgerei lautet regelmäßig „Wir verkaufen Ihnen gerne noch Zusätzliches!". Und eine solche Botschaft steht natürlich auch jedem Mitarbeiter eines Kreditinstitutes sehr gut zu Gesicht.

Übertragen wir die beiden Fragen auf das Verkaufen bei Banken und Sparkassen. Aus der Metzgerfrage „Darf es etwas mehr sein?" werden Initiativen zum Aufrunden und Vergrößern:

- „Was halten Sie davon, wenn wir den Anlagebetrag auf glatte 10.000 € aufrunden?",
- „Welchen Betrag, vielleicht von Ihrem Girokonto, Ihrem Festgeldkonto oder von Ihrer anderen Bank, können wir noch zu dem Anlagebetrag dazunehmen?" oder
- „Was meinen Sie: Nehmen wir doch noch einen Betrag für Unvorhergesehenes bei Ihrer Finanzierungssumme dazu?".

Die zweite Metzgerfrage „Was darf es noch sein?" ist fast wortwörtlich auf das Bankgewerbe übertragbar. Am Ende vieler Schnellkontakte, Telefonate oder längerer Verkaufsgespräche bieten sich folgende öffnende Fragen an:

- „Was kann ich heute noch für Sie tun?",
- „Wie kann ich Ihnen noch helfen?" oder
- „Wie kann ich Sie in nächster Zeit bei Ihren Plänen rund um Geldgeschäfte unterstützen?"

Die Botschaften an die Kunden lauten jeweils „Ich helfe Ihnen gerne und freue mich über weitere/zusätzliche/größere/künftige Geschäfte mit Ihnen".

Tipp 13
„Das hätten Sie mir aber früher sagen können!"

Ein ganz normales Beratungs- und Verkaufsgespräch geht für den erfahrenen Individualkundenbetreuer Peter Stetig zu Ende. Doch da kommt ganz überraschend noch eine Frage von seinem langjährigen Stammkunden Walter Senior „Was zahlen Sie inzwischen für das Wachstums-Zertifikat im ersten Jahr?".

Walter Senior hat in den letzten Jahren immer wieder fünfstellige Anlagebeträge in das Bankangebot mit den jährlich steigenden Zinsen angelegt. Das Argument von seinem Berater Peter Stetig „Sie können später bei steigenden Zinsen jederzeit ohne Kursverluste auf den aktuellen höheren Zinssatz von neuen Zertifikaten umsteigen!" hat ihn für das Wachstums-Zertifikat überzeugt. Seine Gesamtanlagesumme liegt inzwischen weit über 100.000 €.

Die Antwort auf „Was zahlen Sie inzwischen für das Wachstums-Zertifikat im ersten Jahr?" kommt wie aus der Pistole geschossen: „3 Prozent im ersten Jahr! Vielleicht lohnt es sich für Sie ältere Zertifikate mit niedrigen Zinsen in das aktuelle Zertifikat umzutauschen!". Walter Senior setzt sich noch einmal, überlegt kurz und stellt fest, dass ein Tausch sich sicher für ihn rechnet. Dann antwortet er:

> „Darauf hätten Sie mich aber schon früher aufmerksam machen können!"

Das sagt er nicht bissig oder gar bösartig – er sagt es ganz ruhig und dennoch voller Enttäuschung über seinen Betreuer. Und Walter Seniors Gedanken gehen weiter:

- „Wenn ich heute nicht nach dem aktuellen Zins gefragt hätte, dann müsste ich weiter auf mögliche Zinserträge verzichten!"
- „Für meinen Betreuer bin ich wohl nur ein nebensächlicher Kunde, sonst hätte er mich auf meinen Vorteil angesprochen!",
- „Bei Zinsreduzierungen hätte die Bank sicher nicht gewartet, bis ich zufällig komme und nach dem Zinssatz frage!"

Der vermeintliche Vorteil des Kreditinstituts (= niedriger Einstand) hat sich jetzt in sein Gegenteil verkehrt. Die Enttäuschung des Kunden

- wird künftig zu intensiveren und unangenehmen Fragen führen,
- das bisherige (blinde) Vertrauen wird sich in Misstrauen wandeln

- und der Weg zu Wettbewerbern wird für den Kunden leichter.

Was bedeutet dieses Praxisbeispiel für die Kundenbetreuung und den Verkauf?

Kalkulieren Sie nicht mit der Bequemlichkeit Ihrer Kunden, sondern handeln Sie konsequent kundenorientiert. Orientieren Sie sich an dem Leitsatz

> „Vordenken für den Kunden statt Nachdenken mit dem Kunden"!

Ihr Kunde erwartet von Ihnen Ideen und ganz konkrete Tipps, wie er bei seinen Bank- und Geldangelegenheiten persönliche Vorteile erzielen kann. Vorteile wie zusätzliche Zinsen, bequemere Abwicklung, Ersparnisse (Steuern, Gebühren, Zeit), neue Informationen, aktive Hilfe und Unterstützung ... . Ihr Kunde will im Alltag spüren, dass er wirklich im Mittelpunkt aller verkäuferischen Aktivitäten steht.

Die Einstellung zum Kunden „Wenn der was braucht, wird er sich schon melden!" ist abwertend, veraltet und verhindert zusätzliche Geschäfte.

Tipp 14
Gute Kreditkunden sind rar!

Der Wettbewerb zwischen Kreditinstituten und bankähnlichen Anbietern wird immer intensiver. Gerade im Kreditgeschäft driftet dabei die Qualität der Kreditnehmer extrem auseinander. Ob bei privaten Krediten, im Individualkundenbereich, bei Freiberuflern oder im Gewerbe- und Firmenkundengeschäft: Gute Kreditkunden sind äußerst rar!

Zusätzlich besteht eine sehr hohe Unsicherheit bei Finanzierungen von Neukunden und Existenzgründern – das Kreditausfallrisiko ist enorm. Die naheliegende Konsequenz für das erfolgreiche Verkaufen im Aktivgeschäft von Kreditinstituten kann dann nur bedeuten:

> **Konsequente Ausschöpfung bestehender Kunden- und Kreditpotenziale!**

Weg 1: Finanzierungsrahmen aktiv erhöhen!

Überprüfen Sie alle Kontoverbindungen auf die Höhe des vereinbarten Dispositions- und Kontokorrentrahmens. Bieten Sie „guten" Kunden die Einrichtung und/oder Erhöhung des Rahmens an. Sie binden diese Kunden stärker an Ihr Kreditinstitut und die Nutzung von Finanzierungen, Teilzahlungs- und Leasingkäufen bei Dritten wird geschmälert.

Weg 2: Finanzierungsraten zusammenfassen!

Untersuchen Sie Ihre zuverlässigen (= regelmäßig zahlenden) Kunden auf deren ‚fremden' Finanzierungsraten. Ein Blick in die Kontoführung gibt Ihnen ganz schnell die nötigen Informationen. Fassen Sie mehrere Raten, insbesondere an fremde Anbieter, mit einem neuen Finanzierungsangebot zusammen. Für den Kunden wird sehr wahrscheinlich die regelmäßige Zahlung niedriger und Sie erhöhen Ihr Finanzierungsvolumen bei verlässlichen Kunden.

Weg 3: Vorteile von Barzahlern verdeutlichen!

Informieren Sie kreditwürdige Kunden sehr früh über ihre Vorteiler als Barzahler; zum Beispiel: „Wenn Sie in nächster Zeit Investitionen planen (Auto- oder Möbelkauf, Änderungen oder Erweiterungen rund um die Immobilie) helfe ich Ihnen gerne mit einer günstigen Finanzierung. Sie werden dann Barzahler und erhalten meistens einen Barzahlerrabatt (Skontierungsmöglichkeit)." Oder „... Sie werden dann Barzahler und haben ein viel bessere Verhandlungsposition!"

Weg 4: Finanzierungskunden systematisch pflegen!

Halten Sie regelmäßigen Kontakt zu Ihren Kreditkunden, denn die Wahrscheinlichkeit erneuter Kreditaufnahmen ist bei diesen Kunden groß. Es bieten sich mindestens drei Betreuungskontakte an:

Erster Kontakt: einige Tage nach dem verbindlichen Kreditvertrag oder der Kreditauszahlung

Zweiter Kontakt: nach der pünktlichen Zahlung mehrerer Raten oder spätestens bei der Halbzeit der Finanzierungslaufzeit

Dritter Kontakt: rund um das Ende der Finanzierungslaufzeit

Mit diesen Kontakten signalisieren Sie weiteres Interesse und erfahren frühzeitig erneuten oder zusätzlichen Bedarf.

Weg 5: Freie Grundschuldteile aktivieren!

Bei vielen Hypothekendarlehen haben Kunden erhebliche Teile der Finanzierungssumme in den letzten Jahren getilgt; die Grundschuld besteht noch in voller Höhe der Ausgangsfinanzierung. Werden Sie aktiv, wenn deutliche Anteile der Grundschulden „frei" sind: „Ich habe heute einen Tipp für Sie, wie Sie ganz einfach zu Top-Konditionen Finanzmittel erhalten können. Bei der Verwendung der Mittel sind Sie ganz frei ...".

> Denken Sie bitte bei Finanzierung daran: Der aktivere und schnellere Verkäufer macht in der Regel das Geschäft!

Tipp 15
„Ich kenne meine langjährigen Kunden gut!"

... höre ich ganz regelmäßig von erfahrenen Kundenbetreuern in Kreditinstituten, die schon viele Jahre die gleichen Kunden betreuen. Dann beobachte ich diese Betreuer besonders genau beim Vertriebs-Coaching (=Training-am-Arbeitsplatz) auf ihre tatsächlichen Kundenkenntnisse. Das Ergebnis ist fast immer zwiespältig:

Die erfahrenen Betreuer kennen tatsächlich viele Kunden sehr gut - und gleichzeitig nehmen sie Veränderungen bei diesen Kunden nur unzulänglich wahr.

Ein typisches Beispiel zur Verdeutlichung: Der Betreuer hat seinen langjährigen Kunden vor gut drei Jahren auf die Möglichkeiten des Investmentsparens angesprochen. Er bekam eine deutliche Ablehnung („Nein, das ist nichts für mich!"), die vom Betreuer aufgenommen und künftig auch respektiert wird. –

Und das Respektieren wird mit den Jahren zum verkäuferischen Fehler: Der Betreuer speichert das Desinteresse ab und vermeidet künftig die aktive Ansprache auf diesen Leistungsbereich. Doch die Einstellungen und Wünsche der Kunden können sich schnell ändern. Da erfolgen medienwirksam Privatisierungen von Telekom oder Post, das allgemeine Klima gegenüber der Börse wandelt sich, die private Situation ändert sich usw. – Und jetzt ist die Feststellung „Ich kenne meine langjährigen Kunden gut!" sehr schnell falsch und geschäftsverhindernd.

Gerade erfahrene Kundenbetreuer müssen ihre Kenntnisse über ihre Kunden regelmäßig überprüfen und aktualisieren. Dazu gehören Kontrollfragen wie

- „Was halten Sie inzwischen vom Investmentsparen?" oder
- „Was hat sich bei Ihren Erwartungen bei der Geldanlage in letzter Zeit geändert?"

und wiederholte aktive Kundenansprachen gerade nach vorangegangenen Ablehnungen des Kunden.

Denken Sie daran: Die „Nein"-Sager von gestern sind die „Ja"-Sager von heute! Die „Nein"-Sager von heute sind die „Ja"-Sager von morgen!

Tipp 16
Verkaufsorientierung am Telefon

1. Schnelligkeit

Neben dem persönlichen Kontakt in den Geschäftsräumen und den unterschiedlichen Formen der Selbstbedienung ist der telefonische Kontakt das häufigste Kommunikationsmittel mit Kreditinstituten. Anrufer (sowohl Kunden und auch Nicht-Kunden) erwarten eine prompte Reaktion auf ihren Anruf. Doch was ist ganz konkret – aus der Sicht des Kunden! – eine schnelle, eine prompte Reaktion?

Hier bleibt dem Dienstleistungsunternehmen Kreditinstitut wenig Spielraum für Alternativen. Die Kundenerwartung „prompt, schnell" ist in eine eindeutige Handlungsanweisung für alle Banker übersetzbar:

> Verhaltensziel 1 am Telefon:
> Wir wollen spätestens nach dem dritten Läuten für den Kunden abheben!

Damit geben wir – unabhängig vom eigentlichen Gesprächsinhalt – dem Anrufer zum Kontakteinstieg klare positive nichtsprachliche Signale:

- Wir sind gerne für Sie tätig!
- Ich bin schnell für Sie da!
- Ich freue mich auf Ihr Anliegen!

Mit dem schnellen Melden legen wir die Grundlage für einen guten und konstruktiven weiteren telefonischen Kontakt. Prüfen Sie am besten Ihre eigenen negativen Telefonerfahrungen mit anderen Firmen und Branchen:

> Sie haben einen Wunsch und rufen ein Unternehmen an. Und dann dauert es …
> Der Apparat läutet und läutet … Gerade wollen Sie auflegen … Und da meldet sich endlich eine Stimme …

Sie spüren irgendwie das Desinteresse und die Lustlosigkeit am anderen Ende der Leitung. Irgendwie gewinnen Sie den Eindruck, dass Sie stören könnten. Und gerade das wollen wir als serviceorientierte Dienstleister gegenüber unseren Kunden vermeiden. Deshalb unser Verhaltensziel 1 am Telefon:

Wir wollen spätestens nach dem dritten Läuten für den Kunden abheben! Damit steigen Sie serviceorientiert und dynamisch in einen Telefonkontakt ein; damit gewinnen Sie den Anrufer sofort für das weitere Gespräch.

2. Begrüßen, Melden und Vorstellen

Das Telefon hat geläutet und wir beherzigen unser Verhaltensziel 1. Danach gilt es, den Anrufer schnell positiv einzustimmen:

> Verhaltensziel 2 am Telefon:
> Wir begrüßen den Kunden freundlich sowie umfassend und übernehmen die Initiative!

Dazu zwei Beispiele:

- „Guten Tag, Banksparkasse XY, Geschäftsstellenname, Vorname Name, wie kann ich Ihnen helfen?"
- „Grüß Gott, die XY-Banksparkasse Irgendwo, mein Name ist Vorname Name." – Pause für Meldung des Kunden – „Frau Name, was kann ich heute für Sie tun?"

Die Meldung geht immer vom Allgemeinen hin zum Speziellen:

1. Gruß	Der Gruß ist abhängig von der Tageszeit, der Region und der persönlichen Note.
2. Kreditinstitut	Das Kreditinstitut und die organisatorische Einheit muss vom Kunden sofort verstanden werden.
3. Persönliche Vorstellung	Namensnennung möglichst mit Vornamen und eventuell Funktion im Kreditinstitut.
4. Offene Frage	Mit einer W-Frage (Was?, Wie?) übernimmt der Banker die Gesprächsführung (Regel: Wer fragt, der führt!).

Wählen Sie Formulierungen, die zu Ihnen passen und die vier angeführten Meldepunkte enthalten. Denken Sie immer daran: „Der Ton macht die Musik!"- neben dem optimalen Text muss auch der klimatische Teil an Telefon stimmen. Wählen Sie in Zweifelsfällen immer die etwas längere und damit vollständige Meldung. Sie ersparen sich Rückfragen von Anrufern wie „Wo bin ich?" oder „Mit wem spreche ich?" oder „Habe ich die XY-Banksparkasse?". Sie stimmen durch eine freundliche und umfassende Meldung Ihre Kunden positiv in das Telefonat ein. Er spürt sofort die Botschaft „Ich helfe Ihnen gerne!".

3. Hilfsbereitschaft

Als Bank- oder Sparkassenmitarbeiter sind Sie in einem serviceorientierten Dienstleistungsunternehmen tätig. Ein wesentlicher Aspekt ist dabei die Unterstützung der Kunden, die individuelle Hilfe für die Kunden. Deshalb:

> Verhaltensziel 3 am Telefon:
> Wir zeigen unseren Kunden Hilfsbereitschaft und Unterstützung!

Die Hilfe beginnt mit der offenen Einstiegsfrage „Wie kann ich Ihnen helfen?" oder „Was kann ich für Sie tun?". Im Telefongespräch folgen dann immer wieder positive Hilfsangebote wie „Ich helfe Ihnen gerne ..." oder „Das bereite ich für Sie gerne vor ..." oder „Ich gebe Ihre Frage an ... weiter; der Kollege hilft Ihnen gerne und meldet sich bei Ihnen". Zum Ausstieg bieten sich noch einmal offene Fragen wie „Worüber sollte ich Sie noch informieren?" oder „Was kann ich heute noch für Sie tun?" an.

Achtung: Negative Aussagen am Telefon stellen keine Hilfe und Unterstützung für Kunden dar. Dazu gehören beispielsweise telefonische Reaktionen wie

- „Das kann ich Ihnen nicht sagen!",
- „Dafür bin ich nicht zuständig!" oder
- „Einen Moment bitte!".

Eine positive Reaktion bringt dem Kunden dagegen die erwünschte Unterstützung und Hilfe. Hier jeweils ein Alternativvorschlag für die drei negativen Beispiele:

- „Ich erkundige mich gerne für Sie und rufe Sie zurück!",
- „Das bearbeitet meine Kollegin. Ich gebe Ihre Informationen sofort an sie weiter. Sie erhalten dann direkt von ihr ..." oder
- „Danke für Ihren Anruf. Ich verbinde Sie sofort mit ...!".

Mit Hilfe und Unterstützung gewinnen Sie Ihre Anrufer für Ihr Institut und für Ihre verkäuferischen Ideen.

4. Anrufbeantworter

Nicht immer ist der telefonische Kontaktpartner persönlich erreichbar. Der Anrufbeantworter bietet dann die Möglichkeit der Kontaktsicherung. Doch gerade der Service der Aufzeichnungsmöglichkeit verärgert immer wieder Anrufer. Deshalb:

> **Verhaltensziel 4 am Telefon:**
> **Wir nutzen den Anrufbeantworter individuell und kundenorientiert!**

Was bedeutet das im Einzelnen?

1. Der Anrufbeantworter wird zurückhaltend verwendet. Während der Kernarbeitszeit ist das Umstellen auf Kollegen für den Kunden angenehmer.
2. Der Anrufbeantworter wird persönlich besprochen („Guten Tag. Vielen Dank für Ihren Anruf. Ich rufe Sie gerne zurück, wenn Sie mir eine Nachricht mit Namen und Telefonnummer ..."). Sie vermeiden 0-8-15-Texte wie „Sie hören den automatischen Anrufbeantworter von ... Leider sind wir zur Zeit nicht erreichbar ...".
3. Der versprochene Rückruf erfolgt zuverlässig. Das bedeutet bei Vormittagsanrufen möglichst am gleichen Tag, bei Nachmittagsanrufen am nächsten Arbeitstag.
4. Verändern Sie den Text immer wieder einmal: Vor dem Wochenende, bei längerer Abwesenheit, während des Urlaubs (zum Beispiel Angebot einer Durchwahlnummer eines Kollegen) usw.

Sprechen Sie gezielt auf die Anrufbeantworter Ihrer Kunden und Geschäftspartner. Absolut notwendig sind dabei die Basisinformationen „Name", „Grund des Anrufs" und „Telefonnummer". Zusätzlich sind oft noch der „günstigste Rückrufzeitraum", eine „Rückruffrist" oder ein „alternativer Erledigungsweg" günstig.- Sie nutzen die Serviceeinrichtung Anrufbeantworter professionell und sichern sich damit zusätzliche telefonische Kontakte.

5. Rückrufe

Anrufe finden im Alltag nicht immer den erwünschten Telefonpartner. Dritte Personen nehmen das Gespräch an und bieten oft service- und dienstleistungsorientiert einen Rückruf an. Doch Rückrufangebote führen oft zu unbefriedigenden Situationen:

- Der Rückruf bleibt einfach aus!
- Der Rückruf kommt zu einem unpassenden Zeitpunkt!
- Der Rückruf trifft auf einen unvorbereiteten Angerufenen!

> **Deshalb gilt die Verhaltensregel 5 am Telefon:**
> **„Rückrufe von Dritten vermeiden!"**

Sie vermeiden gezielt diese Nachteile, wenn Sie konsequent Rückrufangebote von Dritten freundlich ablehnen und konstruktive Alternativen anbieten. Zum Beispiel:

- „Danke für Ihr Angebot. Ich rufe gerne noch einmal an. Wann ist ... (Zielperson) telefonisch am besten erreichbar?" oder
- „Das freut mich, dass Sie mir helfen möchten. Wenn Sie mir sagen, wann ... (Zielperson) gut erreichbar ist, rufe ich gerne noch einmal bei ihm an."

Die Verhaltensregel „Rückrufe von Dritten vermeiden!" gilt natürlich nur für aktive Telefonate von Kreditinstituten. Wenn Kunden oder andere Personen anrufen und mit der Zielperson im Kreditinstitut nicht verbunden werden kann, sind Angebote von Rückrufen angebracht. Diese Rückrufe lösen bei Ihnen die angeführten Nachteile nicht aus.

Wendet Ihr Telefonpartner auch die Verhaltensregel 5 an, können Sie einen Kompromissvorschlag machen:

- „... (Zielperson) kann mich gerne anrufen. Er erreicht mich am besten ... (konkrete Zeitangabe). Sollte er mich nicht erreichen, rufe ich dann noch einmal bei ihm an."

Sie steuern Telefonkontakte gezielt, sparen dadurch Zeit und sind bei Telefonaten gut vorbereitet.

6. Günstige Anrufzeiten

Der schnelle Kontakt per Telefon wird im Privatkundengeschäft oft durch die ungünstige Erreichbarkeit von Kunden eingeschränkt. Im Schnitt wird noch nicht einmal jeder dritte Kunde während der üblichen Geschäftszeiten über das Festnetz sofort erreicht. Hier einige Vorschläge zum direkteren Kontakt:

5. Sprechen Sie mit Ihren Kunden über günstige Anrufzeiten und speichern Sie diese Informationen auch mit der Telefonnummer ab.
6. Nutzen Sie den ganzen Arbeitstag für Ihre Telefonate. Privatkunden akzeptieren zum Beispiel auch frühe Anrufzeiten (vormittags von 8 bis 9 Uhr) und sind in dieser Zeit sehr gut erreichbar (zum Beispiel nicht oder später berufstätige Mütter und Väter).
7. Fragen Sie nach der Telefonnummer am Arbeitsplatz. Viele Kunden sind dort gut erreichbar. Kunden, die Ihnen die Telefonnummer am Arbeitsplatz geben, haben Ihnen damit die Genehmigung zum Anruf unter dieser Nummer gegeben.
8. Fragen Sie gezielt nach der Handy-Nummer.

9. Ist der Kunde beim Erstversuch nicht erreichbar, rufen Sie mit taktischen Intervallen an. Zum Beispiel: Vormittags, nachmittags und dann am nächsten Tag (falsch: mehrere Anrufversuche im Abstand von wenigen Minuten)!

10. Rufen Sie auch außerhalb der üblichen Geschäftszeiten an. Vor allem Pendler sind nach 17 Uhr besser als tagsüber telefonisch erreichbar.

11. Sprechen Sie auf den Anrufbeantworter des Kunden. Absolut notwendig sind dabei die Basisinformationen „Name", „Grund des Anrufs" und „Telefonnummer". Zusätzlich sind oft noch der „günstigste Rückrufzeitraum", eine „Rückruffrist" oder ein „alternativer Erledigungsweg" günstig.

12. Schicken Sie dem erwünschten Telefonpartner eine Kurzmitteilung mit der Bitte um einen Rückruf. Die wichtigsten Bausteine entsprechen den Angaben unter dem Punkt 7. dieser Hinweise.

7. Anrufe am Arbeitsplatz

Für Anrufe bei Privatkunden gibt es eine ganz feste Regel:

> **Immer erst die Dienstnummer und erst dann die Privatnummer des Kunden anwählen!**

Privatkunden erreichen Sie während des üblichen Arbeitstages noch nicht einmal bei jedem dritten Anwählen unter ihrer Privatnummer. Haben Ihnen die gleichen Privatkunden die Dienstnummer mit Durchwahl gegeben, wächst die Erreichbarkeit fast auf das Dreifache. Natürlich ist nicht immer die Zielperson an der Leitung, aber Sie erhalten von Dritten (Kollegen/Sekretärinnen/Telefonzentrale) gute Informationen zur Erreichbarkeit.

Doch Achtung: Nur wenn Sie die Nummer des Arbeitsplatzes von Ihrem Kunden oder Personen aus dessen engster Umgebung (zum Beispiel Ehepartner) erhalten haben oder es sich um ganz wichtige/eilige Informationen handelt, bedeutet das „Genehmigung" für Anrufe unter der Dienstnummer. Das Heraussuchen der Dienstnummer aus dem Telefonbuch ist ein sehr konfliktträchtiger Weg. Deshalb: Das Erfassen der Dienstnummer von Privatkunden und Zeiten günstiger Erreichbarkeit muss damit ein fester Schritt bei jedem Erstgespräch und bei jeder Kundenüberleitung sein.

Melden Sie sich bei Privatanrufen in Firmen wie bei privaten Telefonaten ohne Institutsnennung. Erreichen Sie Ihren Kunden am Arbeitsplatz, ergänzen Sie die Bank- oder Sparkassennennung und fragen Sie nach der Gesprächsbereitschaft („Können Sie im Moment über ... sprechen?"). Mit dem Anruf am Arbeitsplatz steigern Sie die telefonische Erreichbarkeit von Privatkunden beträchtlich und sparen damit viel Zeit.

8. Abschlussorientierung

Geschäftsvereinbarungen (= Abschluss) sind am Telefon sehr häufig möglich. Immer mehr (Stamm-)Kunden suchen nach einer schnellen und bequemen Lösung mit ihrem Kreditinstitut. Dies gilt auch dann, wenn eine Unterschrift für die Vereinbarung erforderlich ist. Beachten Sie: Verkaufstelefonate ohne Abschluss sind meist sehr riskante Investitionen in eine Kundenbeziehung! Sie können bei Ihren Verkaufstelefonaten auf zwei unterschiedliche Abschlussmöglichkeiten zielen:

1. Verfahrensabschlüsse   Dazu zählen alle Absprachen mit Kunden, die das Verfahren bis zum tatsächlichen Geschäftsabschluss regeln. Das kann eine Terminvereinbarung, das Zusenden von Unterlagen (zum Beispiel schriftliches Angebot oder Prospekte), die Absprache eines weiteren Telefonats sein.

2. Geschäftsabschlüsse   Dazu zählen alle Wege, die zu einem verbindlichen Geschäftsabschluss führen. Das ist oft die mündliche Entgegennahme des Auftrags und eine organisatorische Regelung für die tatsächliche Unterschrift des Kunden. Das kann die sofortige Auftragsausführung (Wertpapiergeschäft) mit einer Bestätigung, der schnelle Fax-Auftrag oder auch das Vorbereiten der Vertragsunterlagen mit Zuschicken/Vorbeibringen sein.

Denken Sie bei Ihren Telefonaten immer daran, dass Abschlussorientierung entweder

- Initiative für Folgekontakte beim Banker oder
- eine feste Vereinbarung mit dem Kunden

bedeutet.

9. Aktive Ansprache/Zusatzverkauf

Das Telefon ist das ideale Instrument für die aktive Kundenansprache und die Kundenbetreuung: Nutzen Sie deshalb jedes längere Telefongespräch für einen verkäuferischen Impuls an Ihren Gesprächspartner. Sie signalisieren ohne großen zeitlichen Aufwand:

> „Ich möchte Sie gut betreuen und gerne auch
> zusätzliche Geschäfte mit Ihnen machen!".

Dazu ein Beispiel: Ihr Kunde hat bei Ihnen angerufen und Sie um eine kleine Beratung gebeten. Sie haben diesen Kundenwunsch schnell zufriedenstellend erfüllt und jetzt bedankt er sich bei Ihnen mit einem freundlichen „Vielen Dank für Ihre Auskunft!".

Die häufige – aber falsche – Reaktion: „Gern geschehen!" und der Kunde verabschiedet sich schnell mit „Auf Wiederhören!". Eine exzellente verkäuferische Chance wurde vergeben! Der Kunde ist mit seinen Gedanken bei Bank- und Geldgeschäften; er ist für verkäuferische Impulse viel offener als bei Anrufen von Bank- und Sparkassenmitarbeitern.

Die konstruktivere – weil aktivere – Variante: „Gern geschehen, Frau /Herr ... (Namensnennung). Was kann ich heute noch für Sie tun?". Der Kunde spürt weiteres Interesse und wird zum Nachdenken geführt. Natürlich sind auch viel direktere aktive Ansprachen sinnvoll:

- „... Worüber kann ich Sie heute noch zusätzlich informieren?"
- „... Ich habe da noch einen aktuellen Tipp für Sie ...?"
- „... Bei welchen Plänen (Absichten/Vorhaben ...) kann ich Sie in nächster Zeit unterstützen?"

Die Botschaft zwischen den Zeilen lautet: Ich habe Ihnen gerne geholfen und ich möchte Sie auch zusätzlich unterstützen!

Tipp 17
Der angewärmte Kundenstuhl

Im Verkaufsalltag gibt es immer wieder besonders hektische Tage. Ein Beratungs- und Verkaufsgespräch folgt dem anderen – Kunden geben sich sprichwörtlich die Klinke in die Hand. Kaum ist der Kundenstuhl frei, setzt sich der nächste Kunde auf den noch angewärmten Platz.

Mit der Eile und Hektik schleichen sich schnell erhebliche Nachteile bei der Beratungs- und Verkaufsqualität ein:

- Das vorangegangene Gespräch kann nicht mehr sorgfältig nachbereitet werden (Datensicherung!).
- Unterlagen vom vorangehenden Kunden werden nur noch oberflächlich zur Seite gelegt (Diskretion!).
- Das folgende Gespräch beginnt unvorbereitet (Qualität!).
- Das Folgegespräch hat wenig bewusste Gesprächsstrukturen und wird vor allem kaum aktive Anteile enthalten (fehlende Ideen!) sowie
- der Banker lässt sich sehr stark vom Kunden führen (Gesprächsführung und Zielorientierung!).

Steuern Sie aktiv gegen diese Einschränkungen. Dabei hilft Ihnen ein Bild:

> **Es ist einfach unhöflich, einem interessanten Kunden einen angewärmten Platz anzubieten!**

Deshalb:

1. Nehmen Sie sich einige Minuten Zeit zur Nachbereitung und zur Vorbereitung zwischen Ihren Verkaufsgesprächen!
2. Bieten Sie dem nachfolgenden Kunden einen Warteplatz an!
3. Schließen Sie Ihr Gespräch in aller Ruhe ab und räumen Sie sorgfältig Ihren Beratungsplatz auf!

4. Legen Sie Unterlagen für den Folgekunden bereit!
5. Halten Sie stichwortartig Ihre Themen und Ziele für das Folgegespräch fest und informieren Sie Ihren Kunden darüber!
6. Starten Sie das Folgegespräch in Ruhe!

Tipp 18
Persönliche Betreuung – und wen erreicht der Kunde in der Urlaubszeit?

Die meisten Kreditinstitute betreuen inzwischen ihre besonders wichtigen (A)-Kunden bevorzugt. Firmenkunden-, Individualkunden-, Vermögensanlage- oder Spezialbetreuer sind sorgfältig ausgewählten Kunden persönlich zugeordnet.

Die Betreuung hat sich eingespielt und funktioniert meist sehr gut – doch was passiert während längerer Urlaubszeiten des Betreuers?

Der Kunde richtet sich sicher nicht nach den Urlaubsgewohnheiten seines Bankers. Und Topkunden unterhalten mehrere Bankverbindungen: Die Gefahr der Abwanderung an besser erreichbare Wettbewerber – zumindest mit einem Teil des Geschäftes – ist vor allem in den Urlaubszeiten besonders groß.

Gehen Sie in die Offensive und informieren Sie wichtige Kunden über längere Abwesenheiten. Kernbotschaft: Sie sind ein wichtiger Kunde und während meiner Abwesenheit sind Sie bei ... in besten Händen. Das kann mit einem kurzen Telefonat erreicht werden oder auch in Schriftform. Von einem Vermögensberater eines regionalen Kreditinstituts erhielten wir vor kurzem diesen Brief:

Sehr geehrter Herr Name,

in der Zeit vom ... bis einschließlich zum ... werde ich einen Teil meines Jahresurlaubs in Anspruch nehmen. Als meine Urlaubsvertretungen stehen Ihnen die Herren

- Vorname Name (Telefondurchwahl) und
- Anderer Vorname Name (Telefondurchwahl)

gerne zur Verfügung.

Mit freundlichen Grüßen

Übertragen Sie dieses Praxisbeispiel auf Ihr eigenes Kreditinstitut und Ihren Tätigkeitsbereich. Auch wenn der so informierte Kunde keine besonderen Wünsche in der Urlaubszeit hat, fühlt er sich von Ihnen bestens betreut.

Tipp 19
Freundlichkeit und Höflichkeit sind „schlechte Verkäufer"!

Führungskräfte in Kreditinstituten fordern von ihren Mitarbeitern im Kundenkontakt immer wieder betont freundliches und höfliches Verhalten. Das gilt als besonders kundenorientiert und damit verkaufsunterstützend. Diese Führungskräfte äußern beispielsweise gegenüber ihren Mitarbeitern:

- „... Frau Kaiser, ich bitte Sie besonders um Freundlichkeit und Höflichkeit im Kontakt mit Ihren Kunden!",
- „... Seien Sie vor allem nett und freundlich zu Ihren Kunden. Vergessen Sie dabei auf keinen Fall die namentliche Ansprache Ihrer Kunden ..." oder
- „... Herr König, lächeln Sie, freuen Sie sich mit Ihren Kunden – durch Höflichkeit und Freundlichkeit sichern Sie Ihren Verkaufserfolg!".

Doch oft sind diese Führungskräfte – und auch deren Mitarbeiter – über das verkäuferische Ergebnis trotz aller Freundlichkeit und Höflichkeit enttäuscht.

> Denn: Isolierte Freundlichkeit und Höflichkeit sind „schlechte Verkäufer"!

Kunden lassen sich alleine durch freundliches und höfliches Verhalten, also angenehme Umgangsformen, nicht dauerhaft an einen Verkäufer und sein Kreditinstitut binden.

Im Gegenteil: Manchmal verhindert gerade das ausgesprochen liebe, nette und freundliche Verhalten mögliche Geschäftsabschlüsse: Der Kunde entscheidet sich vielmehr für einen nutzen- und abschlussorientierteren Verkäufer des Wettbewerbs und gegen den freundlichen Verkäufer. Dabei denkt er sich vielleicht „Der freundliche Mitarbeiter ist ja mir gegenüber immer ausgesprochen freundlich und verständnisvoll. Er wird mir auch dann nicht böse sein, wenn ich bei einem anderen Anbieter abschließe!" – Freundlichkeit und Höflichkeit wird bei solchen Kunden sogar zu einem echten Verkaufshindernis.

> Doch: Freundlichkeit und Höflichkeit sind eine exzellente Grundlage für erfolgreiches Verkaufen!

Der „weiche Faktor" Freundlichkeit/Höflichkeit/Umgangsformen muss verstärkt um einige „harte Faktoren" des Verkaufs ergänzt werden. Nur durch die bewusste Kombination mit

1. Nutzenorientierung für jeden Kunden,

2. aktiver Kundenansprache und

3. konsequentem Abschluss- und Nachfassverhalten

trägt die Freundlichkeit und die Höflichkeit als Grundlage für erfolgreiches Verkaufen bei Kreditinstituten. Das bedeutet dann:

Zu 1.: Jeder einzelne Kunde muss seine Vorteile, seinen ganz persönlichen Nutzen in Service, Beratung und Betreuung wahrnehmen. Gepaart mit angenehmem Mitarbeiterverhalten werden Geschäftsabschlüsse wahrscheinlicher.

Zu 2.: Jeder einzelne Kunde spürt, dass sein Betreuer zusätzliche Vereinbarungen (= Geschäfte) abschließen möchte. Vereinbarungen, die dem Kunden und auch dem Kreditinstitut Vorteile bringen. Gepaart mit Freundlichkeit wächst die Chance auf zusätzliche Geschäftsabschlüsse.

Zu 3.: Jeder einzelne Kunde erlebt Kontinuität im Bemühen seines Betreuers und seines Kreditinstituts. Zeitliche Investitionen (Service, Beratung, Ideen für den Kunden) werden durch den Willen zum Abschluss und das Nachfassen in messbare Verkaufsergebnisse verwandelt. Gepaart mit angenehmen Umgangsformen und Höflichkeit wird der Geschäftserfolg gesichert.

Tipp 20
Der Mutige gewinnt!

Der Wandel im Kreditgewerbe setzt sich kontinuierlich mit steigender Geschwindigkeit fort. Änderungen, Neuerungen, Innovationen im Vertrieb von Finanzdienstleistungen gehören zum Alltag. Und dennoch gibt es sie noch, die Führungskräfte im Vertrieb und die Mitarbeiter mit Kundenverantwortung, die sich mit pessimistischen sowie mutlosen Gedanken und Äußerungen selbst – und auch ihrem Verkaufserfolg – im Weg stehen.

Schauen wir auf einige typische Aussagen der Mutlosen in unserer Branche. Da äußert als erstes der besonders erfahrene, aber dennoch mutlose Verkäufer

- „Das haben wir noch nie so gemacht!".

Zweitens bedenkt der – vermeintlich – sehr kundenorientierte, aber vor allem ängstliche Verkäufer

- „Der Kunde will das nicht!"

bevor er überhaupt mit dem Kunden gesprochen hat. Drittens gibt der immer sehr sachorientierte, aber dennoch mutlose Verkäufer zu bedenken

- „Der Kunde hat dafür – noch – kein Geld!"-

Die Kette dieser energie- und mutlosen Gedanken und Äußerungen lässt sich leicht verlängern:

- „Das geht doch nicht!"
- „Das bringt doch nichts!"
- „Die Zeit ist dafür noch nicht reif!"
- „..."

Sicher finden Sie auch in Ihrem beruflichen Umfeld – bei Ihren Führungskräften, bei Kollegen oder bei Ihren Mitarbeitern in Ihrem Kreditinstitut – ähnliche mutlose und deshalb destruktive Botschaften.

> Doch bedenken Sie: Der mutige Verkäufer gewinnt!

Wenden Sie sich konsequent von dem „mutlosen Umfeld" ab. Gerade langfristig erfolgreiche Verkäufer und vor allem Spitzenverkäufer sind mutig. Sie suchen nach neuen realistischen verkäuferischen Chancen mit ihren Kunden. Sie sind sehr neugierig und forschen nach vollkommen neuen Ideen und konkreten verkäuferischen Wegen. Sie geben sich nicht mit dem Bewährten zufrieden, sondern streben nach Besserem und Erfolgreicherem. Sie wissen – oft auch nur intuitiv –, dass verkäuferischer Stillstand letztendlich Rückschritt gegenüber dem Wettbewerb (andere Anbieter und Kollegen) bedeutet.

Wie verhält sich der mutige Verkäufer in unseren drei Beispielen?

Verkäufer 1: „Das haben wir noch nie so gemacht!"

Im Gegensatz zu Verkäufer 1 zielt der mutige Verkäufer auf Optimierung. Das Neue übt einen großen Reiz auf ihn aus. Der mutige Verkäufer prüft die Wahrscheinlichkeit des Erfolgs einer Neuerung. Und wenn das Verhältnis Chance zu Risiko positiv ausfällt, dann testet er den neuen/veränderten Weg aus. Aus Unzulänglichkeiten und Misserfolgen werden dann schnell neue Erfahrungen. Das Bewährte wird mit den Neuerungen kombiniert und damit der verkäuferische Erfolg langfristig gesichert.

Verkäufer 2: „Der Kunde will das nicht!"

Der mutige Verkäufer geht auf die sichere Seite, er setzt auf konkrete Informationen des Kunden und verzichtet auf unsichere Vermutungen und Unterstellungen. Seine Gedanken lauten beispielsweise „Ich bin sehr gespannt, ob das meinen Kunden interessiert?". Er geht in die Offensive und spricht seine Kunden aktiv an. Sein Kunde kann immer noch ablehnen oder den mutigen Verkäufer auf tatsächliche Wünsche und Bedürfnisse hinweisen. Damit verkauft der mutige Verkäufer ganz sicher.

Verkäufer 3: „Der Kunde hat dafür – noch – kein Geld!"

Der mutige Verkäufer ist schnell, manchmal sogar zu schnell. Denn er spricht Kunden lieber frühzeitig als verspätet an. Damit erkennt er rechtzeitig verkäuferische Möglichkeiten und kann einen realistischen Zeithorizont mit dem Kunden absprechen. Er hört damit selten Kundenreaktionen wie „Habe ich schon bei einem anderen Institut abgeschlossen!". Er weiß und berücksichtigt, dass immer häufiger der schnellere (= mutigere!) Verkäufer das Geschäft machen wird.

Teil II
Verkaufsförderung

Tipp 21 Blickfang für Kunden und Aufhänger für die Ansprache
Tipp 22 „Vergissmeinnicht"
Tipp 23 Sicherheit – ein wichtiges Motiv für die Menschen
Tipp 24 Das Mitarbeiter-Kochbuch als Weihnachtsgeschenk für Ihre Kunden
Tipp 25 „Gesundheitstag"
Tipp 26 Wie viele Münzen sind im Glas?
Tipp 27 Sponsoring mit Gegenleistung
Tipp 28 Weihnachten kommt jedes Jahr
Tipp 29 „Warum sind Sie Kunde bei uns geworden?"
Tipp 30 Kunden laden Kunden ein
Tipp 31 Haben Sie immer eine Visitenkarte dabei?
Tipp 32 Was bekommt der Kunde beim Abschluss?
Tipp 33 Woran erinnern Sie Kunden nach einem Gespräch?
Tipp 34 Die Erinnerungskarte
Tipp 35 Ein Blatt Papier
Tipp 36 Ein Bild sagt mehr als tausend Worte
Tipp 37 Wofür haben Sie Prospekte
Tipp 38 Verkaufen Sie mit Stift und Papier
Tipp 39 Sie verlieren einen Kunden, kann man da noch etwas tun?
Tipp 40 Die einfachste und erfolgreichste Verkaufsaktion

Tipp 21
Blickfang für Kunden und Aufhänger für die Ansprache

Wenn Kunden in Ihre Filiale/Geschäftsstelle kommen, dann sollten diese von Zeit zu Zeit etwas Neues sehen. Etwas, bei dem sie sagen: „Hoppla, was ist das?" Etwas, das deren Gedanken anregt und sie neugierig macht, mehr zu erfahren.

Es sollte auch etwas sein, was den Beginn eines Kundengespräches erleichtert, weil Sie die Überraschung des Kunden beobachten. Und weil ein guter Aufhänger immer als Anknüpfungspunkt für einen leichteren Gesprächseinstieg dient.

Im Laufe unserer Seminare erfuhren wir von vielen sehr gut umgesetzten Beispielen. Einige führen wir Ihnen hier an:

1. Achtung: Fallen Sie nicht in das Versorgungsloch

In der Mitte des Kundenraumes war ein schwarzes Papier zu einem Kreis zugeschnitten und auf den Boden geklebt worden; davor zwei Ständer mit einem Seil, eine Absperrung – eine Baustelle darstellend. Daneben stand ein Plakat mit dem Text, „Fallen Sie nicht ...!". Ein idealer Gesprächseinstieg für Altersvorsorge, Zusatzpension etc.

2. Wir begleiten Sie auf allen Stationen Ihres Lebens

Auf einem Tisch in der Mitte des Kundenraumes wurde eine kleine Modelleisenbahn aufgebaut mit einigen Stationen, die mit Geburt, Hochzeit usw. bezeichnet waren. Daneben wieder ein Flipchartbogen mit obigem Text. Dies ist ein guter Anknüpfungspunkt für ein Gespräch, in dem abgeklärt wird, in welcher Lebenssituation sich der Kunde zurzeit befindet.

3. Gut behütet?

Verschiedene Hüte wurden ausgestellt und mit dem Text „Gut behütet" beschrieben. Auch diese Idee stellt einen guten Aufhänger dar, vor allem um einen Kunden über die Zufriedenheit mit Ihrer Filiale/Geschäftsstelle zu befragen.

4. Dieses Auto gehört für nur X Euro Ihnen?

Wenn Sie genügend Platz haben, stellen Sie ein echtes Auto in Ihre Filiale (Ihr Autohändler freut sich).

Wenn dies aber platzmäßig nicht möglich ist, stellen Sie ein Modellauto auf einen Tisch und daneben wieder eine Tafel/Flipchart mit dem beschriebenen Text. Dazu geben Sie einen Hinweis für die alternative Leasing-Finanzierung des neuen Autos.

5. „Vorsicht Zinsschlag"

Damit wurde verstärkt auf Baufinanzierungen bei niedrigem Zinsniveau aufmerksam gemacht. Es wurde eine kleine Wand aufgebaut. Neben der Wand zudem ein entsprechendes Schild mit der Aufschrift „Vorsicht Zinsschlag" (gemäß dem Straßenschild „Vorsicht Steinschlag") mit herunterfallenden Zinsen. Das Schild wurde kurzerhand auf einer Bauschaufel montiert und ein Hinweisständer verwies zudem auf das Zinsniveau und die Möglichkeit jetzt Geld zu sparen.

6. Bausparen:

- mit Ziegelsteinen eine kleine Mauer (eventuell halbkreisförmig) errichten;
- mit Utensilien einer Baustelle (Bautafel, Baustellenschild, Schubkarren, Hammer, Maurerkelle, Meterstab, Bierflaschen etc,) bestücken;
- eine Tafel oder Flipchart zum Thema Bausparen (Prämie, vermögenswirksame Leistung, Verzinsung etc.) daneben aufstellen.

7. Aktion Knax – Kinder

Als Blickfang für den Verkauf der Eintrittskarten und Accessoires für das Knaxdorf wurde in der Filiale eine Kinder-Schaufensterpuppe in die Kundenhalle gestellt. Diese Puppe trug Knax-T-Shirt, Kappe und Matchsack.

Die Puppe war eine Leihgabe eines ortsansässigen Modehauses, das diese mit Hose und Schuhen komplettiert hat. Die Kleidung wurde durch das Modehaus 14-tägig aktualisiert. Effekt dieser Aktion war, die Puppe als Gesprächsaufhänger für Jugendsparbücher, Unfall- und oder Ausbildungsversicherungen zu nutzen; daneben konnte das Modehaus als Leihgeber mit dezenter Werbung auf sich aufmerksam machen.

8. Private Zusatzrente

An der Decke der Geschäftsstelle wurden laminierte Kartons, bedruckt mit blauen Regentropfen befestigt. Auf den Wolken standen Schlagworte: niedrige Zinsen; Arbeiten bis 65; Steuer; gesetzliche Mindestrente. Unter den Wolken wurde ein Regenschirm des Versicherungs-Finanzpartners angebracht. Dieser schützte vor dem „drohenden Gewitter". Der Stiel des Regenschirms wurde auf Grund der niedrigen Deckenhöhe gekürzt. Daran wurde in Regenbogenfarben ein Schild befestigt. „Private Zusatzrente der Versicherung und der Bank X- sprechen Sie mit uns". Nach dem Motto: Wir schützen Sie vor dem aufziehenden Unwetter.

9. Messlatten für Kinder

In der Filiale wurden Messlatten aufgestellt, an denen die Eltern die Größe ihrer Kinder messen konnten. Je größer das Kind, umso anspruchsvoller wurde das zu verkaufende Produkt (war an der Latte in entsprechender Höhe mit Beispielrechnungen platziert), zum Beispiel von Invalidität- über Unfall- bis zur Ausbildungsversicherung und alternativen Ansparvarianten.

10. Vorsorge

Im Kundenraum wurden zwei gedeckte Tische aufgestellt. Der eine Tisch war bescheiden gedeckt: kein Tischtuch, am Tisch ein Wasserglas, ein Suppenteller und ein Stück Brot.

Der andere Tisch war schön gedeckt: Tischtuch, Stoffservietten, Weingläser, Kerzenleuchter, eine Vase mit Blumen. Dazwischen wurde eine Tafel platziert mit der Frage: „An welchem Tisch möchten Sie im Alter sitzen? Sprechen Sie mit uns über Vorsorge!"

Alle diese Aktionen haben bei den Kunden entsprechende Aufmerksamkeit herbeigeführt. Zudem wurde Interesse sowie Bereitschaft für ein Beratungsgespräch ausgelöst.

Eine wichtige Voraussetzung ist allerdings die aktive Ansprache durch die Mitarbeiter. Erst dadurch wird das Interesse des Kunden geweckt und zum konkreten Aufhänger und Gesprächsinhalt.

Tipp 22
„Vergissmeinnicht"

Von einem Hotel, in dem wir im vergangenen Sommer einige Urlaubstage verbracht haben, erhielten wir zu Weihnachten eine Grußkarte mit besten Wünschen und dem Hinweis „Vergissmeinnicht" als Überschrift auf der Karte. Beigelegt war eine kleine Tüte mit Samen für die Blume Vergissmeinnicht zum Einsetzen in einem Blumentopf oder im Garten.

Eine einfache, billige, aber doch ausgefallene Idee, die von uns emotional sehr positiv aufgenommen wurde und dazu geführt hat, im heurigen Jahr wieder einige Tage in diesem Hotel einzuplanen.

Vielleicht eignet sich diese Idee auch für Sie zur Umsetzung in Ihrer Filiale. Mit Beginn des neuen Jahres starten wieder die Beratungsgespräche mit Kunden, mit denen Sie ein jährliches Finanzgespräch führen.

Sie führen ein Gespräch über die finanzielle Situation Ihres Kunden in Zusammenhang mit Ihrer Filiale. Dabei wird überprüft, was der Kunde von Ihnen braucht, bzw. was Sie ihm anbieten und empfehlen können. Einmal im Jahr ein solches Gespräch zu führen, steigert die Zufriedenheit Ihres Kunden, da er sieht, wie Sie sich um ihn kümmern und ihn betreuen. Und Sie erkennen Möglichkeiten für ein eventuelles zusätzliches oder neues Geschäft. Mit dem „Vergissmeinnicht" erreichen Sie vielleicht jenen positiven Impuls, der zu einer schnelleren Terminvereinbarung und zu einer leichteren Gesprächsbereitschaft führt. Probieren Sie es mal.

Tipp 23
Sicherheit – ein wichtiges Motiv für die Menschen

Das Motiv Sicherheit ist für die meisten Menschen ein besonders wichtiges Motiv. Insbesonders was das Bankgeschäft betrifft. Sicherheit, dass die Aufträge termingerecht und richtig durchgeführt werden. Sicherheit, dass man bei einer Geldanlage sein Geld nicht verliert. Sicherheit, dass man sich bei Krediten nicht zu hoch verschuldet, und vieles anderes mehr.

Aber Sicherheit sucht man auch außerhalb des Bankgeschäftes. Vor allem was das eigene Heim, die eigene Wohnung betrifft. Man überlegt Einbruchschutz, man schließt Versicherungen ab usw. Tragen Sie diesem Motiv Sicherheit gesamtheitlich Rechnung.

„Sicherheit in Heim und Wohnung"

Unter diesem Motto wurde eine kleine Ausstellung in der Filiale durchgeführt, Schlösser, Türen, Alarmanlagen usw. wurden beispielhaft dargestellt. Dazu gab es Beratungsstunden über die richtige Absicherung, die mit Fachleuten durchgeführt wurden. Diese Fachleute waren aus den Firmen, die diesen Schutz realisieren konnten. So konnten sich die Kunden aus erster Hand informieren, was sinnvoll und nützlich ist. Und die Firmenkunden aus dem Einzugsgebiet waren sehr angetan von der Möglichkeit, sich und ihre Produkte und Leistungen in der Filiale präsentieren zu können. Also eine positive Maßnahme für gleich zwei Kundengruppen.

Aber auch der Nutzen für die Filiale wurde dabei erfüllt. Denn bei den Beratungsstunden war auch ein Versicherungsexperte (aus der Zentrale oder vom Verbundpartner) dabei, der darüber informierte, welche Prämiennachlässe bei Haushaltsversicherungen durch entsprechende Sicherheitsmaßnahmen möglich sind.

Eine Aktivität, die von allen Kunden sehr positiv aufgenommen wurde und die zu Versicherungsabschlüssen geführt hat.

Tipp 24
Das Mitarbeiter-Kochbuch als Weihnachtsgeschenk für Ihre Kunden

Von einer Geschäftsstelle erfuhren wir von folgender Aktivität:

Die Mitarbeiterinnen, die alle gern und gut kochen, sprachen über dieses Thema oft mit ihren Kundinnen. Aus diesem Interesse heraus entstand die Idee, die besten Rezepte in einer Broschüre zusammenzufassen und den Kunden zu Weihnachten als persönliches Geschenk zu übergeben. Es wurden also verschiedene Rezepte ausgewählt, auf einer Seite je 1 Rezept aufgeschrieben und mit dem Namen der jeweiligen Mitarbeiterin versehen.

Etwa 30 Seiten wurden dann zusammengestellt und in eine entsprechende Mappe, versehen mit dem Bank-Logo, gegeben. Damit war dies ein wirklich sehr persönliches Geschenk der Mitarbeiterinnen für ihre Kunden.

Erweiterbar ist diese Idee durch Einbeziehung der Kundinnen, indem man versucht, auch jeweils deren Lieblingsgerichte zusammenzustellen.

Damit bekommen Sie ein **„Geschäftsstellen-Kochbuch mit den Lieblingsrezepten von unseren Kunden für unsere Kunden."** Gerade das Thema „Kochen" ist etwas, worüber viele Frauen diskutieren, Rezepte erfragen und austauschen, Rezepte aus Zeitungen und Zeitschriften ausschneiden sowie Kochbücher kaufen. Damit können Sie einen Trend nutzen und in gute Kundenbetreuung umsetzen.

Tipp 25
„Gesundheitstag"

Unter Ihren Kunden befinden sich viele Unternehmer und Geschäftsleute, die im engeren oder weiteren Sinn etwas tun oder anbieten, das mit Gesundheit zusammenhängt. Optiker, Apotheker, Reformhäuser, Ernährungsberater, Orthopäden etc. fallen in diese Kategorie.

Eine Bankfiliale hat die Situation genutzt, um gelegentlich, ein- bis zweimal pro Jahr einen Gesundheitstag in der Filiale durchzuführen. Zum Beispiel wird der Optiker eingeladen, einen Tag lang Sehtests mit den Kunden der Filiale durchzuführen. An einem anderen Tag wird vom Fachmann der Blutdruck gemessen usw.

Mit dieser Aktivität tut die Filiale einerseits etwas für die Gesundheit ihrer Kunden und führt anderseits den Unternehmern neue Kunden zu. So schafft man zwei positive Aspekte und hat zusätzlich noch ein gutes Image. Von jener Filiale, die diese Gesundheitstage schon durchgeführt hat, hörten wir nur positives Feedback von allen Seiten. Mit solchen Aktivitäten schaffen Sie Abwechslung in Ihrer Filiale, wecken Neugierde und Interesse, fördern die Unternehmer und Geschäftsleute in Ihrem Einzugsgebiet und bemühen sich um Ihre Kunden.

Tipp 26
Wie viele Münzen sind im Glas?

Für Veranstaltungen, für Jugendaktivitäten usw. suchen Sie oft nach attraktiven Möglichkeiten, das Interesse von Kunden und Nichtkunden zu wecken.

Ein Beispiel: Füllen Sie Münzen abgezählt in einen Glasbehälter und fordern Sie die Leute auf, die Summe zu schätzen. Für diejenigen, die der Summe am nächsten kommen, gibt es Hauptpreise, für andere kleine Streugeschenke als Trostpreise.

Sie können das Glas mit den Münzen in der Filiale aufstellen, in die Auslage geben, bei Veranstaltungen platzieren, bei Schulklassenführungen einsetzen usw. Dazu eine Tafel: „Schätzen und gewinnen Sie!"

Für die Gewinnverteilung haben Sie zwei Möglichkeiten, entweder sofort, oder zu einem späteren, fixierten Zeitpunkt. Legen Sie dafür eine Teilnahmekarte auf, etwa nach folgendem Muster:

> Schätzen und Gewinnen Sie!
>
> Mein Name:
>
> Meine Adresse:
>
> Tel.Nr.:
>
> Ich schätze, dass sich _____ Münzen im Glasbehälter befinden

Sprechen Sie diese Aktivität mit Ihrer Rechtsabteilung durch, denn manchmal sind bestimmte Bedingungen für Gewinnspiele an sich und die Höhe der Gewinne zu berücksichtigen.

Tipp 27
Sponsoring mit Gegenleistungen

Viele Filialen/Geschäftsstellen unterstützen Vereine und Institutionen in ihrem Einzugsgebiet mit Spenden, Werbetafeln (auf Sportplätzen, in Hallen) und Inseraten in Vereinszeitschriften usw.

Es ist dies oft eine Verpflichtung, die auf Grund der lokalen Zusammengehörigkeit und Nähe sowie bestehender Geschäftsverbindungen nicht abgelehnt werden kann. Der werbliche Nutzen ist jedoch meist bescheiden. Man gibt Geld aus und hat eigentlich wenig unmittelbaren Nutzen für seine Filiale.

Versuchen Sie einmal, in den Verhandlungen eine Gegenleistung zu vereinbaren, die Sie wieder für Ihre Kunden nutzen können:

- Gratiseintrittskarten für Jugendliche zu Fußballspielen,
- Gratis-Tennisstunden für jene Tage und Zeiten mit schwachem Spielbetrieb,
- Gratiseintrittskarten für das Schwimmbad am Wochenende.

Vielleicht bekommen Sie zumindest deutlich ermäßigte Eintrittskarten für Ihre Kunden. Als Zielgruppe sollten vor allem die Jugendlichen ausgewählt werden. Dies hat einen positiven Imageeffekt bei den Eltern und auch die Vereine sind daran interessiert, dass junge Menschen zu ihnen kommen. Auch frequenzschwache Zeiten können derart gefüllt werden.

Sie können die Karten als Geschenk, als Preis etc. verteilen. Sie geben zwar Geld aus, aber Sie bekommen eine Gegenleistung, die Sie wieder gezielt für Ihre Kunden verwenden können. Auf diese Weise haben Sie die Möglichkeit, praktisch zweimal einen Nutzen aus Ihrem Sponsorbetrag/Ihrer Spende zu erzielen.

Tipp 28
Weihnachten kommt jedes Jahr

Und genauso, wie man jetzt schon zu überlegen beginnt, was man seinen Lieben schenken möchte, sollten Sie sich überlegen, was Sie für diese Zeit in Ihrer Geschäftsstelle vorbereiten wollen. Denn für viele Aktivitäten ist eine ausreichende Vorbereitung nötig.

1. Adventzeit in der Geschäftsstelle

Vermitteln Sie in der Adventszeit ein bisschen besinnliche Stimmung, sprechen Sie Gefühle an. Stellen Sie die Partnerschaft zu Ihren Kunden in den Vordergrund. In einer Zeit, wo es meist hektisch zugeht, ist dies eine Geste, die auch Ihre Kunden positiv anspricht. Dazu drei Anregungen:

- Besorgen Sie sich einen etwas größeren Adventkalender und präsentieren Sie diesen gut sichtbar. An jedem Tag wird vom ersten Kind, das Ihre Geschäftsstelle besucht, das entsprechende Fenster geöffnet. Das Kind erhält dafür eine vorbereitete Kleinigkeit als Geschenk.
- Weihnachtsgebäck wird in einem mit Tannenzweigen ausgelegten Körbchen aufgestellt und die Kunden werden eingeladen, sich ein Stück zu nehmen. Das Gebäck kaufen Sie oder es wird selbst gebacken.
- Ein Christbaum wird in Ihrer Geschäftsstelle aufgestellt. Ein paar Christbaumkugeln kaufen Sie, auch jeder Mitarbeiter sollte dazu beitragen, dass Ihr Christbaum geschmückt wird (am besten mit etwas Selbstgebasteltem).

2. Eine Geschenkidee für Ihre Kunden

Viele Menschen wissen oft nicht, was sie schenken sollen. Vor allem im Bereich der „kleinen Geschenke". In letzter Minute kauft man dann Bonbonnieren, Blumen oder CDs. Nicht sehr originell und manchmal auch nicht passend. („Schon wieder eine Bonbonniere, wo ich doch nichts Süßes esse.")

Andere Menschen wollen wieder „etwas Bleibendes" schenken, vor allem, wenn es um Geschenke für Kinder geht. Bieten Sie dafür Ihre Silber- und Goldmünzen als Geschenk an.

Verpackt in einer schönen Kassette und optisch schön und auffallend in Ihrer Geschäftsstelle präsentiert (Kasse, Vitrine, Auslage etc.)

Der Text dazu: Ein Geschenk für jeden Anlass.

Eine „glänzende" Geschenkidee.

Ein Geschenk mit bleibendem Wert.

Ein Geschenk „in letzter Minute".

3. Kontoauszugsmappe zum Jahreswechsel

Ihre Kunden brauchen zu Beginn des neuen Jahres eine neue Mappe zur Ablage ihrer Kontoauszüge. Viele Kunden holen sich ihren ersten Auszug ab, drucken ihn am Kontoauszugdrucker aus, und vergessen dann aber die neue Mappe. Denn der erste Auszug des neuen Jahres wird von den meisten Menschen auch in einer neuen Mappe für das nächste Jahr abgelegt.

Geben Sie Ihren Kunden bereits gegen Ende des Jahres und zu Beginn des nächsten Jahres von sich aus als Serviceleistung eine neue Kontoauszugsmappe und verbinden Sie dies mit ein paar netten Worten zum Jahreswechsel.

Es hindert Sie eigentlich niemand daran, diese Idee automatisch jedes Jahr zum Jahreswechsel durchzuführen. Ein Zettel in die Terminkartei, ein kurzes Gespräch mit Ihren Mitarbeitern und die Aktivität kann beginnen.

Viele Ihrer Kunden werden diese Aufmerksamkeit schätzen.

Tipp 29
„Warum sind Sie Kunde bei uns geworden?"

Wenn Sie Angebote zum Besuch von Kongressen und Seminaren bekommen, so sind als zusätzliche Werbung oft Beurteilungen und Zitate von früheren Teilnehmern aufgeführt. Positive Stellungnahmen sollen den Leser animieren, dieses Seminar ebenfalls zu besuchen. Diese Idee können auch Sie übernehmen.

Fragen Sie Neukunden nach dem Grund, der zur Wahl Ihrer Filiale/Geschäftsstelle geführt hat. Ebenso können Sie Stammkunden fragen, welche Kriterien in der Zusammenarbeit den Kunden besonders zufrieden stellen.

- „Was sagen Kunden über uns!"
- „Wie zufrieden sind Kunden mit uns!"

Unter diesem Motto können Sie diese Aussagen dann ebenfalls werblich nutzen. Als anonyme Darstellung und Aufzählung oder unter Angabe des Namens des Kunden (schriftliche Zustimmung erforderlich). Für die Neukundenwerbung als zusätzliches Argument in Werbebriefen, Prospekten etc. Auf einem Plakat, das Sie in der Filiale oder in der Auslage aufhängen.

Bei dieser Aktivität tritt noch ein weiterer Zusatznutzen ein. Sie müssen sich besonders bemühen, die veröffentlichten Aussagen einzuhalten und zu bestätigen, damit Sie glaubwürdig bleiben.

Nutzen Sie die Zufriedenheit Ihrer Kunden zur Werbung bei anderen Kunden und bei Neukunden. Und bestätigen Sie die Zufriedenheit Tag für Tag.

Tipp 30
Kunden laden Kunden ein

Wenn Sie eine Kundenveranstaltung durchführen und die von Ihnen und Ihren Mitarbeitern ausgewählten Kunden einladen, so bitten Sie diese, auch Verwandte, Freunde, Bekannte, Kollegen mitzunehmen.

Das tut jeder gerne, denn er weiß, dass diese ausgesprochen bevorzugt behandelt werden. Mit dieser Aufmerksamkeit profilieren Sie sich nicht nur gegenüber den potenziellen neuen Kunden, sondern Sie heben auch das Image Ihrer bestehenden Kunden innerhalb ihres sozialen Umfeldes. Sie können schon vor der Veranstaltung die Namen der zusätzlichen Gäste von Ihren Kunden erfragen, da Sie sich ja wegen organisatorischer Belange darauf vorbereiten müssen.

Organisieren Sie dann die Betreuung der Kunden derart, dass Sie und Ihre Mitarbeiter über die Ihnen bekannten Personen ins Gespräch mit den Gästen kommen.

Auf diese Art kommen Sie an potenzielle Neukunden heran, die Interesse am Thema Ihrer Veranstaltung haben. Sie haben also schon einen Gesprächseinstieg. Weiter können Sie die Empfehlungssituation Ihrer Kunden ausnutzen. Und Sie haben eine relativ leichte Kontaktchance für Gespräche.

Tipp 31
Haben Sie immer eine Visitenkarte dabei?

Immer wieder gibt es Chancen für Geschäfte! Oft an Orten und zu Zeiten, wo Sie gar nicht daran denken. Weil sich die Chance durch einen zufälligen Kontakt, durch ein zufälliges Gespräch ergibt. Mit Personen, die Sie kennen, genauso aber auch mit Leuten, die Sie nicht kennen.

Daraus sind schon viele zufällige Geschäfte entstanden. Damit auch Sie eine solche Chance nützen können, sollten Sie immer eine Visitenkarte bei sich tragen, die Sie in einem solchen Fall mitgeben können.

Wenn Sie Ihre Visitenkarte übergeben, so führt dies zwangsläufig zum Austausch der Karte (zumindest aber eines Zettels mit Name, Adresse, Telefonnummer) durch Ihren Gesprächspartner. So können Sie aktiv bleiben und den Gesprächspartner unter Bezugnahme auf das Gespräch kontaktieren.

1. Visitenkarten aktiv einsetzen

Die Wirkung von Visitenkarten als verkaufsunterstützendes Hilfsmittel wird bei Banken und Sparkassen noch immer vielfach unterschätzt. Der gezielte verkäuferische Einsatz von Visitenkarten scheitert oft, da

- Visitenkarten nur als Kostenfaktor gesehen werden,
- Visitenkarten traditionell zurückhaltend und sparsam eingesetzt werden und
- nur gestandene und erfahrene Mitarbeiter mit Visitenkarten ausgestattet werden.

Machen wir es erfolgreichen Vertriebsmitarbeitern in anderen Branchen nach. Dort wird die Visitenkarte gezielt aktiv eingesetzt, um den verkäuferischen Erfolg zu steigern. Daraus leiten sich die folgenden Grundsätze für den Einsatz von Visitenkarten ab:

1. Visitenkarten sind sehr preisgünstige Hilfsmittel in der Verkaufsanbahnung und im Verkauf.
2. Visitenkarten gilt es bei jeder passenden Gelegenheit zu „verlieren".
3. Visitenkarten gehören in die Hand von jedem Mitarbeiter, der im Kundenkontakt steht.

Die Beachtung der drei Grundsätze des Visitenkarteneinsatzes eröffnet Ihnen schnell zusätzliche Verkaufsmöglichkeiten.

2. Visitenkarten aktiv einsetzen – am Beratungsplatz

Viele Visitenkarten fristen ein langes und trauriges „Leben": Gleich nach dem Druck werden sie in ein festes Behältnis (Visitenkartenschachtel, -etui, Schreibtischschublade usw.) gegeben und harren auf ihren Einsatz. Doch dieser lässt oft auf sich warten – der Aufforderungscharakter – sowohl für den Gesprächspartner als auch für den Visitenkarteninhaber – ist nicht groß genug. Die Visitenkarten schmoren und vergilben.

Deshalb empfehlen wir Ihnen einen anderen Aufbewahrungsort: ein offenes Kistchen oder ein kleiner offener Stoß mit Visitenkarten auf dem Beratungstisch direkt im Blickfeld des Kunden.

Hier liegt es sehr nahe, dass Sie die Visitenkarte immer wieder aktiv anbieten. Sie befindet sich bei Verkaufsgesprächen in Ihrem Blickfeld und fordert direkt den Einsatz. Außerdem greifen viele Neu- und Stammkunden ohne Aufforderung von Ihnen nach der Karte. Die offene Aufbewahrung – mit dem starken Aufforderungscharakter – sichert den Einsatz der Visitenkarte. Damit signalisieren Sie Ihren Kunden indirekt, dass Sie sich auf deren (weitere) Visiten freuen.

3. Visitenkarten aktiv einsetzen – Empfehlungen

Der Einsatz der Visitenkarte ist oft mit dem Einholen von Empfehlungen kombinierbar. Beim aktiven Einsatz können Sie Ihren Gesprächspartnern mehrere Visitenkarten anbieten:

- „Gerne gebe ich Ihnen mehrere Visitenkarten mit. Sie können sie an Kollegen, Geschäftspartner oder Freunde weitergeben. Ich würde mich freuen, wenn der eine oder andere Kontakt dadurch entsteht."

Oder eine andere Variante:

- „Wen kennen Sie in Ihrem Bekanntenkreis, der ähnlichen (Dienst-) Leistungsbedarf in nächster Zeit hat? – Zum Beispiel Verwandte, Freunde oder Geschäftspartner?" ... Dann gebe ich Ihnen mehrere Visitenkarten mit; Sie können sie gerne weitergeben. Ich würde mich sehr über Ihre Hilfe freuen."

Fragen Sie später nach:

- „...Wir haben vor einigen Tagen über Geschäftspartner und Freunde gesprochen, die sich für Bankdienstleistungen interessieren. An wen kann ich mich wenden? ... Bitte geben Sie mir die Adresse und die Telefonnummer"

Das Nachfassen signalisiert, dass Sie wirklich an Empfehlungen Ihrer Kunden interessiert sind. Der Kunde spürt, dass Sie ihn nicht nur routinemäßig gefragt haben. Lassen Sie sich von Ihren Kunden immer die Zustimmung zur Ansprache der Empfehlungsadresse geben. Vereinzelt werden Kunden einen Rückzieher machen, sie wünschen nicht, dass der Bank- oder Sparkassenmitarbeiter sich auf sie beim potenziellen Kunden bezieht.

So bearbeiten Sie Ihren Kundenkreis aktiv und nutzen die Visitenkarte systematisch zur Neukundengewinnung über bestehende Kundenbeziehungen.

4. Visitenkarten aktiv einsetzen – Privates

Die Visitenkarte gehört in den Grenzbereich zwischen beruflicher und privater Sphäre. Sie können die Visitenkarte individuell wertvoller gestalten. Besonders bewährt hat sich dabei das handschriftliche Ergänzen um Privatadresse oder Privattelefonnummer für besonders wichtige Kunden. Der Kunde nimmt seine besondere Bedeutung durch das private Öffnen des Verkäufers sehr deutlich wahr. Private Ergänzungen der Visitenkarte werden zur Aufwertung für den Kunden.

Setzen Sie die Visitenkarte auch bei privaten Anlässen ein:

- Sie bitten als Kunde um ein Angebot,
- Sie besuchen einen Kongress oder eine Messe,
- Sie bestellen oder kaufen für einen Verein (Verband, Organisation usw.) eine Ware oder eine größere Dienstleistung,
- Sie sitzen neben interessanten Menschen in der Bahn oder im Flugzeug,
- usw.

Diese Aufzählung erhebt sicher keinen Anspruch auf Vollständigkeit. Tauschen Sie am besten Ihre Erfahrungen mit denen Ihrer Mitarbeiter und Kollegen aus. Sie werden erstaunt sein, welche Anlässe im privaten Umfeld den Einsatz der Visitenkarte ermöglichen.

Mit dem privaten Einsatz der Visitenkarte geben Sie Ihrer Umgebung ein klares Signal: Ich stehe zu meinem Kreditinstitut und würde mich freuen, wenn wir auch geschäftlich in Kontakt kommen würden. Sie nutzen mit dem Einsatz Ihrer Visitenkarte die vielfältigen Kontakt- und Geschäftschancen in Ihrem privaten Umfeld.

5. Visitenkarten aktiv einsetzen – Informationsmaterial

Im Bank- und Sparkassenalltag spielen Informationen eine große Rolle. Täglich werden viele Kunden über Broschüren, Prospekte, individuelle Abrechnungen, Vorschläge, Angebote, Kopien usw. informiert.

Versetzen Sie sich dabei in die Kundensituation:

Fall A: Ein Kunde erhält eine wichtige Information von seinem Kreditinstitut. Er öffnet den Briefumschlag und ihm fällt die erwartete Broschüre entgegen.

Fall B: Ein anderer Kunde wird ebenfalls von seinem Kreditinstitut informiert. Auch er öffnet den Briefumschlag, entnimmt die erwünschte Broschüre und greift zur beiliegenden Visitenkarte. Dort liest er die kurze handschriftliche Notiz: „Mit freundlichen Grüßen – Ihr (Vorname und Name des Beraters)".

Welch ein Unterschied!

In Fall A wurde der Kunde routinemäßig „abgefertigt", der Verwaltungsakt hat funktioniert, die Information ist ohne Schnörkel beim Kunden angekommen.

In Fall B steckt eine andere, eine höherwertige Qualität. Die Sachinformation wird durch eine persönliche Botschaft ergänzt. Der Banker signalisiert zusätzlich Kontaktinteresse und die Visitenkarte fordert zu weiteren Kontakten des Kunden auf.

Ergänzen Sie die Visitenkarten, die Sie begleitend zu Informationsmaterialien einsetzen. Die Möglichkeiten dazu sind vielseitig. Kürze ist auf Grund des geringen Platzes gefordert:

- „Ich freue mich auf Ihren Besuch".
- „Gerne beantworte ich Ihnen weitere Fragen. Bitte rufen Sie mich an".
- Fordern Sie zusätzliche Informationen mit dem Coupon an.
- Bitte beachten Sie: Die Zinssätze sind nur bis zum ... garantiert.
- Achten Sie besonders auf Seite ... der Broschüre!

So informieren Sie Ihren Kunden persönlicher. Mit einer handschriftlich ergänzten Visitenkarte werden Reaktionen von Kunden wahrscheinlicher.

6. Visitenkarten aktiv einsetzen – die Terminkarte

Erinnern Sie sich an die Aufforderung zu dem Einsatz der Visitenkarte:

Denken Sie dabei vor allem an Neukunden, an Interessenten, an potenzielle Kunden, an Empfänger von Informationen Ihres Kreditinstitutes und das schon erwähnte private Umfeld von Ihnen. Ändert sich eine Information auf der Karte, dann ist der aktive Einsatz einer neuen Visitenkarte an alle Kommunikationspartner unerlässlich. Und diese Änderungen kommen immer wieder: eine neue Telefonnummer, eine neue Funktion, eine neue Adresse, zusätzliche Informationen wie Titel, Fax, Autotelefon...

Und lernen wir auch von der Kontaktpraxis der Ärzte. Dort ist die Terminkarte bei Bestellpraxen inzwischen selbstverständlich. Der Kunde erhält einen kleinen (Werbe-)Zettel mit dem nächsten Behandlungs- oder Beratungstermin. Was bedeutet das für uns bei Banken und Sparkassen?

Geben Sie bei Terminvereinbarungen Ihren Kunden die Visitenkarte als Terminkarte mit. Ergänzen Sie (auf der Rückseite) handschriftlich den vereinbarten Gesprächstermin, vielleicht auch noch den Ort des Gespräch und/oder das Thema. Damit reduzieren Sie verfrühte, verspätete und total vergessene Gesprächstermine Ihrer Kunden. Mit anderen Worten: Sie steigern die Termintreue Ihrer Kunden. Und sollte der Kunde zum nächsten Termin wirklich verhindert sein, dann bietet ihm die Visitenkarte als Terminkarte alle Informationen zur bequemen Terminverschiebung.

Tipp 32
Was bekommt der Kunde beim Abschluss?

Das Original oder den Durchschlag des Vertrages, der Vereinbarung etc, werden Sie sagen.

Was bekommt der Kunde, wenn er in einem Geschäft einkauft?

Die Ware wird verpackt. Entweder in Geschenkpapier eingewickelt oder sie wird in eine Tüte oder Tragetasche gegeben. Zumindest wird der Kunde in serviceorientierten Geschäften meist nach seinen diesbezüglichen Wünschen gefragt.

Könnte das nicht auch für Banken eine Anregung sein?

Den Vertrag zum Beispiel über die neue Lebensversicherung in eine Mappe geben. Damit wird der Abschluss emotional „wertvoller", es sieht „nach mehr aus", der Kunde hat vielleicht gleich „die passende Aufbewahrung (Ablage)" für daheim und wird damit auch öfter positiv an seine Bank erinnert.

Besorgen Sie sich ein Kontingent an Mappen, am besten natürlich mit dem Logo Ihrer Bank. Beim Abschluss geben Sie den Vertrag, die Aufträge, automatisch in diese Mappe und legen Ihre Visitenkarte dazu. Der Kunde hat damit „etwas in der Hand", wenn er weggeht.

Die Verpackung zum Kauf (Abschluss) ist wesentlicher Bestandteil der Kaufhandlung und wertet den Kauf auf.

Tipp 33
Woran erinnern Sie Kunden nach einem Gespräch

Ein besonders erfolgreicher Verkäufer wurde nach dem Geheimnis seines Erfolges gefragt. Unter anderem führte er an:

„Nach jedem Gespräch, das ich mit einem Kunden führe, schicke ich ihm ein Kärtchen, auf dem ich ihn an etwas erinnere."

Woran erinnern Sie Ihre Kunden?

- An den nächsten vereinbarten Termin (und dass Sie sich darauf freuen).
- den Termin für die besprochenen Unterlagen;
- dass er beim nächsten Besuch wieder bei Ihnen persönlich vorbeikommen möge;
- an längere Beratungszeiten mit Terminvereinbarung

Legen Sie sich Kärtchen und Anlässe zur Erinnerung zurecht.

Sehr geehrte(r) _____

Ich bedanke mich für Ihren Besuch und Ihr Vertrauen.
Im Anschluss an unser Gespräch darf ich Sie erinnern an:
_____

Ich freue mich auf unseren nächsten Kontakt.

Mit freundlichen Grüßen.

Wenn Sie dem Kunden nach einem Gespräch ein Kärtchen zur Erinnerung übersenden, so erinnert er sich nochmals an Ihre gute Beratung. Er wird in seiner Entscheidung positiv bestätigt und kommt wieder zu Ihnen.

Tipp 34
Die Erinnerungskarte

Nicht nur nach einem Gespräch, sondern immer wenn Sie Informationen haben, über die Sie den Kunden zum Handeln anregen wollen, und das Telefon nicht das geeignete Kontaktmittel (schneller, einfacher etc.) ist, dann versenden Sie eine Erinnerungskarte.

So unter dem Motto: „Darf ich Sie erinnern!" („Nicht vergessen!")

- Wenn Sie heuer noch nicht alle steuerlichen Möglichkeiten genützt haben...
- Ihr Vertrag läuft am ... ab.
- Bei unserem letzten Termin haben wir über ... gesprochen...
- Ich kann Sie schon seit einigen Tagen telefonisch nicht erreichen, habe aber eine interessante Information für Sie ...

Solche Informationen erhalten Sie aus Ihrer Kundenkartei, aus Ihrer Terminevidenz usw. Beim Zusenden der Erinnerungskarte achten Sie auf das Bankgeheimnis, also entsprechend vorsichtig formulieren und am besten die Karte in einem verschlossenen Kuvert versenden.

Immer anführen, wie man Sie erreichen kann (Adresse, Telefon, Fax, E-Mail) oder zusätzliche Visitenkarte anheften bzw. eventuell Ihrerseits ein Nachfasstelefonat ankündigen.

Anlässe für solche Karten gibt es auch sonst, ganz allgemein, immer:

- Geschenkmünzen vor Weihnachten
- Sorten, Reiseversicherung vor dem Urlaub etc.

Wie wäre es, wenn Sie ab sofort täglich drei „Erinnerungskarten" versenden?! Am besten an Kunden, zu denen Ihr derzeitiger Kontakt weniger intensiv ist!

Tipp 35
Ein Blatt Papier

Trotz positiver Grundeinstellung haben viele Mitarbeiter Scheu, Kunden aktiv anzusprechen. Dieser Scheu liegen Ängste zu Grunde, vom Kunden eine Ablehnung, ein „Nein", zu erhalten, oder auf eine Frage des Kunden keine Antwort zu wissen. Also im mangelnden WISSEN und KÖNNEN!

Wie können Sie als Geschäftsstellenleiter diese Ängste mindern? Indem Sie Ihre Mitarbeiter vor Verkaufsaktionen, vor dem Anbieten neuer Produkte, kurz durch Diskussion der möglichen Verkaufsargumentation darauf vorbereiten. Sie brauchen dafür weder viel Zeit, noch große Sachmittel. 30 Minuten und zwei Bogen Flipchartpapier reichen. Beginnen Sie mit dem Erarbeiten des Kundennutzens, der Produktvorteile, sowie dem Nutzen für Ihre Bank:

Kreditkarte

Nutzen für den Kunden

1. Schutz vor Bargeldverlust
2. zinsenfreier Kredit durch spätere Abbuchung
3. günstige Einkaufsmöglichkeiten nützen können
4. zusätzlicher Versicherungsschutz
5. Übersicht über Ausgaben durch Belege und Nachricht
6. ...

Nutzen für die Bank

1. Provisionsertrag
2. Kundenbindung
3. billige Zahlungsverkehrskosten

Sie sollten die Produktvorteile natürlich greifbar haben, aber die Erarbeitung sollte durch die Mitarbeiter erfolgen. Sie schreiben die Vorteile auf Zuruf nieder und ergänzen bei Bedarf.

Nun nehmen Sie den zweiten Bogen und diskutieren die möglichen Kundeneinwände:

Kreditkarte

Kundeneinwände	**Unsere Argumentation**
1. zu teuer 2. wird nicht überall angenommen 3. Angst vor Verlust 4. man verliert den Überblick 5. …	Meist reicht es hier, die Argumente zu verwenden, die beim Nutzen für den Kunden erarbeitet wurden.

Die Einwände schreiben Sie zuerst auf Zuruf Ihrer Mitarbeiter nieder. Dann lassen Sie erarbeiten, wie die Argumentation lauten soll, wobei Sie drei Möglichkeiten einsetzen können:

(1) Zuruf

(2) Einzelarbeit: jeder denkt ein paar Minuten für sich nach und schreibt seine Formulierung nieder.

(3) Argumente werden zum Beispiel in Zweier- oder Dreiergruppen erarbeitet.

Achten Sie darauf, dass

- **Jeder** Mitarbeiter die Argumentation erarbeitet (bei dem Zuruf und der Einzelarbeit gewährleistet).

- **Wörtliche Formulierungen** erarbeitet werden!

  Nur wenn die gesamte Argumentation wortwörtlich ausgesprochen wird, vermindert sich die Anspracheescheu! Anderenfalls haken Sie nach: „Wie formulieren Sie dies konkret gegenüber dem Kunden?"

Probieren Sie es einmal. Am Beispiel Kreditkarte oder bei einem anderen Produkt. 30 Minuten Zeit und zwei Bogen Flipchartpapier verbessern Ihre Verkaufsergebnisse!

Tipp 36
Ein Bild sagt mehr als tausend Worte!

Sie sind Gast in einer Besprechung, Teilnehmer an einem Kongress oder Kunde bei einem Architekten. Und da passiert es: Der Besprechungsleiter hält einen Monolog über sein Lieblingsthema, ein Kongressredner verlässt sich auf die Lautstärke des Mikrofons und der Architekt erläutert engagiert Bauvolumen, Außenansicht usw. – Den Agierenden scheint eines nicht bekannt: Sie nutzen leider nur einen Aufnahmekanal ihrer Adressaten, das Ohr.

Denken Sie an das Motto „Reden ist Silber, Zeigen ist Gold". Ergänzen Sie bei möglichst allen Überzeugungsvorgängen das gesprochene Wort durch optische Hilfen für den Kommunikationsempfänger:

- Verwenden Sie Flipcharts, Tageslicht-(Overhead-)projektoren oder Stell-(Pin-)-wände in Besprechungen.
- Visualisieren Sie bei Vorträgen, Tagungen, Kongressen mittels Beamer
- Fertigen Sie in Mitarbeiter- und Verkaufsgesprächen Notizen und graphische Darstellungen an.

Doch Achtung: Übertreiben Sie nicht das Demonstrieren; es ist kein Selbstzweck. Einige praktische Hinweise zur visuellen Unterstützung von Aussagen:

- Weniger ist mehr: überfüllte Plakate, Folien oder Flipchart-Bögen behindern die Aufnahmefähigkeit.
- Schalten Sie den Projektor gezielt an und vor allem auch wieder bewusst aus.
- Bewegen Sie sich nicht vor Projektionsflächen.
- Drehen Sie Unterlagen zum Kunden: Der Kunde ist Empfänger der Botschaft.
- Lockern Sie die bildhaften Darstellungen durch Symbole (Pfeile, Kreise, Blitze usw.), Farben und kleine Gags auf.
- Präsentieren Sie optische Hinweise schrittweise.
- Halten Sie Blickkontakt zu Ihren Adressaten und Kunden (nicht: Blickkontakt zu Tafel oder Projektionsfläche!)

Sie sprechen Augen und Ohren Ihrer Adressaten an – Ihre Kommunikationsbotschaft kommt damit intensiver an.

Tipp 37
Wofür haben Sie Prospekte?

Prospekte helfen Ihnen, Ihr Angebot überzeugender zu präsentieren. Die verbale Präsentation wird optisch unterstützt und damit wird mehr an Information vom Kunden aufgenommen und behalten. Trotz dieser Vorteile werden Prospekte im Verkaufsgespräch nur spärlich eingesetzt. Untersuchungen über Testkäufer haben ergeben, dass nur in etwa 40 Prozent der Kundengespräche Prospekte zur Präsentation des Angebotes eingesetzt wurden.

1. Wie Sie Ihre Prospekte wirkungsvoll einsetzen:

- Informieren Sie sich vorher über den Inhalt! Sie müssen Ihre Prospekte „verkehrt" lesen können, da sie Ihren Kunden zugewandt sind.
- Sprechen Sie erst und zeigen Sie anschließend! Oder umgekehrt, aber eines nach dem anderen, damit der Kunde die Information gut aufnehmen kann.
- Verwenden Sie pro Angebot nur einen Prospekt! Sonst überfordern Sie den Kunden mit zuviel Information.
- Achten Sie darauf, dass Prospekte aktuell sind! Insbesondere bei Vertragsbedingungen, bei Konditionen usw.
- Machen Sie den allgemeinen Prospekt individuell und persönlich! Durch handschriftliche Vermerke und Ergänzungen.

2. Ergänzen Sie den Prospekt durch persönliche Informationen!

- Kundenname: „Für Herrn Franz Müller!"
- Beratername: „Ihr Berater Hans Maier!"
- Telefonnummer: „Bitte rufen Sie mich an, Tel. 66 55 44!"
- Hinweise: „Wichtig für Sie!"

Durch den Einsatz von Prospekten im Verkaufsgespräch erhöhen Sie Ihre Abschlusschancen.

Tipp 38
Verkaufen Sie mit Stift und Papier

Viele Verkäufer verwechseln „Verkaufen an Kunden" mit „Überreden von Kunden". Ein intensiver Wortschwall fällt über die Kunden her – und dennoch wird die Erfolgswahrscheinlichkeit dadurch nicht gesteigert. Der Kunde ist eher überfordert und steigt aus dem Beratungs- und Verkaufsgespräch aus: „Das überlege ich mir noch einmal" oder „Ich melde mich dann wieder bei Ihnen".

> Denken Sie daran: „Reden ist Silber – ZEIGEN ist Gold!"

Lassen Sie Ihre Kreativität im Verkaufsprozess spielen. Mit Stift und Papier lässt sich der Kunde viel schneller überzeugen:

- Setzen Sie Prospekte ein und ergänzen Sie mit persönlichen Zahlenbeispielen.
- Arbeiten Sie an Prospekten: Ankreuzen, einkreisen, anstreichen, markieren usw.
- Checklisten (zum Beispiel für Kreditunterlagen) einsetzen, ankreuzen und ergänzen.
- Setzen Sie Zeitschriftenartikel, Charts, Sonderdrucke usw. ein.
- Fertigen Sie Ausdrucke über Terminal (Angebotsübersichten, individuelle Angebote) an.
- Erstellen Sie kundenspezifische handschriftliche Notizen (Festgeldangebot, Musterrechnung).
- Fixieren Sie Konditionenangebote schriftlich (Gesprächsnotiz oder als Ergänzung von Prospekten).

Sie überzeugen Kunden neben der Wirkung von Worten durch optische Reize; Sie erreichen schneller Kaufentscheidungen von Kunden.

Tipp 39
Sie verlieren einen Kunden, kann man da noch etwas tun?

Die Konkurrenz bietet im konkreten Fall eine bessere Kondition, bei der Sie (Ihre Bank) nicht mithalten können oder wollen. Der Kunde wechselt nun, zur Gänze oder mit diesem einen Geschäft, zu einer anderen Bank.

Wie verhalten wir uns?

- beleidigt? (Schmollwinkel)
- beleidigend? („Sie werden schon sehen")
- überheblich? (Ist mir egal)

Oder wie ein Sportler? Denn auch ein Sportler weiß, dass er nicht immer gewinnen kann. Er denkt aber nach jedem Wettkampf sofort wieder nach, was er tun kann und muss, um beim nächsten Mal wieder vorne dabei zu sein. Und er überlegt und plant, wann „dieses nächste Mal" sein wird.

Steigen Sie also, wie ein Sportler, „positiv" aus einer solchen Situation aus. Denken Sie im gleichen Moment daran, die Türe offen zu halten, sowie an Möglichkeiten, wie Sie diesen Kunden wieder zurückgewinnen können.

> „Herr Kunde, fairerweise muss ich zugeben, dass das Konkurrenzangebot für Sie günstiger ist und wir dieses Mal nicht mithalten können. Genauso kann es künftig einmal umgekehrt sein und wir haben wieder ein günstiges Angebot für Sie. Darf ich mich dann bei Ihnen melden?"

Die meisten Kunden werden dem zustimmen, da es ja eine völlig unverbindliche Zustimmung ist. Sie haben verbal die Türe für einen künftigen Kontakt offen gehalten, worauf Sie sich später immer berufen können („Sie haben mir erlaubt ...")

Die weiteren Schritte:

- Notiz in Ihrer Terminevidenz,
- Aufnahme in die Kundenliste für neue Produkte etc.

Wenn Sie also darauf achten, dass Konditionsgespräche immer sachlich und möglichst wenig emotional geführt werden, dann haben Sie eine Chance, den Kunden mit anderen Geschäften zurückzugewinnen.

Tipp 40
Die einfachste und erfolgreichste Verkaufsaktion

Ein zusätzliches Telefonat pro Tag

Ein Telefonat, das Sie sonst nicht geführt hätten. Ein Telefonat, das Sie gezielt planen.

1 Telefonat pro Tag = ca. 20 Telefonate pro Monat

1 Telefonat pro Tag = ca. 200 Telefonate pro Jahr

Das sind pro Kundenberater 200 zusätzliche Kundenkontakte im Jahr. Und daraus resultieren etwa 30- 40 zusätzliche Verkaufsabschlüsse und ca. 50 weitere Verkaufschancen für einen späteren Zeitpunkt.

1. Was gewinnen Sie?

- Zusätzliche Kontakte zu Ihren Kunden, die sonst nicht zustande gekommen wären!
- Termine und Gespräche, die Sie planen und steuern, wodurch Sie die vorhandenen Ressourcen verkäuferisch besser nützen!
- Noch zufriedenere Kunden, die das Gefühl haben, dass Sie sich um sie bemühen, den Kontakt mit ihnen suchen!
- Aktuelle Informationen über Kunden, die Ihnen bisher unbekannt oder wenig bekannt waren!
- Zusätzliche Abschlüsse, mehr Verkäufe!

2. Was ist das Aktionsziel?

Durch das Telefongespräch soll ein Termin für ein Beratungsgespräch vereinbart werden. Erfahrungswerte zeigen, dass dies bei etwa 30-40 Prozent möglich ist. Bei durchschnittlich der Hälfte dieser Gespräche besteht die Chance eines konkreten Abschlusses. Bei vielen weiteren Telefonaten und Gesprächen erhalten Sie Hinweise für spätere Verkaufschancen.

Dies bedeutet je Mitarbeiter pro Monat: 20 Telefonate, sieben Termine, vier Abschlüsse.

3. Kundenauswahl und Angebot:

- Kunden, mit denen Sie schon länger kein Gespräch hatten, die Sie weniger gut kennen, die eine geringe Produktnutzung haben. Das Angebot sind Ihre laufenden Schwerpunkte, bzw. ein allgemeines Beratungsangebot.

- Kunden mit konkreten Beratungsanlässen, zum Beispiel Kunden mit einem Kredit, der ordnungsgemäß bereits zur Hälfte zurückbezahlt wurde (Aufstockungs-, Wiederausnützungsangebot). Oder Kunden mit einem „ablaufenden Produkt" (Kredit, Bausparen, Versicherung etc.)

4. Wie gehen Sie vor?

- **Auswahl der Kunden, die Sie anrufen möchten**

  Mehrere Kunden auswählen, da Sie einige Kunden auch nach mehrmaligen Versuchen nicht erreichen werden.

  Nicht öfter als drei mal versuchen!

- **Vorbereiten der Kundeninformation**

  Telefonnummer eruieren, Information über Geschäftsbeziehung vorbereiten etc.

- **Festlegen des Gesprächszieles je Kunde**

  Ergibt sich aus Kundenauswahl und Kundenanalyse

- **Wann (Zeit) und Wo (Platz) wollen Sie Ihr tägliches Telefonat durchführen?**

- **Persönliches Ziel festlegen:**

  a) Anzahl der Kunden, die Sie erreichen wollen

  b) Anzahl Terminvereinbarungen aus diesen Telefonaten

  c) etc.

5. Wie argumentieren Sie:

- Sie stellen sich als persönlicher Betreuer vor.

  („Grüß Gott, mein Name ist Müller, Ernst Müller von der X-Bank. Spreche ich mit Herrn Maier?")

- Sie informieren den Kunden, dass Sie ihn künftig noch besser betreuen, noch aktueller informieren wollen, deswegen rufen Sie an. („Herr Maier, ich rufe Sie an, weil wir unsere Kunden künftig noch besser betreuen wollen ... ?")

- Eingehen auf das vorher festgelegte Gesprächsziel, mit dem Versuch der Terminvereinbarung. („Herr Maier, ich bin Ihr persönlicher Betreuer. Ich würde mich freuen, wenn wir einmal ein persönliches Gespräch führen könnten. Wann...")

Bereiten Sie sich (schriftlich!) Ihre eigene Argumentation vor, damit Sie diese bei den Telefonaten als Stütze vor sich liegen haben

6. Wie bereiten Sie die Aktion vor?

- **Mitarbeiterbesprechung**

Themen:

- Kundenauswahl und Angebot
- Aktionszeitraum
- Gesprächsziele und Aktionsziele
- Gesprächsleitfaden (Begrüßung, Einstieg, Angebot, Einwandbehandlung, Terminvereinbarung etc.)
- Erfolgsbilanz (Festhalten der Ergebnisse)

- **Controlling**
  - einmal wöchentlich Aktionsbesprechungen (Erfahrungsaustausch, Ergebnisse)
  - Erfassen der tatsächlichen Telefonate, der Terminvereinbarungen, der Abschlüsse durch jeden Mitarbeiter, Aufrechnung auf Geschäftsstellenergebnis.

- **Abschlussbesprechung**
  - Nach einem Monat über gesamtes Aktionsergebnis.
  - Planung der Telefonaktion für den nächsten Monat.

7. Wie können Sie sicherstellen, dass die Aktion auch tatsächlich umgesetzt wird?

Auch wenn Sie die Zustimmung und positive Bereitschaft Ihrer Mitarbeiter haben, so bedeutet dies noch lange nicht, dass die Aktion auch tatsächlich realisiert wird. Oft stellt sich nach einiger Zeit bei einem Kontrollgespräch heraus, dass die Aktion noch nicht begonnen wurde oder wieder eingeschlafen ist.

Alle nur möglichen Gründe werden angegeben, wie Zeitknappheit, wenig Personal, andere dringende Arbeiten etc. Manchmal stimmen diese Begründungen, aber meistens sind es Vorwände.

Die Widerstände und Hemmungen der Mitarbeiter sind dann noch immer ausgeprägter, als die Chance und Erfolgsmöglichkeit. Der Verstand sagt zwar schon ja, aber das Gefühl ist sich noch immer unsicher. Bei dieser Telefonaktion sind es meist die Ängste vor unangenehmen Reaktionen der Kunden. Die Mitarbeiter fürchten, mit dem Anruf den Kunden zu stören und dadurch eine negative Äußerung des Kunden hervorzurufen. Um dem auszuweichen, suchen sie nach Gründen, warum sie nicht anrufen konnten.

Für Sie als Führungskraft ist diese Erkenntnis erst einmal eine Enttäuschung. Die Mitarbeiter haben doch „ja" gesagt, aber nun doch nichts getan.

Sie müssen also nochmals beginnen, Ihre Mitarbeiter zu überzeugen, insbesondere ihnen die noch vorhandenen Ängste nehmen. Durch Gespräche, mit Beispielen, mit Erfahrungsberichten, mit Argumentationshilfen etc. können solche Ängste gemildert werden. Zumindest so weit, dass es mal probiert wird.

Teil III
Argumentation

Tipp 41 Die Sprache des Verkäufers
Tipp 42 „Wo haben Sie Bedarf?"
Tipp 43 Der „Nein"-Sager von heute ist der „Ja"-Sager von morgen!
Tipp 44 Ein guter Tipp ist oft mehr wert als die Lockangebote von Wettbewerbern
Tipp 45 Ist das Schweigen des Kunden Zustimmung?
Tipp 46 „Sie sind doch sowieso immer da!" oder feste Terminvereinbarungen?
Tipp 47 Der Kunde zieht ein Wettbewerbsangebot vor!
Tipp 48 „… Ich hoffe Ihnen gedient zu haben und stehe Ihnen jederzeit gerne zur Verfügung."
Tipp 49 Einmal im Jahr: das Grundsatzgespräch mit dem Kunden
Tipp 50 Zu viele Schuhe!!!
Tipp 51 Sagen Sie es Ihrem Kunden!
Tipp 52 Das Problem mit den vielen Problemen!
Tipp 53 „Bitte setzen Sie sich in den nächsten Tagen mit uns in Verbindung!"
Tipp 54 Die Fälligkeitsliste ist überfällig!
Tipp 55 „Gönnen Sie sich etwas Besonderes von Ihren Wertpapiergewinnen!"
Tipp 56 Wollen Sie sich mit Kunden wirklich nur „unterhalten?"
Tipp 57 Ja-Reaktionen auslösen!
Tipp 58 „Sprechen Sie über den Zinssatz noch einmal mit Ihrem Chef!"
Tipp 59 Wege zur Einwandbeantwortung
Tipp 60 Verkaufen gestern und heute

Tipp 41
Die Sprache des Verkäufers

Der Kommunikationsprozess zwischen Verkäufer und Kunden wird vor allem durch die Sprache geprägt. Daneben wirken natürlich auch andere Elemente, wie die Körpersprache oder der Gesprächsinhalt, auf den Kunden ein. Dennoch: Das gesprochene Wort steht im Raum. Die Sprache des Verkäufers ist das dominante Wirkungsmittel – überzeugende sprachliche Argumentation ist das Stilmittel für Verkäufer.

1. Die Kommunikation mit Kunden

Wir „reizen" mit jeder Aussage, mit jedem gesprochenen Wort oder Satz unsere Gesprächspartner, unsere Kunden. Und die Partner reagieren auf diese Reize. Aus diesem Reiz-Reaktions-Vorgang leitet sich eine grundlegende Regel für den Kundenkontakt ab:

> Positiv wirkende Kommunikationsreize einsetzen und bestrafend wirkende Kommunikationsreize vermeiden!

Reize, die Belohnungen für den Kunden darstellen, sind beispielsweise folgende Verhaltensweisen:

- Namensnennung,
- Freundlichkeit,
- Blickkontakt,
- aufmerksames Zuhören,
- Zustimmung,
- Lob,
- Unterstützung,
- Anerkennung,
- Interesse.
- Dank,
- Höflichkeit,

Reize, die dagegen Bestrafungen für den Kunden darstellen, sind beispielsweise folgende Verhaltensweisen:

- Weg-/Überhören,
- Arroganz,
- Nichtachtung,
- hohle Worte,
- Unaufmerksamkeit,
- Widerspruch,
- falsche Namensnennung,
- Belehrungen,
- Angriffe.
- Vorwürfe,

Die tatsächliche Wirkung eines Reizes – belohnend oder bestrafend – ist von der Einstellung des Gesprächspartners zu Ihnen und dem Reiz abhängig. So kann große Zuvorkommenheit als Belohnung (Höflichkeit) oder als Bestrafung (unterwürfig/Kriecherei) empfunden werden.

Gesprächspartner reagieren auf alle Ihre Reize: Auch keine wahrnehmbare Reaktion des Kunden ist eine Reaktion. Hätten Sie ihm einen geeigneteren Reiz gesendet, hätte er vielleicht gelacht, zugestimmt oder das Geschäft abgeschlossen. So hat er sich nicht gerührt – also auch eine Reaktion gezeigt.

Übertreiben Sie den Einsatz der positiven Reize nicht, denn Ihr Kunde spürt schnell, ob sie „echt" oder nur als typisches Verkäufergehabe „gespielt" sind. Schauspielerei und schöne Worte (zu schöne Worte!), auch wenn sie sehr angenehm klingen, werden von Ihren Kunden sensibel und kritisch wahrgenommen.

2. Das bewusste Sprechen

Der eigentliche Träger von Beratungs- und Verkaufsgesprächen ist das gesprochene Wort. Sprechen Sie deshalb überlegt, sprechen Sie bewusst: Lassen Sie Ihre Worte nicht unkontrolliert entweichen, sondern gestalten sie die Wortwahl überlegt. Sie reduzieren durch Ihr bewusstes Sprechen bestrafende Reize gegenüber Ihren Kunden.

Denken Sie immer daran, dass Sie Ihr Verkaufsgespräch, auch wenn es noch so unglücklich verlaufen ist, nicht wiederholen können. Selbst eine passende korrekte Entschuldigung belastet die Kommunikation; der Kunde bemerkt vielleicht erst durch die Entschuldigung die volle Tragweite der vorangegangenen unüberlegten Aussage. Die Entschuldigung holt kein ungewolltes Wort zurück, das bereits Ihre Lippen verlassen hat.

Das bewusste Gestalten der Worte, die Wortwahl, und das logische Aneinanderreihen von Worten und Sätzen macht Ihre Gedanken verständlich. Sie überzeugen den Kunden für Ihre Person (Beziehung: Kunde – Verkäufer), für Ihr Kreditinstitut (Beziehung: Kunde – Bank) und Ihre Angebote (Beziehung: Kunde – Bankleistung).

3. Der Sprachstil

Achten Sie auf Ihre Stimme und Aussprache. Nutzen Sie alle Wirkungs- und Einsatzmöglichkeiten. Beginnen Sie mit der Verbesserung Ihrer Atemtechnik. Rhetorikbücher und -kurse weisen Ihnen Wege, wie Sie die flache Bauchatmung durch eine tiefe, intensive Zwerchfell- und Brustatmung ergänzen können. Trainierte Bauchmuskeln und eine gute allgemein Fitness sind Voraussetzungen für eine gute Atemtechnik.

Passen Sie Ihre Lautstärke jeweils dem Kunden an – nicht zu laut (Diskretion?), aber auch nicht zu leise (ältere Kunden?). Arbeiten Sie an Ihrer Sprechtonlage: Stimmen können zu monoton, zu schrill, zu dumpf, zu hoch, zu hell, zu dunkel wirken. Sprechtraining kann Ihre Stimme verbessern. Ein heller Sprechton kann beispielsweise durch systematisches Konsonantentraining in einen tieferen, dunkleren Bereich gehoben werden.

Kontrollieren Sie Ihren Sprachstil und Ihre Stimme am besten durch eine Bandaufnahme. Schnelles oder langsames Sprechen erkennen Sie sofort, ebenfalls eine deutliche oder undeutliche Artikulation. Achten Sie beim Abspielen Ihrer Aufnahmen auch auf Ihren verwendeten Wortschatz. Nehmen Sie Ihre Beobachtungen als Anlass für Ihre individuellen Bemühungen zur Verbesserung Ihres Sprachstils.

4. Die Einfärbung der Sprache

Noch vor wenigen Jahren wurde von Verkäufern die Verwendung der Hochsprache gefordert. Sie sollte den Kommunikationserfolg unterstützen. Doch die Zeiten haben sich geändert: Landsmannschaftliche Spracheinfärbungen und regionale Mundarten werden wieder stärker anerkannt und gepflegt.

Zwei Schwaben in Bremen oder Leipzig kommen sich ganz schnell über die gemeinsame Sprache näher. Warum sollte dann in Stuttgart für den Verkäufer die Hochsprache Vorteile bringen, wo doch die große Mehrheit seiner Kunden Schwäbisch gewohnt ist und selbst spricht?

Pflegen Sie Ihre persönliche Sprache – auch und gerade mit landsmannschaftlicher Einfärbung. Die landsmannschaftlich eingefärbte Sprache ist Teil Ihrer stimmigen Persönlichkeit. Ihre Kunden spüren das, und wissen es zu schätzen. Die Verständlichkeit darf darunter allerdings nicht leiden (zum Beispiel Bankfachbegriffe nicht im breiten Dialekt!). Wenig Raum für sprachliche Einfärbungen bleibt im internationalen und Großkreditgeschäft.

5. Der kundenorientierte Sie-Stil

Stellen Sie Ihre Kunden konsequent sprachlich in den Mittelpunkt Ihrer Aussagen. Die kundenorientierte Sprache verwendet bevorzugt die Wörter „Sie", „Ihnen" und „Ihre", den Sie-Stil. Hier beispielhaft drei Gegenüberstellungen aus dem Verkaufsalltag:

-Neutral oder innenorientiert: *Kundenorientierter Sie-Stil:*

- „Wir danken für das Interesse!"
- „Vielen Dank für **Ihr** Interesse!"

- „Es gibt verschiedene Sparbriefe."
- „Wählen **Sie** zwischen den Sparbriefen mit ..."

- „Das Disagio hat steuerliche Vorteile."
- „Wenn **Sie** ein Disagio vereinbaren, senkt **Ihnen** das ..."

Die inhaltlichen Aussagen sind jeweils identisch. Der Kunde gewinnt aber sehr unterschiedliche Eindrücke (Reize!) vom Verkäufer. In den Ausgangformulierungen empfindet er ihn sachlich, zurückhaltend und formell, mit dem Sie-Stil wirkt er sachlich, informierend, individuell und vor allem auch nutzen- und vorteilsorientiert.

6. Das positive Formulieren

Sprechen Sie, wann immer es möglich ist, mit positiven Formulierungen zu Ihren Kunden. Positive Aussagen sind dynamischer und überzeugender als negative Formulierungen. Sie drücken eine optimistische und positive, eine insgesamt gewinnende Lebenseinstellung aus.

Drehen Sie passive, neutrale oder gar negative Formulierungen in positive Formulierungen. Sie stecken dabei ganz schnell Ihre Kunden durch das positive Denken und Sprechen an. Dazu einige Beispiele mit Verkäuferaussagen:

Negativ: „Dieses Wertpapier können Sie allerdings erst ab 10.000 € erwerben."

Positiv: „Sie können dieses Wertpapier schon ab 10.000 € erhalten."

Negativ: „Die Geschäftstelle ist nachmittags geschlossen."

Positiv: „Die Geschäftsstelle ist täglich von 9 bis 13 Uhr geöffnet."

Negativ: „Die Zinsbindungsdauer beträgt nur fünf Jahre."

Positiv: „Sie sichern sich die günstigen aktuellen Zinsen für fünf Jahre."

Negativ: „Eine Maestro-Karte kann ich nur bestellen, wenn Sie ein festes Arbeitsverhältnis ..."

Positiv: „Ich bestelle Ihnen sofort eine Maestro-Karte, wenn Sie ein festes ..."

7. Die Satzlänge

Verwenden Sie möglichst kurze Sätze. Sie behalten dadurch den Überblick über Ihren Satzaufbau und finden leichter die Kurve zum Satzende. Ihr Kunde versteht Ihre Aussagen klar und deutlich. Er wird sprachlich nicht verunsichert.

Kurze Sätze (!) ermöglichen Ihnen auch wesentlich dynamischere Aussagen, insbesondere bei umfassenden Produktbeschreibungen und komplizierten Abwicklungsfragen, die für den Kunden nicht so selbstverständlich sind, und exaktere, nämlich ohne Relativierungen und Nebensätze zu verwenden sowie elegantere, im Sinne der eleganten Wortwahl, als bei langen Sätzen mit ihren verschiedenen Verästelungen und ...

Die beiden vorangegangenen Absätze zeigen Ihnen deutliche Unterschiede in der Lesbarkeit und Verständlichkeit auf. Ähnlich klar sind die Unterschiede für Ihren Gesprächspartner als Zuhörer. Kurze Sätze in Verkaufsgesprächen sind keine Zeichen der Spracharmut; kurze Sätze sind vielmehr eine Hilfe für den Kunden. Kurze Sätze sind – im übertragenen Sinne – Serviceleistungen bei beratungsintensiven Dienstleistungen.

8. Übersetzungen für den Kunden

Banker benutzen eine Fachsprache, die die Kunden gerne als „Bank-Chinesisch" bezeichnen. Es leidet die Verständlichkeit im Verkaufsgespräch, es sei denn, der Kunde beherrscht auch die gleiche Fachsprache.

Mit einigen Fachbegriffen ist ein gewöhnlicher Kunde bald verunsichert: Effekten, Stückzinsen, Vorfälligkeitsentschädigung oder Vorschusszinsen. Kunden wollen nicht unwissend erscheinen und so fallen ihnen Vorwände für einen Gesprächsabbruch ein, bei dem sie ihr Gesicht wahren können wie „Das muss ich mir noch einmal überlegen!" oder „Darüber muss ich noch mit meinem Partner sprechen!".

Übersetzungsformulierungen vermeiden diese vorzeitigen Gesprächsausstiege. Sie enthalten jeweils ein Element des Sie-Stils und ein Tätigkeitswort mit positivem Inhalt:

- „..., das bedeutet für Sie ..."
- „..., das bringt Ihnen ..."
- „..., dadurch sparen Sie ..."
- „..., das gibt Ihnen ..."
- „..., damit erzielen Sie ..."
- „..., das garantiert Ihnen ..."

- „..., damit sichern Sie sich ..."
- „..., das steigert Ihnen ..."

Mit den Übersetzungen ist jeweils ein Vorteil für den angesprochenen Kunden verbunden. Dazu zwei Beispiele zu den oben genannten Fachbegriffen:

- „Vorschusszinsen bedeutet für Sie, dass Sie sofort über den gesamten Sparbetrag gegen eine geringe Zinsberechnung verfügen können."
- „Eine Vorfälligkeitsentschädigung entsteht nur bei einer vorzeitigen Kündigung des Darlehens. Sie sichert Ihnen die volle Entscheidungsfreiheit zur Rückzahlung auch während der Zinsfestschreibungszeit."

Tipp 42
„Wo haben Sie Bedarf?"

Ein Kunde hatte einen kurzen Beratungswunsch. Sein Informationsbedarf ist durch seinen Betreuer vollständig gedeckt worden. Dieser nutzt die Anwesenheit des Kunden für eine verkäuferische Initiative und fragt

- „Wo haben Sie noch Bedarf?".

Doch die unerwünschte und unerwartete Reaktion kommt postwendend:

- „Danke. Ich habe keinen weiteren Bedarf!".

Damit ist der Kontakt viel schneller und abrupter beendet als gehofft. Der Kunde verlässt die Geschäftsstelle und der Banker ist enttäuscht von der Kundenreaktion.

War dieser eilige Gesprächsschluss nötig? Natürlich gibt es Kunden die absolut keinen Informations- oder gar zusätzlichen Abschlussbedarf haben. Doch in unserem Beispiel ist die Frage „Wo haben Sie noch Bedarf?" sehr direkt und damit unglücklich gestellt. Das Wort „Bedarf" ist – aus der Sicht des Kunden – bei einer positiven Antwort mit einer sofortigen Verpflichtung zum Kauf, zu einem Geschäftsabschluss, verbunden. Diese Verpflichtung wollen viele Kunden nicht eingehen.

Die konstruktive Alternative: Gehen Sie sprachlich bedächtiger auf den Kunden zu; beispielsweise mit der Frage wie

- „Was **interessiert** Sie in nächster Zeit (rund um Geldgeschäfte)?"

Interesse ist die weniger verbindliche Vorstufe zu konkretem Bedarf. Interesse wird schneller bekundet und erhöht die Chance auf eine positive Kundenantwort. Sie erfahren mit dem Interesse den künftigen Bedarf, den Grobbedarf Ihrer Kunden. Ähnlich wirkungsvolle Wörter sind

- aktuell,   - wichtig,   - reizen,   - neugierig.

Dazu weitere Beispiele für öffnende Fragen rund um den künftigen Bedarf Ihrer Kunden:

- „Ich informiere Sie gerne über weitere günstige Leistungen. Welche Themen reizen Sie im Moment besonders?" oder
- „... Worauf sind Sie zurzeit besonders neugierig rund um das Thema Bankleistungen?"

Sie fragen nach dem künftigen (Grob-)Bedarf Ihrer Kunden und erhöhen durch eine geschickte Wortwahl die Wahrscheinlichkeit einer positiven Antwort.

Tipp 43
Der „Nein"-Sager von heute ist der „Ja"-Sager von morgen!

Sie haben einen guten Tipp für einen Kunden und sprechen ihn deshalb persönlich oder auch telefonisch an. Sie erhoffen sich natürlich ein klares „Ja" zu Ihrem Vorschlag. Doch das für Sie Überraschende passiert: Der Kunde reagiert absolut unerwartet mit einem schnellen

- „Nein, das interessiert mich nicht!".

Jetzt sollten Sie schnell die argumentative Kurve bekommen. Ein „Das verstehe ich" oder „Danke für Ihre offene Aussage" oder gar „Entschuldigen Sie bitte, dass ich Sie angesprochen habe" ist als Antwort sicher nicht sehr konstruktiv, um mit dem Kunden weiter im Gespräch zu bleiben.

Bereiten Sie sich deshalb schon vor der Kundenansprache auf ein mögliches „Nein" Ihres Kunden vor. Denken Sie dabei an Folgendes:

1. Die Wahrscheinlichkeit für eine „Nein"-Reaktion ist bei der aktiven Kundenansprache meist größer als für eine positive Reaktion!
2. Sie selbst möchten – als Kunde – bei aktiven Ansprachen gegenüber dem Verkäufer auch „Nein" sagen können!
3. **Die „Nein"-Sager von heute sind die „Ja"-Sager von morgen!**

Nehmen Sie das schnelle „Nein" des Kunden wahr – nehmen Sie dieses „Nein" aber noch nicht zu ernst. Oft ist die ablehnende Antwort nur eine spontane unreflektierte Reaktion auf eine überraschende unerwartete aktive Ansprache. Mit etwas Geduld und einigen vertiefenden Überlegungen kann die Antwort deutlich konstruktiver ausfallen.

Sichern Sie nach dem „Nein" des Kunden den künftigen Kontakt und Sie erhalten sich Ihre Verkaufs- und Abschlusschance für die nahe oder weitere Zukunft. Bieten Sie am besten dem „Nein"-Sager Hilfe und/oder Informationen. Hier einige Beispiele als Anregungen für Ihre Argumentation:

Kunde: „Nein, das interessiert mich nicht!".

Antwort 1: „Oh, damit habe ich jetzt nicht gerechnet. Ich gebe Ihnen gerne nähere Informationen zu ... . Bitte sprechen Sie mich bei Interesse an. Ansonsten melde ich mich bei Ihnen wieder, wenn ich etwas Besonderes (oder:

Neues, Aktuelles, Wichtiges, Interessantes usw.) für Sie habe. Sind Sie damit einverstanden?"

Antwort 2: „Das wundert mich jetzt. Ich bin sicher, dass ... für Sie auch in Zukunft interessant ist. Sollten Sie dazu oder auch zu anderen Bankangelegenheiten Informationen benötigen helfe ich Ihnen gerne. Wenn sich ... (Zinssätze, Kurse, Rahmenbedingungen usw.) ändern, darf ich Sie doch sicher darüber informieren?"

Antwort 3: „Diese Antwort habe ich jetzt nicht erwartet. Ich halte Sie dennoch gerne bei ... auf dem Laufenden. Spätestens ... (konkreten Termin nennen: zum Beispiel „vor dem Jahreswechsel ...") komme ich noch einmal auf Sie zu. Ist das in Ordnung?"

Antwort 4: „Victor Hugo hat den Satz ‚Nichts ist stärker als eine Idee, deren Zeit gekommen ist' geprägt. Jetzt ist (noch) nicht die passende Zeit für Sie ..."

Mit solchen Antworten signalisieren Sie Ihren Kunden nachhaltig, dass Sie einen guten Vorschlag unterbreiten möchten. Bei der später folgenden zweiten Ansprache ist der – negative – Überraschungseffekt erheblich kleiner. Außerdem kann sich die Einstellung, das Interesse und der Bedarf des Kunden in der Zwischenzeit geändert haben. Sie haben dann eine größere Chance auf eine positive Antwort Ihres Kunden.

Tipp 44
Ein guter Tipp ist oft mehr wert als die Lockangebote von Wettbewerbern!

Sie werden als Mitarbeiter einer typischen Universalbank – mit vielen Geschäftsstellen in Ihrer Region und persönlichen Beratungsleistungen – verstärkt mit extrem preisgünstigen Angeboten von Wettbewerbern (andere Kreditinstitute, Finanzdienstleister, Direktbanken, Nischenanbieter, Internetanbieter usw.) konfrontiert. Kunden äußern beispielsweise gegenüber Ihrem Kundenbetreuer

- „Bei der XY-Direktnischenbank zahle ich nur die Hälfte an Kaufspesen und Depotgebühren!".

Sicher wird dabei manchmal mehr oder weniger übertrieben, aber im Kern ist die Aussage richtig. Spezialanbieter haben oft deutlich günstigere Preise für ihr recht begrenztes Angebot im Vergleich zu Universalbanken in räumlicher Nähe mit ihrem Komplettangebot und der persönlichen Beratung. Unter einer Bedingung haben Sie als Universalbanker allerdings das klar stärkere Argument gegenüber den Nischenanbietern: Ein geldwerter Tipp ist in der Vergangenheit aufgegangen und hat Ihrem Kunden ein gutes Geschäft (Nutzen!) gebracht. Dann liegt die Argumentation gegenüber dem jeweiligen Kunde nahe; beispielsweise:

- „Erinnern Sie sich an meinen Tipp beim DAX-Stand von fast 8000 Punkten. Damals habe ich Ihnen den Verkauf von ... (konkreter Name!) empfohlen. Inzwischen hat sich der Kurs fast halbiert und Sie haben durch meine Empfehlung mehrere tausend Euro gewonnen. Da müssen Sie schon lange Jahre Kunde eines Billiganbieters sein, um so viel Geld zu sparen!"

- „Denken Sie noch einmal an meinen Tipp vor zwei Jahren bei Ihrer Baufinanzierung. Damals habe ich Ihnen das etwas höhere Angebot meines Hauses wegen der größeren Flexibilität empfohlen. Und jetzt sparen Sie bei Ihrer Nachfinanzierung viel Geld gegenüber teureren Angeboten überregionaler Anbieter."

Denken Sie daran: Ein persönlicher Tipp ist schnell mehr Wert
als die Ersparnis vieler Jahre bei billigen Anbietern!

Diese Argumentation setzt qualitativ hochwertige Kundenberatung, systematische Betreuung und immer wieder aktive Kundenansprache voraus. Das Verkaufen von Menschen für Menschen muss konsequent gegenüber der reinen Technik ausgespielt werden. Auch preisempfindliche Kunden können durch überzeugende Leistungen und offensive Argumentation gehalten werden.

Tipp 45
Ist das Schweigen des Kunden Zustimmung?

Sie beraten einen Kunden ausführlich über die Realisierung seines Wunsches. Der Bedarf des Kunden wird sorgfältig ermittelt, ein passendes Angebot präsentiert. Doch der Gesprächsverlauf wird immer einseitiger: Der Kunde lauscht Ihren Ausführungen, Ihrer Argumentation und folgt auch Ihren individuellen Rechenbeispielen. Mit Reaktionen (positive Äußerungen, Meinungen, Kritik oder Fragen usw.) hält er sich jedoch sehr zurück – er schweigt und lässt Sie agieren.

Ist dieses Schweigen des Kunden Zustimmung?

Die Antwort ist nicht eindeutig: Schweigen kann Zustimmung bedeuten, Schweigen des Kunden kann jedoch auch Unsicherheit, Überforderung oder gar Ablehnung ausdrücken. Eine schnelle und eindeutige Interpretation des Schweigens ist daher nicht möglich. Deshalb:

> Beenden Sie das Schweigen und überprüfen Sie die Wirkung Ihrer Ausführungen!

Der direkte Weg dazu sind offene Fragen (W-Fragen) an Ihren Kunden. Dazu einige Vorschläge:

- „Was meinen Sie dazu?"
- „Wie sehen Sie das?"
- „Was ist Ihnen noch wichtig?"
- „Welche Informationen benötigen Sie noch?"
- „Was kann ich Ihnen noch erläutern?"

Mit den – überprüfenden – offenen Fragen sichern Sie den Erfolg Ihrer Ausführungen ab und Ihr Kunde kann Ihnen Zustimmung, Unsicherheit, Informationsbedürfnis, Ablehnung usw. signalisieren.

Wenn Sie einen sehr großen Anteil schweigsamer Kunden haben, überprüfen Sie am besten Ihr generelles Verhalten zu Kunden: Stellen Sie vielleicht generell keine Fragen? Sind Sie sehr dominant? Neigen Sie zu Bevormundungen? Sprechen Sie auch mit Kollegen und Führungskräften aus Ihrer Umgebung über Ihre schweigsamen Kunden; oft erhalten Sie einen konstruktiven Tipp.

Tipp 46
„Sie sind doch sowieso immer da!" oder feste Terminvereinbarungen?

Der Individualkundenbetreuer Willi Sorgfältig ist inzwischen seit über fünfzehn Jahren in der Geschäftsstelle Kleinstadt für sein Kreditinstitut tätig. Zu seinen Kunden zählen vor allem ältere, langjährige und vermögende Kunden. Die meisten dieser Kunden betreut er schon seit seinen ersten Tagen in Kleinstadt.

Der Terminkalender von Willi Sorgfältig ist fast frei von Terminen für Verkaufsgespräche. In Briefen schreibt er seinen Kunden gerne „... Ich stehe Ihnen *jederzeit* gerne zur Verfügung". Am Telefon antwortet er auf die Kundenaussage „Sie sind doch sowieso da!" spontan „Ja klar bin ich für Sie da. Kommen Sie einfach mal bei mir vorbei!". Und seine Stammkunden kommen gerne zu einem kleinen „Schwätzchen". Die Folgen:

- sehr wechselhafter Kundenandrang (Herr Sorgfältig: „Der Stress wird immer größer!");
- sehr unterschiedliche Länge der Beratungs-/Verkaufsgespräche („Ich kann die Kunden doch nicht rauswerfen!");
- sehr niedriger Anteil aktiver Gespräche („Es kommen ja genug Kunden!", „Die Kunden wollen nicht angesprochen werden!"));
- großer Anteil von ergebnislosen Gesprächen und Folgegesprächen („Der Kunde hatte ja keine Unterlagen dabei!");
- hoher Anteil zugeordneter Kunden ohne regelmäßige Kontakte („Ich kenne alle meine Kunden!");
- extremer Zeitdruck an den „langen" Tagen („Die Kunden können erst nach ihrer Arbeitszeit und kommen dann am langen Donnerstag!");
- ...

Seit zwei Jahren hat Willi Sorgfältig die junge Kollegin Sabine Neu. Frau Neu ist ebenfalls Individualkundenbetreuerin. Sie hat ihre Kunden großteils von Willi Sorgfältig übernommen: Kunden, die wenig bekannt waren und vor allem Kunden, die bisher wenige Geschäfte tätigten.

Der Terminkalender von Sabine Neu ist gut gefüllt. Üblicherweise hat sie drei Beratungstermine für vormittags und nochmal drei Termine für nachmittags eingetragen.

In Briefen schreibt Sie gerne „... Bitte vereinbaren Sie einen Gesprächstermin mit mir!" und am Telefon sagt Sie ganz spontan „... Damit ich auch ausreichend Zeit für Sie habe und alle Unterlagen vorhanden sind, reserviere ich Ihnen gerne einen Termin!" Ihre – neuen - Stammkunden lassen öfter Grüße ausrichten und sprechen inzwischen bei individuellem Beratungsbedarf einen passenden Termin ab. Die Folgen:

- fast gleichmäßiger Kundenandrang (Frau Neu: „Ich biete immer ungünstige Termine zuerst an – viele Kunden können zu den ungewöhnlichsten Zeiten!");
- die Dauer der Beratungs- und Verkaufsgespräche entspricht weitgehend der Terminplanung („Bei der Terminvereinbarung spreche ich auch über die wahrscheinliche Dauer des Gesprächs, zum Beispiel: ‚Ich habe eine Stunde für Sie reserviert!'; die Kunden freuen sich über diese Information und können dadurch gut planen!");
- beachtlicher Anteil von aktiven Gesprächen („Ich freue mich auf neue Kunden und zusätzliche Geschäfte!");
- hoher Anteil von Gesprächen mit Geschäftsabschlüssen („Ich bitte meine Kunden oft, ganz konkrete Unterlagen mitzubringen; außerdem lade ich gerne auch die Mitentscheider, wie beispielsweise den Ehepartner, ein!");
- geringer Anteil von Kunden ohne Kontakte („Für Kunden, die ich länger nicht gesprochen habe, gibt es einen kleinen Tipp mit einem interessanten Vorteil – und schon habe ich einen Gesprächstermin!");
- ...

Übrigens: Willi Sorgfältig liegt bei den meisten Statistiken im hinteren Mittelfeld. Er hat sich inzwischen mehrmals erfolglos auf eine Stelle ohne Kundenkontakt in der Zentrale beworben. Sabine Neu hat inzwischen Herrn Sorgfältig bei fast allen Rennlisten weit hinter sich gelassen. Sie engagiert sich zusätzlich für die Verbesserung der Individualkundenbetreuung in einem Qualitätszirkel.

Was bedeutet dieses Bespiel generell für den Verkauf von Finanzdienstleistungen?

Terminvereinbarungen verkürzen Verkaufsgespräche und erhöhen gleichzeitig die Abschlusswahrscheinlichkeit!

Daraus kann es nur einen taktischen Schluss für die Verkaufspraxis geben: Der Anteil Beratungs- und Verkaufsgespräche mit einer vorherigen Terminabsprache muss kontinuierlich gesteigert werden.

Warum verkürzen Terminvereinbarungen die Gespräche und führen gleichzeitig zu höheren Abschlüssen?

1. Terminvereinbarungen werden meist nur bei tatsächlichem Interesse des Kunden vom Kunden akzeptiert. Die Folge: Mit dem tatsächlichen Interesse steigen die Abschlüsse.
2. Kunden bringen mehr und bessere Unterlagen zu vereinbarten Terminen mit – aus Eigeninitiative und auch durch die Hinweise der Banker. Die Folge: Das Beratungs- und Verkaufsgespräch wird konkreter und verläuft damit schneller.
3. Kunden bringen bei vereinbarten Terminen häufiger Mitentscheider wie den Ehepartner oder Mitgesellschafter mit. Die Folge: Die Abschlussentscheidung wird leichter und die Abschlussquote dadurch höher.
4. Der Banker kann sich sorgfältig auf das terminierte Gespräch vorbereiten – Obligoabfragen, Angebotsselektion und Ausdrucke (Musterrechnungen) für Kunden. Die Folge: Der Gesprächsaufbau und die Argumentation kommen schneller auf den Punkt; Zeit- und Abschlussgewinne sind das automatische und gewünschte Nebenergebnis.

Die Steigerung der Terminquote ist natürlich nur das Ziel für „echte" (= umfangreichere) Beratungen. Die schnelle Information, die sofortige Serviceleistung und die spontane Kurzberatung muss für den Kunden erhalten bleiben.

Tipp 47
Der Kunde zieht ein Wettbewerbsangebot vor!

Sie haben einen Kunden mit viel Zeitaufwand und großem Engagement umfassend – zum Beispiel bei einer größeren Anlagesumme (Erbschaft) oder einer Finanzierung (Eigenheim) – beraten. Doch zu Ihrer Enttäuschung entscheidet sich der Kunde für ein Wettbewerbsangebot.

Er begründet seine Entscheidung mit der oberflächlichen Aussage „Das andere Angebot ist besser!". Sie fragen nach, suchen nach Unterschieden in den verschiedenen Nebenbedingungen, finden auch einige zusätzliche allgemeine Vorteile Ihres Kreditinstituts. Doch alles Bemühen bleibt erfolglos; der Kunde konkretisiert seine Begründung „Der Zinssatz bei der anderen Bank ist besser!"

Auf einen detaillierten Angebotsvergleich lässt sich der Kunde nicht ein und das eigene Angebot können und wollen Sie nicht weiter aufbessern. Sie gewinnen schließlich den Eindruck, dass Sie keine Chance mehr haben.

Wie können Sie jetzt positiv aussteigen?

1. Bitten Sie den Kunden, seine Entscheidung noch einmal zu überdenken.
2. Weisen Sie ihn auf die Vorteile Ihres Hauses noch einmal hin: umfassendes Angebot, räumliche Nähe, persönliche Betreuung, langjährige Zusammenarbeit ...
3. Sichern Sie die anderen Bankgeschäfte – der Kunde ist jetzt komplett abwanderungsgefährdet.
4. Fragen Sie den Kunden gezielt nach weiteren Entscheidungsgründen: „Ist es nur die Kondition oder haben Sie noch andere Gründe, die gegen unser Haus sprechen?"

Gerade der vierte Punkt bringt oft sehr überraschende Aussagen. In den seltensten Fällen wechselt nämlich ein Kunde nur aus Preisgründen. Vielleicht ist er über andere Dienstleistungen oder Produkte unzufrieden, hat sich über einen anderen Mitarbeiter geärgert, wurde eine Zusage oder Ankündigung nicht eingehalten usw.

Selbst wenn Sie dieses Geschäft bei diesem Kunden nicht mehr abschließen können, erfahren Sie konkrete Hinweise für künftige Beratungs- und Verkaufsgespräche. Sie signalisieren Ihrem Kunden Ihr weiteres geschäftliches Interesse und haben eine gute Chance, Informationen zu Leistungs- und Serviceverbesserungen zu erhalten.

Tipp 48
„... Ich hoffe Ihnen gedient zu haben und stehe Ihnen jederzeit gerne zur Verfügung."

Sicher kennen Sie solche oder ähnliche Formulierungen zum Ausstieg aus Geschäftsbriefen. Der langjährig bewährte und deshalb sehr floskelhafte Schluss ist schnell abgerufen – und ab geht die Post.

Doch die Wirkung auf den Adressaten, die Wirkung auf den Kunden geht ganz klar in die unerwünschte Richtung „Standardbrief" oder „Null-acht-fünfzehn-Schreiben". Was lässt die sehr häufig verwendete Formulierung „Ich hoffe (1) Ihnen gedient (2) zu haben und stehe Ihnen jederzeit (3) gerne zur Verfügung (4)." so schablonenhaft und wenig engagiert erscheinen?

1. Das Wort „hoffen" signalisiert Ungewissheit und Unsicherheit gegenüber dem Adressaten

2. Das Wort „dienen" wirkt unrealistisch unterwürfig; welcher Banker ist schon Diener und Lakai des Kunden?

3. Das Wort „jederzeit" ist eine glatte Lüge. Viele Kunden erreichen Bank- und Sparkassenmitarbeiter – auch während der Arbeitszeiten – nur schwer.

4. Das Wort „Verfügung" wirkt veraltet und klingt sehr nach einer Kanzleistube aber nicht nach einem dynamischen Dienstleistungsunternehmen.

Suchen Sie in Ihren Geschäftsbriefen nach zeitgemäßen und flotten Ausstiegssätzen. Sie liegen stets richtig, wenn Sie in die Zukunft blicken, dem Adressaten Möglichkeiten aufzeigen, Hilfe und Unterstützung anbieten oder das weitere Verfahren (= die nächsten Schritte der Zusammenarbeit) beschreiben. Hier einige Formulierungsvorschläge:

- „Bitte sprechen Sie mich an, wenn Sie weitere Informationen benötigen. Ich helfe Ihnen gerne."

- „Ich werde Sie die nächsten Tage anrufen, um ... (zum Beispiel: 'Ihre Fragen zu beantworten' oder 'Ihnen zusätzliche Hinweise zu geben')."

- „Ich freue mich auf die weitere Zusammenarbeit mit Ihnen und Ihrem Unternehmen."

- „Bitte senden Sie den ausgefüllten Vertrag bis Ende des Monats an mich. Vielen Dank."

So beantworten Sie die – unausgesprochene – Kundenfrage „Wie geht es jetzt weiter?" und formulieren zeitgemäß als dynamischer Dienstleister.

Tipp 49
Einmal im Jahr: das Grundsatzgespräch mit dem Kunden

Wie sehen im Alltag die häufigsten Kontakte zwischen Mitarbeitern von Kreditinstituten und deren Kunden aus?

Der Kunde hat einen Wunsch (per Post, per Telefon oder per Besuch und neuerdings auch per E-Mail oder Internet) und der Banker erfüllt ihm umgehend diesen Wunsch. Manchmal erhält der Kunde noch einen Tipp (Vorschlag, Idee) – mit sehr unterschiedlichem Verkaufserfolg. Doch all diese Kontakte sind weitgehend vom Tagesgeschäft und von sogenannten Verkaufsaktionen geprägt, also meist stichtagsbezogen und als isolierte Tätigkeit.

Der – mehr Verkaufserfolg versprechende – Gedanke der langfristigen kontinuierlichen Kundenbetreuung wird im verkäuferischen Alltag sehr häufig verdrängt. Vor allem bei definierten Betreuungskunden wie VIP-Kunden, Firmenkunden, Freiberufler oder Individualkunden sollte mindestens einmal jährlich das aktuelle Tagesgeschäft in den Hintergrund treten. Suchen Sie einmal im Jahr ein Grundsatzgespräch mit den von Ihnen betreuten Kunden. Das Grundsatzgespräch zielt in drei Richtungen:

1. Die Zusammenarbeit mit dem Kunden in der Vergangenheit

Sprechen Sie mit jedem Betreuungskunden, das sind die Ihnen persönlich zugeordneten Kunden, über die bisherige Zusammenarbeit:

Hören Sie zu:	„Erzählen Sie bitte!", „Informieren Sie mich über Ihre Erfahrungen bei ... (konkrete Geschäfte)!", „Schildern Sie mir bitte Ihre Eindrücke bei ...!"
Fragen Sie offen:	„Mit was waren Sie besonders zufrieden?", „Was hat Ihnen weniger gefallen?", „Was könnte ich und mein Kreditinstitut künftig verbessern?", „Bei welcher ... (zum Beispiel Anlageform) hatten Sie ein besonders gutes Gefühl?"
Fragen Sie alternativ:	„Was war Ihnen wichtiger (angenehmer, bedeutender usw.): ... oder ...?"
Treffen Sie Absprachen:	„Künftig ist Ihnen ... besonders wichtig?", „Sie wünschen demnach ...?"

2. Die aktuelle Zusammenarbeit mit dem Kunden

Hören Sie zu: „Berichten Sie mir bitte über Ihre aktuellen Vorstellungen und Erwartungen!", „Sagen Sie mir, was zur Zeit für Sie besonders wichtig ist!"

Fragen Sie offen: „Was sollte ich jetzt alles berücksichtigen?", „Was ist Ihnen bei der ... (zum Beispiel Finanzierung oder Geldanlage) gegenwärtig absolut notwendig?"

Fragen Sie alternativ: „Worauf legen Sie zurzeit mehr Wert: ... oder ...?", „Was ist für Sie aktueller: ... oder ...?"

Treffen Sie Absprachen: „Ihr Wunsch ist ...?", „Sie erwarten vor allem ...?", „Ihnen ist zurzeit ... besonders wichtig?"

3. Die künftige Zusammenarbeit mit dem Kunden

Hören Sie zu: „Bitte erzählen Sie mir: Was haben Sie in den nächsten Jahren für Pläne (Absichten, Ziele) rund um finanzielle Angelegenheiten?", „Was sollte ich über Ihre künftigen Vorhaben wissen? Bitte informieren Sie mich!"

Fragen Sie offen: „Welchen Zeitrahmen haben Sie sich für ... gesetzt?", „Wie hoch ist ...?", „Welche ...?"

Fragen Sie alternativ: „Was ist Ihnen in der nächsten Zukunft wichtiger: ... (zum Beispiel ein höherer Ertrag) oder ... (eine flexiblere Verfügungsmöglichkeit)?"

Treffen Sie Absprachen: „Ist ... Ihr vorrangiges (wichtigstes) finanzielles Ziel für die nächsten Jahre?", „Ist das so richtig: Sie möchten künftig telefonisch zwei- bis dreimal im Jahr von mir über aktuelle Anlagemöglichkeiten informiert werden?"

Beachten Sie bitte: Ein Grundsatzgespräch ist zeitlich recht aufwendig – für Sie als Betreuer und auch für den Kunden. Es dauert mindestens eine halbe Stunde, mit einer umfangreichen Vorbereitung schnell auch gut zwei Stunden. Doch der Aufwand lohnt sich für beide Seiten: Die vergangene und aktuelle Zusammenarbeit wird intensiv analysiert und damit meistens verbessert. Die künftigen Möglichkeiten der Zusammenarbeit werden angesprochen und führen über kurz oder lang zu konkreten Geschäftsabschlüssen mit konkreten Vorteilen für den Kunden.

Grundsatzgespräche brauchen einen konkreten Aufhänger. Am leichtesten fällt der Einstieg, wenn Sie bei Finanzierungskunden die jährlichen Einkommens- und Vermögensunterlagen erhalten (zum Beispiel Bilanzanalyse) oder bei Anlagekunden mit einem Vermögens-Check auf Grund des aktuellen Depotauszugs (zum Beispiel Depotanalyse). Der ideale Aufhänger für ein erstes Grundsatzgespräch: nach jeder Übernahme eines neuen Kunden mit der Vorstellung des neuen Betreuers.

Tipp 50
Zu viele Schuhe!!!

Ein Kunde kommt aus dem Sommerurlaub zurück. Stolz berichtet er seinem Kundenbetreuer von seinen vielfältigen Urlaubseindrücken: tolles Hotel mit einer Superlage, schöner gepflegter Sandstrand, viele nette Miturlauber, phantastische Ausflüge in die nähere Umgebung ...

Und dann berichtet er ausführlich von der Besichtigung einer Schuhfabrik in einer italienischen Kleinstadt. Begeistert spricht er von der beeindruckenden Schuhproduktion aus hochwertigem Leder, sorgfältiger Handarbeit und dem hochmodischen Designer-Studio. Zum Schluss erzählt er dann vom obligatorischen Direktverkauf in der Schuhfabrik: eine riesige Lagerhalle mit tausenden Schuhpaaren in endlosen Regalen und auf riesigen Wühltischen ...

Der Banker fragt schließlich neugierig „Und was haben Sie sich mitgenommen, wie viele Schuhe haben Sie gekauft?". Flott kommt die überraschende Antwort „Nichts habe ich dort gekauft! Das waren viel zu viele Schuhe!".

Kaum hat der Kunde das Kreditinstitut verlassen, sucht der Kundenbetreuer nach Parallelen für seinen Verkauf:

Zu viele Schuhe – zu viele Prospekte in der Geschäftsstelle, am Beratungstisch und als Mitgabe!

Zu viele Schuhe – zu viele verschiedene Argumente zu einem Vorschlag!

Zu viele Schuhe – zu viele verschiedene Themen in einem Verkaufsgespräch!

Zu viele Schuhe – zu viele Rechenbeispiele für einen Anlage- oder Finanzierungsvorschlag!

Zu viele Schuhe – zu viele alternative Angebotsvorschläge für einen Bedarf!

Nicht die Vielzahl der Argumente führt zu erfolgreichen Verkäufen, sondern vielmehr die für diesen Kunden passenden Argumente. Breiten Sie deshalb nicht Ihr gesamtes Fachwissen über dem Kunden aus; konzentrieren Sie sich jeweils auf den individuellen Kunden und dann passen nur noch ein Teil Ihrer Argumente.

Übertragen Sie auch andere typische Reaktionen von Kunden aus verschiedenen Branchen auf Ihr Kreditinstitut und Ihre Verkäufertätigkeit; Sie erhalten ganz praktische Anregungen zur Optimierung Ihres Verkaufsverhaltens.

Tipp 51
Sagen Sie es Ihrem Kunden!

Achten Sie in Beratungs- und Verkaufsgesprächen auf die Fragen Ihrer Kunden. Konkrete Fragen nach Einzelheiten von Bankleistungen bereiten Ihnen sicher kein größeres Problem; sie werden direkt und verständlich von Ihnen beantwortet.

Doch eine andere Gruppe von Fragen sollte Ihnen ein deutliches Zeichen für Ihre Argumentation, vor allem für eine aktivere Gesprächsführung geben:

Kunde 1: „Was sollte ich jetzt am besten machen?"

Kunde 2: „Wie geht es jetzt weiter?"

Kunde 3: „Was würden Sie an meiner Stelle machen?"

Kunde 4: „Was muss ich noch alles bei ... beachten?"

Diese Kunden signalisieren mit ihren Fragen, dass sie Orientierung benötigen; sie fragen nach Unterstützung, nach Hilfe und nach Klarheit. Und hinter diesen fragenden Kunden steht eine noch viel größere Gruppe zögernder und ängstlicher Kunden, die ähnlich verunsichert sind. Diese Kunden ziehen sich gerne zurück mit Ausagen wie „Ich überlege mir das!" oder „Ich melde mich wieder bei Ihnen!" aus dem Gespräch zurück. Kommen Sie diesen Kunden entgegen:

> **Sagen Sie Ihren Kunden, was sie bei Ihnen machen sollen!**

Sprechen Sie ganz direkt zu Ihren Kunden und helfen Sie bei der Kaufentscheidung durch Ihre aktive Gesprächssteuerung. Hier einige Formulierungsvorschläge:

- „Ich empfehle Ihnen ..., weil ..."
- „Sie erhalten bis ... die Unterlagen und ich rufe Sie dann am ... an."
- „Ich schlage Ihnen ein nächstes Gespräch Anfang des nächsten Monats vor. Wann passt es Ihnen besser: ... oder ...?"
- „Ich halte es noch für wichtig, dass Sie die Vorteile von ... kennenlernen."
- „Ich würde gerne den Gesamtbetrag für Sie in unserem Kreditinstitut gut anlegen."
- „Ihre Kinder würde ich gerne auch als Kunde für unsere Bank gewinnen."

- „Bitte beachten Sie diese Checkliste: Hier finden Sie alle Unterlagen für Ihre Finanzierung ..."

Sie überzeugen durch klare Aussagen gegenüber Ihren Kunden, forcieren damit (Abschluss-)Entscheidungen und erleichtern dadurch Käufe.

Tipp 52
Das Problem mit den vielen Problemen

Hören Sie einmal bei Ihren Kontakten mit Ihren Kunden und in Ihrem Kreditinstitut etwas genauer zu. Da begegnet Ihnen auf Schritt und Tritt das Wort „Problem" mit vielen sprachlichen Varianten. Oft einfach so von Bankern dahin gesagt, oft jedoch sehr absichtlich eingesetzt:

- „Das ist problematisch!"
- „Oh, das ist ein Problem!"
- „Die Problematik liegt ...!"
- „Da haben wir ein Problem!"
- „Das gibt ein kleines Problem!"
- „Das ist unproblematisch!"
- „An das Problem gehen wir ran!"
- „Das Problem des Kunden ist ...!"

Und selbst wenn der Begriff „Problem" nicht wortwörtlich verwendet wird, bleibt die Sprache oft recht problematisch. Da hören Sie dann „schwirig" oder „Schwierigkeiten" und andere einschränkende Begriffe wie „leider", „nur", „schlecht", „Nein!", „erst ab", „geht nicht", „nicht zuständig", „nicht vorgesehen", „nicht so günstig", „nicht schlecht", „kompliziert" ... und der Kommunikationspartner hat sehr schnell ein Problem.

Ich unterstelle für Sie:

- Sie wollen argumentativ überzeugen,
- Sie wollen verbessern,
- Sie wollen gestalten,
- Sie wollen letztendlich als Verkäufer Ihren Kunden für Ihren Vorschlag gewinnen und
- Sie wollen als Führungskraft Ihre Mitarbeiter führen.

Dann kann es nur eine ganz konsequente Abkehr von den problemträchtigen Formulierungen geben. Ersetzen Sie das Wort Problem und verwandte Begriffe durch positivere, gewinnendere Begriffe:

- Chance
- Gelegenheit
- Vorschlag
- Alternative
- Möglichkeit
- Hinweis
- Weg
- Verbesserung
- Potenzial
- Tipp
- Lösung

oder

- Funktioniert
- klappt
- möglich
- geht
- hilft
- schon
- ab
- mit

Auch wenn der eine oder andere Vorschlag für Sie im ersten Moment fremd und ungewohnt klingt, alle Vorschläge können Ihnen auf dem Weg vom Problemdenken hin zum Lösungsdenken für Ihre Gesprächspartner helfen. Hier einige Beispiele, wie sich die Begriffe im Verkaufsalltag einsetzen lassen:

- „Diese Geldanlage bietet Ihnen eine besondere Chance: ..."
- „Beachten Sie die Möglichkeit..."
- „Hier bietet sich ein erhebliches Verbesserungspotenzial..."
- „Sie erhalten eine günstige Gelegenheit für ..."
- „Das ist ein wichtiger Hinweis..."
- „Ich habe für Sie einen interessante/n Tipp (Vorschlag/Weg/Lösung wie Sie ..."
- „Ich erläutere Ihnen gerne wie ... funktioniert"
- „Das klappt. Ich rufe Sie dann sofort an."
- „Diese Lösung ist möglich"
- „Frau Meier hilft Ihnen sofort"
- „Sie erhalten ...schon ab ..."
- „Mit der PIN-Nummer haben Sie ..."

Und: Statt dem „bissigen" Konfrontationswort „Nein!" mit der Abwandlung „Geht nicht!" bietet sich die Alternative „Ja, wenn ..", „Ja, geht mit ..." oder „Ja, unter der Voraussetzung, dass ..." an. Sie verzichten auf eine Eskalation und zeigen Möglichkeiten für die Zukunft auf. Richtig „problematisch" wird es nur, wenn die Möglichkeit auf absolut unrealistischem Boden steht!

Tipp 53
„Bitte setzen Sie sich in den nächsten Tagen mit uns in Verbindung!"

Diesen Satz haben Sie sicher schon in der Geschäftskorrespondenz gelesen. Inhaltlich ist er bestimmt nicht falsch, aber doch recht umständlich und im typischen Stil einer Behörde verfasst. Gegenüber einem kurzen und direkten

- „Bitte rufen Sie an." oder
- „Vereinbaren Sie bitte mit ... einen Termin."

fällt der Vergleich deutlich aus. Überprüfen Sie Ihre Geschäftsbriefe auch auf andere floskelhafte, veraltete, umständliche und wenig dienstleistungsorientierte Formulierungen. Es ist erstaunlich, dass sich immer wieder umständliche, veraltete, verschraubte oder einfach nur gedankenlose Sätze in die heutige Korrespondenz verirren. Hier einige typische Stilblüten aus Kreditinstituten:

Veraltet: „Die folgenden Unterlagen ... erhalten Sie zu unserer Entlastung zurück."

Veraltet: „Im Übrigen können wir Ihnen mitteilen, dass wir mit den von Ihnen unterbreiteten Vorschlägen vollstens einverstanden sind."

Veraltet: „Hoffen wir Ihnen mit diesen Angaben gedient zu haben und verbleiben mit freundlichen Grüßen"

Es gibt viele zeitgemäße und damit bessere sowie verständliche Alternativen. Orientieren Sie sich bei Ihren Geschäftsbriefen und auch bei der Mail-Korrespondenz an dem gesprochenen Wort in Kundengesprächen und -telefonaten. Hier jeweils ein zeitgemäßer und kundenorientierter Vorschlag:

Zeitgemäßer: „Sie erhalten Ihre Unterlagen (oder: Auflistung der einzelnen Unterlagen) zurück."

Zeitgemäßer: „Mit Ihren Vorschlägen sind wir einverstanden."

Zeitgemäßer: „Rufen Sie bitte an, wenn Sie weitere Informationen benötigen.
    Freundliche Grüße"

Durch solche Verbesserungen wird der Briefstil entrümpelt und der Kunde direkt angesprochen.

Tipp 54
Die Fälligkeitsliste ist überfällig

Die Wirkung von Argumenten hängt stark von der Wortwahl des Verkäufers ab. Wörter können schnell positive Emfindungen, aber auch unangenehme und ablehnende Gefühle auslösen.

Sicher ist Ihnen der Begriff „Fälligkeitsliste" ein Begriff. Es geht um das Ende von Zinsvereinbarungen – Finanzierungszinssätze sind neu zu vereinbaren oder für bisherige Geldanlagen sind neue Vereinbarungen zu treffen. "Fälligkeitsliste" beschreibt emotionslos und sehr nüchtern in der Fachsprache der Organisatoren den Sachverhalt: ein Computerausdruck in Listenform mit künftigen Fälligkeitsterminen (= Endterminen), Kundennamen, Anlageformen, Anlagebeträge und oft noch mit detaillierten Bearbeitungshinweisen.

Doch das Wort hat keinen hohen Aufforderungscharakter für den Mitarbeiter. Es klingt sehr nach einer weniger angenehmen Pflichtaufgabe und sicher nicht nach einer bedeutenden verkäuferischen Chance. Und die Gefahr, dass der Kunde ein einfaches „Sie haben eine Fälligkeit!" hört, ist recht groß.

Geben Sie deshalb der gleichen Liste einen neuen – gefühlsmäßig freundlicheren – Namen. Den neuen Namen können Sie ganz persönlich nur für Ihre eigene Person, doch noch besser für Ihr gesamtes Kreditinstitut, verwenden. Ersetzen Sie den abgegriffenen Begriff Fälligkeitsliste beispielsweise durch

- Wiederanlageliste!

Sie spüren sicher, wie sich ganz schnell ein geändertes Gefühl um die gleiche Liste und den gleichen Sachverhalt einstellt. Und auch die Wortwahl bei der Kundenansprache ändert und verbessert sich schnell. Aus einem verwaltungsorientierten Satz wie

- „Ihr Wertpapier wird fällig!"

wird mit wenigen kleinen Änderungen der verkäuferische Satz

- „Legen Sie den Betrag von ... aus Ihrem Wertpapier wieder gut an!".

Der Begriff Wiederanlage oder auch der Begriff Anschlussanlage suggeriert dem Kunden – und natürlich auch dem Verkäufer – die Selbstverständlichkeit des Anschlussgeschäfts.

Tipp 55
„Gönnen Sie sich etwas Besonderes von Ihren Wertpapiergewinnen!"

Kursrückgänge verunsichern viele Aktien- und Investmentbesitzer. Sie suchen nach Orientierung und Unterstützung in der misslichen Lage. Doch es gibt – in allgemein guten und weniger guten Börsenzeiten – Wertpapieranleger die durch steigende Kurse erhebliche Gewinne „auf dem Papier" angehäuft haben.

Sie konfrontieren ihre Vermögens- und Anlageberater immer wieder mit der Frage „Soll ich aussteigen oder die Gewinne weiter laufen lassen?" Gleichzeitig fühlen sich diese Anleger – trotz kräftiger Kurssteigerungen – eher gehetzt, gestresst, unter Druck und insgesamt nicht gerade glücklich.

Helfen Sie diesen Anlegern zu einem besseren „Gefühl" rund um die Wertpapieranlage. Senden Sie eine klare Botschaft:

> **Gönnen Sie sich (und Ihrer Partnerin, Familie, Partner, ...) etwas Besonderes von Ihren Wertpapiergewinnen!**

Anregungen gibt es so viele, wie es Kunden gibt:

- eine neue praktische Sportausrüstung,
- ein besonders schönes Möbelstück,
- eine unvergessliche (außergewöhnliche und teuere!) Veranstaltung, die man sich sonst nicht leisten würde,
- ein tolles Essen in einem besonderen Restaurant,
- ein unerwartetes persönliches Geschenk,
- und bei „richtig großen" Kursgewinnen das Traumauto, die Einrichtung für ein Zimmer, die Weltreise, ein Grundstück ... .

Beachten Sie bei dieser Kundengruppe: Kursgewinne – wie auch Kursverluste – auf dem Papier sind „nur" rechnerische, also theoretische Werte. Sie werden erst durch den realen (Teil-)Verkauf und dem Gönnen von etwas Besonderem zu einem echten positiven Erlebnis für den Anleger.

Wie oft haben sich frühere Kursgewinne von Kunden in der Vergangenheit wieder aufgelöst. Nur der realisierte Kursgewinn und ein direkt zugeordneter Kauf, das Gönnen, wird für einen längeren Zeitraum mit einem positiven Bild wie beispielsweise beim Nutzen der neuen Sportausrüstung, dem Sehen des neuen Möbelstücks oder beim Sprechen über die außergewöhnliche Veranstaltung verbunden. Ihr Wertpapierkunde erlebt über einen längeren Zeitraum den Erfolg Ihrer Beratungs- und Betreuungsleistung; Sie binden den Kunden an Ihr Kreditinstitut.

Die quälenden Unsicherheiten („Soll ich verkaufen?") und Sorgen („Treffe ich die richtige Kauf-/Verkaufsentscheidung?") werden durch das positive Bild des Besonderen dauerhaft verdrängt.

Tipp 56
Wollen Sie sich mit Kunden wirklich nur „unterhalten"?

Verkäufer in Kreditinstituten sprechen ihre Kunden verstärkt aktiv auf zusätzliche Möglichkeiten der Zusammenarbeit an. Das ist ein Riesenschritt weg von der früheren und veralteten Beamtenmentalität hin zu einer zeitgemäßen Dienstleistungs- und Verkaufsorientierung.

Doch nicht immer ist die Wortwahl solcher Ansprachen geschickt. Die wohl häufigste Formulierung zu Kunden lautet

- „... Ich möchte mich mit Ihnen gerne über ... (konkretes Thema) **unterhalten**. ..."

Natürlich ist diese Ansprache in einen längeren Dialog eingebunden. Und doch hört der Kunde vor allem das Wort „unterhalten", das bei ihm tendenziell die Wahrnehmungen „sprechen", „erzählen" oder gar „gemeinsam plaudern" und „miteinander schwätzen" auslöst.

Doch bei der aktiven Kundenansprache geht es nicht um ein unverbindliches Gespräch, es geht nicht um lockeres Plaudern mit dem Kunden. Das sollte durch die Wortwahl schon sehr früh vermittelt werden. Hier eine Alternativformulierung, die den Kundennutzen klarer verdeutlicht:

- „... Ich habe noch einige Tipps für Sie zu ... (konkretes Thema). **Sie erhalten Informationen** über ..."

Besonders wirkungsvoll sind die aktiven Verben „informieren", „vorstellen", „zeigen", „aufzeigen" und „präsentieren". Eine Ansprache kann dann beispielsweise folgendermaßen lauten:

- „... Sie können ab sofort einen staatlichen Zuschuss zu ... bekommen. **Ich zeige Ihnen** gerne in einem Gespräch **Ihre persönlichen Möglichkeiten**. ..."

Die wahrscheinlichen Vorteile werden von dem angesprochenen Kunden ganz schnell wahrgenommen. Aus dem ankündigen einer Plauderei wird so eine wertvolle Information, eine nutzenorientierte aktive Kundenansprache; positive Reaktionen von Kunden werden viel wahrscheinlicher.

Tipp 57
Ja-Reaktionen auslösen!

Im Rahmen der aktiven Kundenbetreuung von Bank- und Sparkassenkunden ist das Telefon noch immer das wichtigste Instrument für die Kontaktaufnahme. Der schnelle und reibungslose Einstieg in das Telefonat stellt dabei den entscheidenden Erfolgsfaktor dar.

Das Betreuungstelefonat sollte mit einer deutlichen Vorstellung („Guten Tag, XY-Banksparkasse, mein Name ist ...") und einer Überprüfung des Gesprächspartners („Bitte verbinden Sie mich mit ...", „Mit wem spreche ich?" und/oder „Spreche ich mit ...?") beginnen. Es ist nicht nur peinlich, sondern es verletzt auch die Diskretion, wenn in der Schnelle mit einer falschen Person über finanzielle Angelegenheiten gesprochen wird.

Sie haben den richtigen Telefonpartner am Apparat. Jetzt entscheidet der Gesprächseinstieg im engeren Sinne über den weiteren Erfolg des Telefonats. Meiden Sie deshalb banale und eher verunsichernde Einstiege, zum Beispiel das floskelhafte „Wie geht es Ihnen?"

Ihr Kunde „nimmt Ihnen diese Frage nicht ab". Er ist sich sehr sicher, dass die Frage sicher kein Zeichen von echtem Interesse ist, sondern nur eine „typische" Verkäuferfrage. Doch wenn der Kunde tatsächlich umfassender antwortet und detailliert schildert, wie es ihm geht, dann wird der Umstieg auf das verkäuferische Thema schwer.

Die erfolgversprechende Alternative: Lösen Sie schnell eine „Ja"-Reaktion bei Ihrem Telefonpartner aus!

Dazu einige ganz einfache Beispiele:

- „Frau Keller, Sie sind Kunde der XY-Banksparkasse ..."
- „Herr Meister, Sie nutzen ein Privatgirokonto bei uns ..."
- „Frau Schneider, Sie haben nach einer Z-Karte gefragt ..."

Die gedankliche oder auch ausgesprochene „Ja"-Antwort ist ein positiver Einstieg in das Telefonat. Sie stimmt den Kunden auf weitere „Ja"-Antworten ein. Die Chancen auf eine erfolgreiche Fortsetzung des Betreuungstelefonats steigen erheblich.

Tipp 58
„Sprechen Sie über den Zinssatz noch einmal mit Ihrem Chef!"

Klaus Emsig, Kundenbetreuer einer Regionalbank, berät einen guten Kunden ausführlich in einer wichtigen Angelegenheit – bei einer größeren Geldanlage oder einer bedeutenden Finanzierung. Eigentlich ist das Wesentliche gesagt, doch das Gespräch spitzt sich zu.

Klaus Emsig ist besorgt, dass das zentrale Geschäft scheitert und in der Folge sogar die ganze Geschäftsbeziehung aufgelöst wird. Der Kunde konzentriert sich auf die Zins- und Konditionengestaltung. Klaus Emsig sucht nach einer Lösung und sagt zu seinem Kunden

- „Da muss ich mit meinem Chef wegen des Zinssatzes sprechen!"

Und der Kunde sieht einen möglichen Vorteil für sich und greift den Voschlag sofort auf; er verstärkt:

- „Ja, sprechen Sie über meinen Zinssatz noch einmal mit Ihrem Chef. Da muss doch noch was zu machen sein!"

Doch da kommen Klaus Emsig auch schon die nächsten Gedanken, denn die mögliche Konditionsaufbesserung durch seinen Chef ist eine riskante Vorgehensweise für ihn:

- Was passiert, wenn der Chef nicht aufbessert? Wie stehe ich dann gegenüber meinem Kunden da?
- Was passiert, wenn der Chef aufbessert? Bin ich dann noch ein kompetenter Gesprächspartner für meinen Kunden? Wird er künftig sofort mit dem Chef sprechen? Werde ich dadurch einen wichtigen Kunden komplett verlieren?
- Was passiert noch, wenn der Chef tatsächlich aufbessert? Wird der Kunde das gegenüber Dritten (andere Kunden!) erzählen? Werden diese dann auch nach Aufbesserungen und dem Chef fragen?

Ihm wird klar, dass er durch seinen vorschnellen Vorschlag gegen zwei bewährte verkäuferische Grundsätze verstoßen hat:

1. Keine Preisaufbesserung für den Kunden gegen Gegenleistung des Kunden!
2. Keine Preisaufbesserung durch den Vorgesetzten!

Klaus Emsig überlegt nach dem Gespräch, und sucht eine alternative konstruktive Argumentation für vergleichbare Verhandlungssituationen in der Zukunft. Er nimmt sich fest vor, mit einem

- „Ich kalkuliere das noch einmal für Sie durch!",
- „Ich rechne meinen Vorschlag noch einmal für Sie durch!" oder
- „Ich überprüfe gerne noch einmal mein Angebot!"

erst einmal Zeit zu gewinnen. Nach einigen Momenten und einer eventuellen kurzen Abwesenheit will er dann einen konstruktiven Vorschlag unterbreiten:

- „... Ich komme Ihnen bei dem ... (zum Beispiel Auszahlungskurs) um ... (konkrete Zahl) entgegen, wenn Sie ... (zum Beispiel alle Bauversicherungen) gleichzeitig abschließen. Das spart Ihnen noch zusätzlich Zeit und einige Wege ..."

In vielen wichtigen Gesprächssituationen reicht es Kunden, dass der Banker noch einmal das Angebot durchrechnet, nachkalkuliert oder überprüft. Es wird deutlich, dass in dem Konditionsangebot kaum „Luft" sein kann.

Das Sprechen mit Führungskräften vor einem Kundenkontakt und auch in einer Kontaktunterbrechung ist sicher sinnvoll. Nur die Information an den Kunden „Ich spreche über den Zins noch mit meinem Chef!" ist nachteilig. Sicher ist die Botschaft „Vor unserem Gespräch habe ich schon mit meinem Chef über ... gesprochen!" für den Kunden aufwertend und gleichzeitig stabilisierend für den Zinssatz.

Tipp 59
Wege zur Einwandbeantwortung

Einwände sind Hemmnisse, die vor dem Abschluss im Beratungs- und Verkaufsgespräch geäußert werden. Warum äußern Kunden Einwände?

Der Kunde ist vielleicht nur teilweise überzeugt. Ihm könnten noch wichtige Informationen fehlen. Vielleicht sind seine Kaufmotive nicht erkannt und angesprochen worden oder er hatte zuvor einen anderen Entschluss gefasst. Er könnte von anderen Informationen ausgegangen sein oder sich vor einer Abschlussentscheidung ängstigen usw.

Das Äußern von Einwänden signalisiert Ihnen, dass eine besonders gute Chance zum Abschluss vorliegt. Denn: Mit dem Einwand drückt Ihr Kunde Interesse für Ihr Haus, für Sie als Berater oder für die angesprochene Leistung aus. Denken Sie daran: Wenn Sie Einwände registrieren, haben Sie Interesse des Kunden bemerkt, das Sie optimistisch stimmen sollte.

Ihr Ziel ist die vollständige Beantwortung, eine Beantwortung, die den Kunden überzeugt und Sie zufriedenstellt. Jeder Einwand ist ein sportlicher Wettkampf, der weder Sieger noch Verlierer kennen sollte, sondern zwei wirkliche Gewinner.

Beachten Sie immer: Unangenehmer als Einwände sind fehlende Reaktionen (zum Beispiel Schweigen!) von Kunden. Ihnen ist es dann unmöglich, die noch offenen Informationen nachzuschieben oder Ihre Argumentation zu ergänzen. Klar, eine positive Antwort ist sicher erfreulicher als Einwände. Dennoch: Einwände sind eine bessere Chance zum Verkauf als keine Kundenreaktion.

1. Vorwegnehmen des Einwandes

Es gibt immer wieder in Verkaufsgesprächen Einwände, die von Kunden ganz sicher geäußert werden. Die „üblichen" und sehr wahrscheinlichen Einwände, die auf bestimmte Vorschläge fast immer als Kundenreaktion kommen:

- Bausparvertrag: „Da gibt's ja einige Jahre nur ganz niedrige Zinserträge für mich!" oder
- Darlehen mit variablen Zinsen: „Bei Zinserhöhungen bin dann ich der Dumme!"

Diese Einwände können Sie sich ersparen, wenn Sie die Einwände zuvor selbst beantworten. Sie vermeiden mit dem Vorwegnehmen Konfrontationen mit Ihren Kunden. Sie bestimmen den Zeitpunkt und auch die Formulierung des Einwands. Ihr Kunde bemerkt Ihr Bemühen um Offenheit, indem Sie neben den Vorteilen auch auf die Nachteile von Leistungen hinweisen. Sie gewinnen Vertrauen und der Einwand verliert gleichzeitig an Schärfe. Hier zwei Vorschläge:

- „Häufig höre ich Unzufriedenheit über die Höhe der Bausparzinsen in der Ansparphase. Die Sparzinsen werden später durch die sehr niedrigen Kreditzinsen voll aufgewogen – dann, wenn Sie beispielsweise jede Mark für die Einrichtung Ihres Eigenheims verwenden möchten ..." und

- „Gerade der variable Zinssatz erspart Ihnen bei rückläufigen Zinsen oder großen Tilgungswünschen – bei der Auszahlung einer Versicherung oder nach einer Erbschaft - viel Geld".

Einwände werden in der Verkaufspraxis leider relativ selten vorweggenommen. Dieser Argumentationsweg ist allerdings äußerst wirkungsvoll und kommt vor allem bei Kunden bestens an.

2. Zurückstellen des Einwandes

Mit dem Zurückstellen trennen Sie auch den Zeitpunkt der Einwandäußerung von der eigentlichen Einwandbeantwortung. Es ist vor allem sinnvoll, Einwände zurückzustellen, wenn

- durch den weiteren Verlauf des Gesprächs der Einwand entfällt,
- der Einwand aus dem Rahmen des Verkaufsgesprächs fällt,
- der Einwand im Moment nicht beantwortet werden kann (fehlende Informationen, Unwissenheit usw.),
- der Einwand nur teilweise beantwortet werden kann und ein Spezialist (zum Beispiel für Außenhandels- oder Wertpapierfragen) herangezogen werden muss,
- die Antwort die Argumentation im Moment belasten würde (ungünstiger Zeitpunkt!),
- die Antwort für den Kunden unbefriedigend ausfallen oder als Ausrede wirken würde und
- Ihre Beantwortung zu einer Konfrontation mit Ihrem Kunden führen könnte.

Das Zurückstellen wirkt auf Kunden besonders überzeugend, wenn Sie sich den Einwand notieren und um die Zustimmung zur späteren Beantwortung bitten:

Kunde: „… und dann brauch' ich wohl noch einen Schätzer mit all den Kosten, die für mich entstehen?"

Berater: „Ich notiere mir Ihre Frage zum Schätzer. Kann ich Ihnen diese Frage detailliert beantworten, wenn wir über den Kreditvertrag als Gesamtes gesprochen haben?"

Verwenden Sie bei allen Reaktionen auf Einwände nicht das Wort „Einwand". Besser sind Umschreibungen wie „diese Frage", „die Angelegenheit" oder „den Punkt". Kommen Sie auf alle Fälle im Verlauf des weiteren Gesprächs auf die zurückgestellten Punkte zurück. Sie weisen sich als zuverlässiger Gesprächspartner aus – Sie schaffen Vertrauen.

Mit dem Zurückstellen bestimmen Sie den günstigsten Zeitpunkt für Ihre Antwort. Sie können diesen Weg in fast allen längeren Verkaufsgesprächen anwenden. Aber: Weniger ist letztendlich mehr! Fragen Sie abschließend den Kunden, ob noch ein Punkt offen ist. Sie schaffen mit dieser Frage erneut Vertrauen.

Einige Verkäufer übertreiben das Zurückstellen. Es wirkt dann wie eine sehr ungeschickte Reaktion. Dann wäre das sofortige Antworten – mit allen Nachteilen – der bessere Weg. Unseriöse Verkäufer verwenden das Zurückstellen mit der Hoffnung, dass der Kunde zwischenzeitlich seine Einwände vergisst. Die Hoffnung geht nicht immer auf und schlimmer noch: Diese Vorgehensweise widerspricht der Geschäftspartnerschaft. Zurückstellen und Vergessen ist nur ein mieser, drittklassiger Verkäufertrick.

3. Bedingte Zustimmungen auf Einwände

Bei allen Einwänden besteht eine große Gefahr: Der Verkäufer reagiert spontan auf einen vermeintlichen Angriff und zahlt in gleicher Münze zurück, oftmals eskaliert es. Die konstruktive Alternative: Die erste schnelle Reaktion wird nicht durch die inhaltliche Aussage geprägt, die erste Reaktion soll nur kommunikationserhaltend sein und die eigentliche – inhaltliche – Antwort vorbereiten.

Sie können auf Einwände mit sehr verschiedenen kommunikationserhaltenden Zustimmungsformen antworten – alle vermeiden Eskalationen. In einigen Situationen fällt Ihnen das leicht, oft verlangt es eine hohe Disziplin von Ihnen, zum Beispiel weil Sie

- spontan auf den Einwand antworten möchten,
- zu Unrecht angegriffen werden,
- sich persönlich angegriffen fühlen,
- sauer oder wütend auf den Kunden sind,

- damit rechnen, dass Ihr Kunde noch unsachlicher, aggressiver oder provozierender das Gespräch fortsetzt oder
- keinen großen Wert auf die weitere Zusammenarbeit mit diesem Kunden legen.

Bedingte Zustimmungen sagen ganz selten „Sie haben inhaltlich Recht!", sondern geben mehr die Botschaft „Ich rede gerne mit Ihnen weiter – es ist gut, dass wir reden können!" Hier eine Übersicht mit Beispielen:

1.	*Direkt zustimmen*	„Ja, das ist richtig."
2.	*Mit Verständnis zustimmen*	„Ich kann Ihre Äußerung (gut) verstehen."
3.	*Dankend zustimmen*	„Vielen Dank für Ihren Hinweis."
4.	*Umformuliert zustimmen*	„Mhm, den Kern Ihrer Aussage ... teile ich."
5.	*Indirekt zustimmen*	„Wie Sie mir das schildern, stimme ich Ihnen zu."
6.	*Formal zustimmen*	„Ich freue mich, dass Sie sofort zu mir gekommen sind."
7.	*Fehler zustimmend*	„Ja, hier ist etwas schief gelaufen."
8.	*Gemeinsames zustimmend*	„Ja, das ist unser gemeinsames Ziel."

Bedingte Zustimmungen sind für Ihre Kunden positive Zuwendungen. Sie mildern das aggressive und provozierende Verhalten. Auch wenn Sie gerne auf das unsachliche Verhalten des Kunden reagieren würden – nur eine positive Reaktion sichert Ihnen eine erfolgreiche inhaltliche Einwandbeantwortung.

4. Gezielte Fragen auf Einwände

Mit einer bedingten Zustimmung können Sie direkt auf Einwände reagieren. Doch diese Reaktion muss jetzt um einen inhaltlichen Teil erweitert werden. Ein bewährter Argumentationsweg sind gezielte Fragen. Die Einwandbeantwortung mit gezielten Fragen bringt Ihnen mehrere Vorteile:

- Ihr Kunde kann seine Emotionen abbauen, indem er weiter sprechen kann,
- Sie können über die Wahl von geeigneten Fragen die Antwort des Kunden lenken,
- Sie können Gründe für den Einwand erfahren,
- Sie können Antworten erwarten, die Ihnen die weitere Behandlung des Einwands erleichtern und
- Sie vermeiden Spekulationen und voreilige Antworten, die zu einer Eskalation führen würden.

Es eignen sich vor allem offene Fragen sowie Alternativ- und Kontrollfragen. Sie können Ihre Kunden in sehr unterschiedliche Richtungen fragen. Wichtig ist, dass Sie mit der Frage Interesse am Kunden, an dessen Einwand oder einer gemeinsamen Lösung dokumentieren. Dies erreichen Sie, wenn Sie

- nach der Vergangenheit („Was ist passiert?"),
- nach Ursachen („Wie konnte es passieren?"),
- nach Einzelheiten („Wie ist es passiert?") oder
- nach Lösungswegen („Wie geht es jetzt weiter?") fragen.

Vermeiden Sie die Kombination von Zustimmung mit einem „Ja" und die Fortsetzung mit einem „aber". Auch wenn in der Vergangenheit diese Ja-aber-Technik für die Einwandbeantwortung vorgeschlagen wurde, ist „aber" ein Reizwort für den Kunden.

5. Konstruktive Vorschläge nach Einwänden

Die erste Reaktion auf den Einwand besteht wieder in einer bedingten Zustimmung. Anschließend folgt ein konstruktiver Vorschlag, um auf andere Aspekte zu lenken. Zum Beispiel:

Kunde: „Gestern stand ich mit meinen Schecks bei Ihnen vor geschlossenen Türen – und es war deutlich vor 16 Uhr. Sie hatten wohl gerade keine Lust mehr zu arbeiten?"

Berater: „Das tut mir leid, dass Sie Ihre Schecks nicht mehr abgeben konnten." (= bedingte Zustimmung)

Kunde: „Und es war bestimmt noch keine 16 Uhr!"

Berater: „Frau Kaiser, wenn die Zeit demnächst wieder einmal knapp sein sollte, rufen Sie mich bitte kurz vorher an oder kommen Sie am folgenden frühen Vormittag vorbei. (= konstruktiver Vorschlag) Ihre Schecks werden dann genauso schnell verbucht."

Kunde: „Ah, ja!"

Berater: „Was kann ich jetzt noch für Sie tun?"

Die konstruktiven Vorschläge werden am ehesten von Kunden akzeptiert, wenn sie mit Vorteilen für den Kunden verbunden werden (im Beispiel: schnelle Buchung). Der Vorteil wird allerdings erst nach zustimmenden Äußerungen wahrgenommen.

6. Beweise gegen Einwände

Kunden bringen wiederholt Einwände, die Sie sofort auf Grund Ihres Wissens widerlegen können. Hier besteht die Gefahr, dass spontane Antworten zu weiteren Eskalationen führen, da der Kunde durch das schnelle Widerlegen bloßgestellt wird.

Mit der Kombination aus bedingter Zustimmung und anschließendem „Beweisen" können Sie eine Ausweitung von Auseinandersetzungen vermeiden. Achten Sie immer darauf, dass Ihre Kunden ihr Gesicht wahren können:

Kunde: „... dann melden Sie noch alles über mich an die Schufa – und das ohne meine Zustimmung."

Berater: „Ja, Kreditinstitute geben Daten ihrer Kreditnehmer an die Schufa weiter."

Kunde: „Und viele Daten, die weitergegeben werden, sind auch noch falsch, wie ich gelesen habe."

Berater: „Das kann schon in Ausnahmefällen vorkommen. Haben Sie schon in der Vergangenheit Kredite aufgenommen?"

Kunde: „Nein, bisher noch nicht."

Berater: „Schauen Sie, ich habe hier einen Kreditvertrag."

Kunde: „So sieht der aus?"

Berater: „Ja. Und da steht: ‚Über diesen Kredit werden der Schutzgemeinschaft für allgemeine Kreditsicherung (Schufa) Daten zur Speicherung ... übermittelt'."

Kunde: „Und das muss ich unterschreiben?"

Berater: „Ja, dies ist ein Teil des Kreditvertrages. Was ...?"

Beweise haben auch einen großen Nachteil: Sticht der Beweis, kann der Kunde sich als Verlierer fühlen. Das kann nicht Ihr Ziel sein! Deshalb: Verwenden Sie den Weg Beweise gegen Einwände zurückhaltend und fair.

7. Kompensieren des Einwandes

Nach einer bedingten Zustimmung gleichen (= kompensieren) Sie den Einwand, meist ein Angebotsnachteil, durch einen Vorteil aus. Das Schlüsselwort für das Kompensieren ist das Wörtchen „dafür":

Kunde: „... Bei einem solchen Darlehen mit variablen Zinsen muss ich doch mit einer steigenden Belastung rechnen."

Berater: „Ja. das ist schon möglich. Variable Zinssätze können auch steigen. Dafür kann sich der Zinssatz bei weiter sinkendem Zinsniveau auch zurückbilden. Dann sparen Sie Zinsen durch den variablen Zinssatz."

Der Berater gibt in unserem Beispiel den Nachteil zu – das gilt generell für das Kompensieren. Durch die Änderung der Formulierung von „muss steigen" in „kann steigen" verbessert er seine Argumentationsbasis. Die Kompensation wird durch das Wort „dafür" eingeleitet; ein Wort, das dem Kunden Vorteile signalisiert.

8. Andere Gesichtspunkte zu Einwänden anführen

Mit den Schlüsselwörtern

- „andererseits",
- „auf der anderen Seite" oder
- „dem steht gegenüber"

wird eine argumentative Weiche zu den nächsten Aspekten gestellt. Unabhängig vom Einwand erhält der Kunde zuerst Zustimmung, der Berater berücksichtigt die Gedanken seines Kunden. Anschließend argumentiert der Berater, wie zuvor beabsichtigt, weiter:

Kunde: „ ... und für den Überziehungskredit verlangen Sie dann 14 Prozent Zinsen von mir."

Berater: „Ja, Sie erhalten vereinbarte Überziehungen zur Zeit für 14 Prozent. **Andererseits** werden die Zinsen nur für den tatsächlich in Anspruch genommenen Betrag verrechnet und jeder Zahlungseingang reduziert automatisch den Kreditbetrag. Sie brauchen sich um keine monatlichen Raten zu kümmern und können jederzeit im Dispositionsrahmen Ein- und Auszahlungen vornehmen... "

Andere Gesichtspunkte wirkungsvoll ansprechen, setzt gute Produktkenntnisse und auch Selbstsicherheit voraus.

9. Einwände zurückgeben

Eine beachtliche Zahl von Einwänden sind im Gegensatz zu den Vorstellungen der Kunden Vorteile der Bankleistung und damit auch für ihn. Diese Vorteile können mit dem Zurückgeben schnell herausgestellt werden. Hören Sie sich deshalb jeden Einwand genau an. Dann entnehmen Sie ein positives Element als Argument für den Kunden. Schlüsselwörter wie

- „gerade deshalb",
- „gerade weil" oder
- „gerade das"

erleichtern Ihnen die Rückgabe. In einem ersten Reaktionsschritt werden Sie den Einwand meist etwas stärker als in den vorangegangenen Wegen umformulieren:

Kunde: „... Ich möchte die guten Zinsen des Festgelds weiter nutzen. Außerdem laufen Festverzinsliche viel zu lang und sind für mich nicht überschaubar."

Berater: „Ich kann Sie verstehen, wenn Sie die Zinsen des Festgelds weiter nutzen wollen. **Gerade deshalb** spreche ich Sie heute an. Die Zinsen sind allgemein rückläufig. Wenn Sie sich jetzt für festverzinsliche Wertpapiere entscheiden, sichern Sie sich die höheren Zinsen noch für mehrere Jahre... "

Die Argumentation besteht aus einem logischen Schluss, der an den positiven Teil des Einwands (hohe Zinsen) anknüpft. Die negativen Teile des Einwands (lange Laufzeit) treten dagegen zurück. Das Zurückgeben ist deshalb besonders wirkungsvoll, weil die Argumente Bestandteil des Einwands sind.

10. Erlebnisse und Referenzen anführen

Sie bieten mit Erlebnissen und Referenzpersonen eine Plattform an, die Gedanken zu äußern, die von Kunden zurückgehalten werden. Der Kunde soll sich mit den Personen in den geschilderten Erlebnissen und den Referenzgebern identifizieren. Negative Entscheidungen resultieren vor allem aus ungeeigneten Referenzen und Erlebnissen.

Das Bankgeheimnis engt Sie insbesondere in der Namensnennung der angesprochenen Personen ein. Doch Erlebnisse und Referenzen lassen sich auch ohne konkrete Namen der Beteiligten anführen. Dazu ein Beispiel, bei dem der Berater eine neue Multifunktionskarte angeboten hat:

Kunde: „... Da haben Sie sich wieder mal eine modische Spielerei einfallen lassen."

Berater: „Ich kann verstehen, dass Sie eine solche Karte als Spielerei ansehen. Das habe ich auch anfangs gedacht. Dann habe ich die Karte doch getestet. Es ist schon sehr angenehm, rund um die Uhr und auch an Wochenenden flüssig zu sein. Zum Beispiel, wenn es schnell zu einem Wochenendausflug gehen soll ..." oder

Berater: „... Das haben einige Kunden bei der Einführung der Karte gesagt. Dann haben Sie sich doch für die neue Karte entschieden – und alle, die ich bisher gesprochen habe, sind sehr zufrieden damit. Sie schätzen besonders ... (Referenzen)."

Mit der Wahl der Referenz- und Erlebnispersonen bestimmen Sie den Erfolg dieses Weges der Einwandbeantwortung. Sie können jeweils ohne Namensnennung bestimmte Kunden, eine Vielzahl von Kunden (Kundengruppe) und einen bestimmten Kundenkreis, dem sich der Kunde zugehörig fühlt sowie sich selbst anführen.

11. Einwände in Wünsche transformieren

Einwände von Kunden sind oft eher Wünsche von Kunden. Sind diese Wünsche erfüllbar, dann bietet sich die Transformation in einen Wunsch an. Schlüsselwörter sind:

- „Sie wünschen ...",
- „Sie möchten ..." oder
- „Sie erwarten, dass ...".

Gefährlich wird es nur, wenn der Wunsch nicht erfüllbar ist oder der Einwand so stark umformuliert wird, dass der Kunde die Transformation nicht akzeptiert. Hier ein positives Dialogbeispiel:

Kunde: „... Bei diesen hohen Zinsen muss ich ja enorme Kapitalerträge versteuern!"

Berater: „Gut, dass Sie das ansprechen. **Sie möchten** möglichst wenig Steuern auf Ihre Kapitalerträge zahlen?"

Kunde: „Ja, das ist richtig. Aber lohnen soll es sich schon."

Berater: „Das ist möglich. Sie erwerben festverzinsliche Wertpapiere mit einem niedrigen Nominalzins sowie einem niedrigen Kaufkurs ... "

12. Selbstbehauptung auf Kundeneinwände zeigen

Bei den bisherigen Vorschlägen haben wir großes Verständnis für das Verhalten der Kunden gezeigt. Doch: In wenigen extremen Gesprächssituationen versteht der Gesprächspartner die Zustimmung als Zeichen der Schwäche und führt – absichtlich – Eskalationen von seiner Seite herbei.

Gespräche finden auf zwei Ebenen statt: auf der Inhaltsebene mit emotionsfreien Einwänden und Argumenten, mit Zahlen, Daten und zweifelsfreien Fakten sowie auf der Beziehungsebene mit Gefühlen wie emotionsgeladene Einwände, Zuneigung und Ablehnung, Bewunderung und Widerwille, Begeisterung und Verachtung. Die Inhaltsebene wird von der Logik geprägt, die Beziehungsebene von Gefühlen.

Unfaire Angriffe werden auf der Beziehungsebene vorgetragen. Der Kunde drückt dem Berater aus: „Sie sind nicht o.k.". Seiner eigenen Person ordnet er „Ich bin o.k." zu. Akzeptiert der Berater diese Über-Unter-Ordnung, gibt er Schwächezeichen und damit das Signal zu weiterer Eskalation. Reagiert er auf den abwertenden Angriff mit harter Gegenwehr, besteht die Gefahr, dass der angreifende Kunde unterliegt – der Kontakt kann daran zerbrechen.

Die konstruktive Reaktion verdeutlicht dem Kunden, dass Kunde und Berater „o.k." sind. Das setzt hohes Einfühlungsvermögen des Beraters in die Situation des Kunden voraus. Dem Kampfangebot kann er entgehen, wenn er Selbstbehauptung zeigt: Mit seiner Reaktion drückt er aus: „Ihr Angriff ist für mich ohne Bedeutung!".

Da längere Antworten eher den Eindruck des Schwächezeichens „Rechtfertigung" erwecken, fallen Antworten der Selbstbehauptung kurz und prägnant aus. Nach der Antwort setzt der Berater das Gespräch auf der weniger konfliktträchtigen Inhaltsebene fort:

Kunde: „… und gerade Sie wollen mir bei meinem Gehalt noch eine Kreditversicherung aufschwatzen. Sie könnten mein Buchhalter sein; der ist genauso kleinkariert wie Sie."

Berater: „Herr Kunde, wenn Sie Personen, die vorteilhafte Bankleistungen nutzen, als kleinkariert bezeichnen, bin ich es gerne. Entscheiden Sie über die Kreditversicherung. Sie bringt Ihnen …"

Sie spüren bei dieser Antwort, dass sichere Formulierungen der Selbstbehauptung einen kleinen Angriff auf den Kunden enthalten können. Verwenden Sie diesen Weg der Argumentation deshalb erst

- wenn es keinen anderen Weg gibt und
- als Vorwarnung im Sinne: Ich kann auch gefährlich werden.

Vermeiden Sie längere Diskussionen mit Kunden auf Grund Ihrer Selbstbehauptung. Dies erreichen Sie mit dem umgehenden Übergang von der Beziehungs- auf die Inhaltsebene.

Tipp 60
Verkaufen gestern und heute

Wenn Sie langjährigen Mitarbeitern oder Führungskräften in Kreditinstituten genau zuhören, dann scheint deren Zeit – verkäuferisch – stehengeblieben zu sein. Ganz typische Aussagen sind:

- „Ich habe alle Verkaufstrainings unseres Hauses gleich nach meiner Ausbildung zum Bankkaufmann **durchlaufen**."
- „Ich habe meine Individualkundenbetreuerausbildung (oder: Firmenkundenbetreuer-, Geschäftsstellenleiterausbildung usw.) Anfang der 90er-Jahre **abgeschlossen**."
- „Vor einigen Jahren bin ich von einem externen Verkaufstrainer schon **einmal** gecoacht worden."

Alle Aussagen signalisieren die Grundeinstellung, dass der eigene Aus- und Weiterbildungsprozess im Zusammenhang mit der verkäuferischen Aufgabe bereits seit langer Zeit abgeschlossen ist. Doch die verkäuferischen Aufgaben (zum Beispiel Neukundengewinnung durch Empfehlungen) und auch die Ansprüche an die Verkaufsqualität (zum Beispiel Nutzen-Argumentation) durch die Kunden steigen kontinuierlich. Und damit reicht die zurückliegende Ausbildung zum Berufseinstieg und ein oder zwei Verkaufstrainings kurz danach heute nicht mehr aus.

Wenn beispielsweise das letzte Verkaufstraining bereits über zehn Jahre zurückliegt, dann ist das sicher nicht mehr mit einem heutigen Training vergleichbar. Der Wandel ist bei genauerem Betrachten sehr deutlich:

- Früher (vor der Jahrtausendwende!) eher Freundlichkeitstrainings – heute dagegen echtes Verkaufstraining,
- damals eher Trainings der Umgangsformen mit Kunden oder Produkttraining – heute klares abschlussorientiertes (Methoden-)Verkaufstraining,
- damals eher einmalige und isolierte Seminarveranstaltungen – heute tendenziell Intervalltrainings mit Anwendungs- und Umsetzungsphasen sowie Verknüpfungen mit realen konkreten verkäuferischen Aufgaben,
- damals eher Incentive-Charakter – heute intensives Training von Verkaufs-Know-how und

- heute ein deutlicher Wandel der Trainingsinhalte zu aktuellen Themen wie Effizienz beim Verkauf, aktive Kundenansprache und Kundenbetreuung oder Argumetation im Preis- und Konditionengespräch.

Deshalb gilt gerade für langjährige Verkäufer und Führungskräfte mit verkäuferischen Aufgaben, dass sie ihre Erfahrungen im Verkauf aus den vergangenen Jahrzehnten mit neuen aktuellen verkäuferischen Impulsen anreichern. Was für das äußere Erscheinungsbild von Bankern gilt, die Frisur sowie der Anzug und die Krawatte aus dem vorletzten Jahrzehnt erheitern oder erschrecken Kunden, das gilt auch für deren verkäuferische Wege, Methoden und Verhaltensweisen:

Die Verkaufsmethoden aus dem vorletzten Jahrzehnt wirken oft antiquiert, skuril und befremdend – einfach veraltet.

Nur mit zeitgemäßem, verkaufs- und kundenorientiertem Verhalten lassen sich die Kunden dauerhaft überzeugen. Deshalb ist kontinuierliches Verkaufstraining für die kompletten Verkaufsmannschaften von Kreditinstituten unerlässlich. Sämtliche Verkaufstrainings verfolgen das gleiche Ziel: Sensibilität für die Verkaufsaufgabe steigern und konkrete Verbesserungen für das Verkaufsverhalten anregen.

- Verkaufstrainings in der klassischen Seminarform,
- Intervalltraining,
- Aktions- oder Team-Training,
- Verkaufstrainings in Coachingprozessen,
- Verkäufertagungen,
- Verkäuferzirkel oder -Ideenbörsen.

Teil IV
Service und Kundenbetreuung

Tipp 61 Störenfried Kunde?
Tipp 62 „We are ladies and gentlemen, serving ladies and gentlemen"
Tipp 63 Der Service-Manager
Tipp 64 Wir haben die Lösung, bevor das Problem kommt
Tipp 65 „Das Glück liegt in der Aufmerksamkeit in kleinen Dingen"
Tipp 66 25 wichtige Kleinigkeiten, über die sich Ihr Kunde freut
Tipp 67 Verlassen Sie sich nicht zu sehr auf die Treue Ihrer Kunden!
Tipp 68 „Ich bin noch nie angesprochen worden!"
Tipp 69 Wissen Sie, warum Kunden Ihr Konto bei Ihnen auflösen?
Tipp 70 Eine Reklamation – elf argwöhnische Kunden
Tipp 71 Unerwartetes Verhalten verändert auch das Kundenverhalten
Tipp 72 Ich bin heute 20 Jahre Kunde Ihrer Bank!
Tipp 73 Wie Sie Ihre Weihnachtskarten persönlich und individuell machen
Tipp 74 Wer spricht die ersten fünf Minuten im Verkaufsgespräch
Tipp 75 Telefon-Standards
Tipp 76 Service in Selbstbedienungs-Foyers?
Tipp 77 Soll ich mich beim Kunden für den Abschluss eines Geschäftes bedanken?
Tipp 78 Den Kunden nicht wegschicken, sondern begleiten!
Tipp 79 Fünf Minuten später schließen
Tipp 80 Wie waren Sie heute mit uns zufrieden?

Tipp 61
Störenfried Kunde?

Wenn Sie die Schlagzeilen in den diversen Medien lesen, erfahren Sie viel über die mangelnde Servicebereitschaft:

- „Das Märchen vom König Kunden"
- „Angeschmiert – abserviert"
- „Maul halten, zahlen!"
- „Servicewüste Deutschland"

und so ähnlich lauten die Titel der diversen Berichte.

Aber auch im privaten Bereich erleben Sie eher negative Beispiele an Servicequalität. In Gesprächen mit Freunden und Bekannten haben Kundendienst-Horrorgeschichten immer hohe Wertigkeit.

Beim Einkaufen wird man nicht beachtet, wenn man Fragen hat. Fast überall muss man warten und keinen kümmert es. Das Personal ist griesgrämig und unfreundlich. Entweder man resigniert oder sucht sich ein anderes Geschäft. Der Kunde lässt sich nicht mehr alles gefallen und verlässt heute oft auch wieder ein Geschäft, ohne etwas zu kaufen.

Übertrieben sagen Sie?

Wenn ich nachdenke, was ich so in den letzten Wochen erlebt habe, die pure Realität:

- Zehn Minuten hat es gedauert, bis ich vom Servicepersonal erstmals nach meinen Wünschen gefragt wurde. Ein schüchterner Versuch meinerseits, einen Kellner zu rufen, wurde abgeschmettert mit dem Hinweis: „Nicht mein Tisch."
- Mein Versuch im Bekleidungshaus, halbnackt in der Kabine stehend, eine andere Hose zum Probieren zu bekommen, scheiterte kläglich.
- Im Schuhgeschäft habe ich zehn Minuten verschiedene Schuhe in die Hand genommen, betrachtet, dann bin ich wieder hinausgegangen. Niemand hat mich registriert.
- Im Hotel stand ich auf, um mir vom Frühstücksbuffet noch etwas zu holen. Als ich nach 30 Sekunden zurückkam, war der Tisch abgeräumt, obwohl noch persönliche Gegenstände von mir dort lagen.

- Im Supermarkt wurde ich schroff aufgefordert, meine Tasche im Einkaufswagen zu heben, um zu kontrollieren, ob ich etwas hinausschmuggle.
- Am Flughafen, am Bahnhof, im Einkaufsmarkt brauche ich eine Münze für den Gepäck- bzw. Einkaufswagen. Oft habe ich keine passende Münze bei mir und muss schleppen.
- Auf den Toiletten gibt es fast immer Probleme mit den Handtuchhaltern, die nicht funktionieren oder den Papierrollen, die leer sind.
- Eine Minute nach Geschäftsschluss erklärte mir die Verkäuferin: Alle Computer sind abgeschaltet, nichts geht mehr.
- Im Restaurant wurde die Frage nach einem freien Platz (auch für einen späteren Zeitpunkt) mit der Übergabe einer Visitenkarte und der Aufforderung, ein anderes Mal zu kommen, beantwortet.
- Im Baumarkt wurde ich von einem „Fachmann" betreut, der lediglich die Daten von der Beschreibung herunterlesen, aber Fragen über die Unterschiede einzelner Rasenmäher nicht beantworten konnte.

Diese Beispiele lassen sich beliebig fortsetzen. Auf einen Tag kommen durchschnittlich zwei bis drei negative Einkaufserlebnisse.

Haben Sie als Kunde nicht ständig ähnliche Erlebnisse? Aber wie verhalten Sie sich, wenn Sie in der umgekehrten Situation sind und sich selbst in der Rolle des Verkäufers befinden? Sind Sie nun genug sensibilisiert, um diesen Rollenwechsel vorzunehmen und sich in die Situation eines Kunden hineinzuversetzen, der zu Ihnen kommt?

Wir stehen jeden Tag auf der Bühne

Ein Schauspieler muss jeden Abend eine perfekte Leistung bringen, wenn er sein Publikum zufriedenstellen möchte. Und er muss in Hochform sein, wenn er es begeistern will.

Auch Sie stehen jeden Tag auf der „Bühne". In jedem Kundenkontakt müssen Sie Ihren Kunden beweisen, dass diese die richtige Wahl getroffen haben, nämlich Ihr Kreditinstitut, Ihre Filiale/Geschäftsstelle für ihre Geldgeschäfte zu wählen. Wir können uns nicht erlauben, „schöpferische Pausen" einzulegen, in denen wir weniger freundlich, weniger aufmerksam oder weniger aktiv sind.

Wenn zum Beispiel von 100 Kundenkontakten an einem Tag 10 Prozent der Kunden nicht zufriedengestellt werden, weil wir sie nicht grüßen, weil sie warten müssen usw. so sind diese 10 Prozent der Kunden latent abwanderungsgefährdet. Bei 250 Geschäftstagen jährlich sind das 2500 Kundenkontakte, bei denen der Kunde vielleicht nachdenkt, warum er wiederkommen soll, ob es wo anders nicht besser funktioniert. Kleine Ursache, große Wirkung.

Machen Sie es also wie ein Schauspieler. Bevor er vor sein Publikum tritt, konzentriert er sich auf seine Arbeit, auf die Vorstellung. Verwenden auch Sie täglich morgens (auch auf dem Weg zur Arbeit) einige Minuten dafür, sich auf den Tag, auf Ihre „Vorstellung" vorzubereiten. Stimmen Sie sich positiv auf den Tag ein, freuen Sie sich auf die Arbeit und Ihre Kunden. Überlegen Sie, welche Aktivitäten Sie realisieren wollen.

Ich kenne ein Filialteam, das morgens vor dem Öffnen ein Ritual eingeführt hat. Zehn Minuten vorher kommen alle Mitarbeiter circa fünf Minuten zusammen (damit dann auch fünf Minuten früher geöffnet werden kann) und gehen gemeinsam ihre Vorsätze für den Tag durch. Sie haben Ähnliches sicher schon bei Sportmannschaften betrachten können, wenn sie sich vor dem Spiel in einem Kreis aufstellen, sich bei den Händen nehmen und auf das Spiel einstimmen.

Sicher ist dies eine eher ungewöhnliche Idee. Vielleicht kommt sie Ihnen sogar ein wenig lächerlich vor, dennoch: Das bewusste und positive Einstimmen auf die Arbeit hat eine ungeheuer starke Motivation und Auswirkung auf die dann tatsächlich erbrachte Leistung. Einfach mal ausprobieren!

„Bei uns ist jeden Tag Eröffnung"

Wenn Sie eine Filiale/Geschäftsstelle eröffnen oder nach einem Umbau wiedereröffnen, so überlegen Sie meist eine Menge an Aktivitäten für Ihre Kunden. Eröffnungsangebote, kleine Geschenke, Empfang beim Eingang usw. sollen dem Kunden eine angenehme Atmosphäre schaffen und ihn motivieren, Geschäfte bei Ihnen zu tätigen und Stammkunde zu werden. Nach einiger Zeit des Stolzes, die neue Filiale herzuzeigen, und der Euphorie, sich in dieser Eröffnungszeit ganz besonders um den Kunden zu bemühen, tritt bald der Alltag ein. Routineverhalten ist an der Tagesordnung, nur gelegentlich von der einen oder anderen Aktion unterbrochen.

Ein Filialleiter sagte uns unlängst: Bei uns ist jeden Tag Eröffnung! Denn damit zeige ich meinen Kunden, dass ich sie nicht nur mit Eröffnungsangeboten locke, sondern dass dieses besondere Bemühen unser Tagesgeschäft ist.

Tipp 62
„We are ladies and gentlemen, serving ladies and gentlemen"

Dieses Zitat ist ein Leitspruch der Ritz Carlton Hotels, die weltberühmt für ihre Servicekultur sind.

Bereits beim Eintritt eines Mitarbeiters wird in Veranstaltungen diese Servicephilosophie durch das oberste Management vermittelt. Dieser Leitspruch soll vor allem verdeutlichen, dass Dienen und Service nicht unterwürfig sind, sondern dass es sich dabei um eine Partnerschaft zwischen Kunden, in diesem Fall zwischen Mitarbeitern dieser Hotelkette und den Kunden handelt.

Ich bin kein großer Freund der Aussage „Der Kunde ist König", denn dann wären wir ja deren Lakaien, und wer ist das schon gerne. Da gefällt mir die Aussage des Ritz Carlton Hotels schon viel besser. Sie drückt Gleichberechtigung mit den Kunden aus, aber dennoch auch, dass es Aufgabe der Mitarbeiter ist, für Kunden da zu sein.

Insbesondere im mitteleuropäischen, ganz besonders im deutschsprachigen Raum ist diese Einstellung besonders wichtig, da hier ein Beruf, der mit Service zu tun hat, ein eher niedriges Sozialprestige aufweist.

Mit dem Leitspruch: „We are ladies and gentlemen, serving ladies and gentlemen" wird ausgedrückt, dass Service etwas Wertvolles und Wichtiges ist, und dass es sich dabei um unsere Aufgabe handelt, die wir perfekt und engagiert erfüllen müssen.

Sprechen Sie mit jedem neuen Mitarbeiter, über diese Serviceeinstellung, unabhängig davon, ob er von außen oder von einer anderen Stelle Ihres Hauses kommt. Nur wenn Sie von Anfang an klar Ihre Erwartungen formulieren, werden Ihre Mitarbeiter klar dieses Verhalten umsetzen.

Tipp 63
Der Service-Manager

Das Bewusstmachen serviceorientierten Verhaltens ist ständige Aufgabe der Führungskraft. Achten Sie einige Zeit nicht so sehr auf bestimmte Situationen, sinkt meist das Service-Niveau recht schnell.

Nicht aus mangelndem Willen, sondern weil immer neue Aufgaben, Problemstellungen, Aktivitäten auf die Mitarbeiter zukommen. Dadurch entstehen neue Prioritäten und ältere werden damit automatisch eher vernachlässigt oder auch verdrängt. Auch durch Aufgabenveränderung, den Einsatz neuer Mitarbeiter usw. werden bisher gewohnte Maßnahmen plötzlich vergessen.

Ihre Aufgabe ist es daher, solche Trends zu bemerken und rechtzeitig Steuerungsmaßnahmen zum Halten des Service-Niveaus zu ergreifen. Das bedeutet, bestimmte Service-Situationen regelmäßig zum Thema zu machen. Damit Sie dies nicht immer selbst tun müssen, sollten Sie Ihre Mitarbeiter für die Beobachtung und Steuerung einbeziehen.

Erfolgreich hat sich bei einigen Unternehmen/Kreditinstituten die Einführung eines sogenannten „Service-Managers" bewährt. Dies ist einer Ihrer Mitarbeiter, den Sie mit der Überwachung betrauen. Es sollte dies nicht ein Mitarbeiter auf längere Zeit sein, sondern jede Woche ein anderer Mitarbeiter. Damit erreichen Sie, dass sich alle, oder möglichst viele Mitarbeiter, mit der Thematik auseinandersetzen und für eine entsprechende Service-Einstellung sensibilisiert werden.

Dieser Mitarbeiter ist eine Woche dafür verantwortlich, dass beispielsweise

- fünf Minuten früher aufgesperrt wird,
- das Telefon spätestens beim dritten Läuten abgehoben wird,
- der Kunde beim Betreten der Filiale begrüßt wird,
- die SB-Geräte funktionieren,
- die Filiale im Innenraum und außen ordentlich und sauber aussieht,
- bei Wartezeiten entsprechende Maßnahmen vereinbart werden.

Verwenden Sie dazu die in Tipp 91 vorgestellten Checklisten, die einen Großteil der zu beobachtenden Punkte enthalten. Nach kurzer Zeit wird das Serviceniveau Ihrer Filiale einen gleichbleibend hohen Standard halten und später sogar steigen. Ihre Aufgabe besteht in erster Linie darin, Woche für Woche einen Mitarbeiter mit dieser Funktion zu betrauen, bzw. zwischendurch auch einmal selbst wahrzunehmen.

Tipp 64
Wir haben die Lösung, bevor das Problem kommt

Neulich sahen wir einen Werbespot einer Bank im amerikanischen Fernsehen. „Ein Mann steht in einem Zimmer, die Tür geht auf und ein anderer Mann bringt ihm eine riesige Banane, fast so groß wie der Mann selbst. Der Mann im Zimmer nimmt die Banane, hält sie in beiden Händen und weiß nicht, was er damit tun soll. Da erscheint am Fenster King-Kong, der Riesenaffe. Jetzt weiß der Mann, was er mit der Banane machen kann."

Der Slogan am Ende dieser Geschichte lautete:

„Wir haben die Lösung, bevor das Problem kommt. Bank XY"

Diese Geschichte gefiel uns, weil sie eine wesentliche Einstellung gegenüber unseren Kunden sehr bildhaft zum Ausdruck bringt. Wir sind nicht nur dazu da, die Probleme unserer Kunden zu lösen, wenn diese vorhanden sind oder bewusst und sichtbar werden. Wir müssen vielmehr nachdenken, wie wir schon vorweg Lösungen anbieten können.

Dieses Denken beginnt bereits bei Kleinigkeiten:

Gibt es Schirmständer beim Eingang Ihrer Filiale, wenn es regnet, so dass der Kunde gleich eine Ablagemöglichkeit sieht?

- Einen Kundin mit Kinderwagen bemüht sich, durch die Eingangstür (keine automatische Schiebetür) in die Filiale zu gelangen, was nicht immer ganz einfach ist. Zumindest beim Hinausgehen sollten Sie schon an der Tür sein und helfen, bevor die Kundin selbst versuchen muss, dieses Problem zu lösen.
- Haben Sie ausreichend Ablageflächen bei Ihren SB-Geräten?

Dieses Denken geht natürlich weiter in den Leistungsbereich, aber wenn wir alle schon im Servicebereich dieses Vorausdenken praktizieren, dann wird dies der Kunde sehr positiv registrieren. Denken Sie also immer daran, wo könnte ein Problem für einen Kunden entstehen und wie können Sie schon vorweg eine Lösung anbieten.

Wenn Sie für Ihre Kunden vorausdenken, dann werden diese sehr positiv über Ihre Lösungen nachdenken.

Tipp 65
„Das Glück liegt in der Aufmerksamkeit in kleinen Dingen."

Dieses Zitat von Wilhelm Busch erinnert uns daran, dass es meist nicht um große Dinge geht, sondern um die kleinen Dinge im Leben.

Wann haben Sie das letzte Mal jemand anderen eine Freude gemacht?

- Blumen für die Gattin nicht nur zum Geburtstag oder zum Hochzeitstag, sondern auch mal zwischendurch geschenkt,
- das Lieblingsessen auch überraschend an einem normalen Wochentag abends gekocht,
- die Familie am Sonntagvormittag zu einem Frühstück auswärts eingeladen,
- dem Partner ein Buch geschenkt,
- Kinokarten für die Familie besorgt,
- mit den Kindern überraschend einen Zoobesuch unternommen,
- sich mal ausgiebig Zeit für die Eltern genommen.

Wenn Sie jemandem unerwartet eine Freude bereiten, werden Sie feststellen, dass sich die betroffene Person über diese überraschende Geste besonders freut. Weil es unerwartet und überraschend kommt. Und weil sie dadurch weiß, dass an sie gedacht wurde.

Können wir dies nicht auch auf unsere Kunden übertragen? Kleine Aktivitäten als Geste, als Dankeschön, als Aufmerksamkeit.

Ein heißer Sommertag

Vor kurzem reiste ich zu einem Seminar. Es war an einem besonders heißen Tag, ich hatte viel Gepäck bei mir und dementsprechend ausgelaugt und verschwitzt kam ich in das vorbestellte Hotel. Einziger Wunsch: sofort unter die Dusche!

Ich war positiv überrascht, als mich die Dame an der Rezeption nicht nur anlächelte und mich freundlich begrüßte, sondern mir als erstes ein kühles Getränk anbot.

„Heute ist es besonders heiß und Sie sind sicher ein wenig erschöpft von der Reise. Darf ich Ihnen zur Erfrischung ein kühles Getränk anbieten? Möchten Sie Orangensaft oder Mineralwasser?"

Nach dem Genuss der Erfrischung fühlte ich mich gleich wohler, meine leicht entspannte und gereizte Stimmung war verflogen und das Einchecken vollzog sich in angenehmer Kommunikation. So einfach ist es, Kunden positiv zu überraschen und damit auch das Kommunikationsverhalten positiv zu beeinflussen.

Was machen Sie an einem heißen Sommertag für Ihre Kunden? Wäre die Idee nicht aufzugreifen?

In kleinen Geschäftsstellen an den Kontaktpunkten direkt. In größeren Filialen im Servicebereich oder vielleicht sogar an einem kleinen Tisch im Eingangsbereich, mit einem Mitarbeiter, der die Kunden gezielt anspricht.

Eine solche Aktion kostet nicht viel, ein paar Flaschen Mineralwasser und Orangensaft, gut gekühlt, und schon kann es losgehen.

Kleine Aufmerksamkeiten von Ihnen erzielen oft große Aufmerksamkeit bei Ihren Kunden. Und Sie erleichtern den Einstieg in das Gespräch mit Ihren Kunden.

Wir führen Ihnen eine Reihe von weiteren Möglichkeiten an, aus denen Sie für Ihre Aufmerksamkeiten auswählen können:

- Die ersten Tage im neuen Jahr erhält jeder Kunde, der die Filiale besucht, ein Glas Vitaminsaft. „Damit Sie fit ins neue Jahr gehen."
- Am Faschingsdienstag erhält jeder Kunde einen Faschingskrapfen (Berliner).
- Am Valentinstag erhalten die Kundinnen einen kleinen Blumengruß.
- Zu Ostern gibt es bunte Ostereier für alle (oder nur für die Kinder).
- An einem beliebigen Freitag, der auf einen 13. fällt, gibt es kleine Glücksschweinchen für die Kunden.
- An besonders heißen Sommertagen gibt es ein kühles Erfrischungsgetränk (Mineralwasser und/oder Orangensaft).
- Zum Erntedankfest im Herbst gibt es die neuen und frischen Äpfel oder Ähnliches.
- In der Adventzeit stellen Sie Körbchen mit Adventgebäck auf.
- Zum Nikolaus oder zu Weihnachten verteilen Sie kleine Schokoladenmännchen.
- Zum Jahreswechsel gibt es Glücksbringer für die Geldbörse.

Ergänzen Sie diese Liste mit eigenen Ideen, bzw. mit Aktionen, die auf Ihre spezielle regionale Gegebenheit passen. Eine Filiale berichtete von folgender Aktivität: Sie gab an einem beliebigen Tag „chinesische Glückskekse" aus. Das sind Kekse, die innen hohl sind und einen kleinen Papierstreifen mit einem positiven Spruch enthalten.

Entweder lassen Sie dem Kunden die Überraschung offen, bis er zu Hause ist, oder der Kunde „knackt" den Keks in Ihrem Beisein und Sie lesen den Spruch gemeinsam. Letzteres ist besser, weil Sie einen guten Anlass haben, über den Spruch weiter ein Gespräch zu führen und zu steuern. Die Reaktion war sehr positiv. Solche Glückskekse bekommen Sie in jedem China-Laden.

Namensansprache

Zur Namensansprache hatte ich zwei positive Erlebnisse:

- In einem Geschäft, indem ich erstmals eingekauft habe, habe ich mit der Kreditkarte bezahlt. Beim Hinausgehen hat mich die Verkäuferin mit meinem Namen verabschiedet: „Auf Wiedersehen, Herr X, ich wünsche Ihnen noch einen schönen Tag." Die Verkäuferin hat meinen Namen von der Kreditkarte abgelesen.
- Bei einem Flug saß ich in der Business-class und beim Servieren des Essens und der Getränke sprach der Steward mich und auch die anderen Passagiere mit dem Namen an: „Herr X, hätten Sie gerne noch ein Glas Orangensaft?" Der Steward hatte sich eine Passagierliste ausdrucken lassen und diese auf seinem Servierwagen aufgestellt. So konnte er jeweils feststellen, wer auf Platz 6A usw. saß und den Fluggast mit dessen Namen ansprechen.

Wie sieht die Namensansprache bei Ihren Kunden aus? Nach wie vor wissen wir, dass nur ungefähr ein Drittel der Kunden regelmäßig mit ihrem Namen angesprochen werden.

Dabei haben Sie doch wirklich viele Möglichkeiten, den Namen Ihres Kunden zu eruieren: vom Bildschirm, aus Verträgen, vom Kontoauszug, auf Scheckkarten und Kreditkarten usw.

Es geht unseres Erachtens einzig und allein um die Konsequenz der Umsetzung. Dem unbedingten Vorsatz, jeden Kunden mit dem Namen anzusprechen und/oder zu verabschieden muss die Tat folgen. Setzen Sie alle verfügbaren Hilfsmittel und Informationen dafür ein.

Tipp 66
25 wichtige Kleinigkeiten, über die sich Ihr Kunde freut

Bei einem Kreditinstitut haben wir eine Checkliste gefunden, in der Verhaltensbeispiele aufgelistet waren, die einen positiven Eindruck beim Kunden bewirken.

Im Grunde genommen handelt es sich dabei um lauter Selbstverständlichkeiten. Meist besteht auch gar kein Widerspruch über die Sinnhaftigkeit der einzelnen Punkte, sondern uneingeschränkte Zustimmung. Das Problem liegt also nicht am guten Willen, sondern in der praktischen Umsetzung,.

Wie erreichen Sie, dass Sie immer die „Selbstverständlichkeiten" im richtigen Augenblick realisieren? Erstellen Sie eine eigene Checkliste, die Ihnen dabei hilft. Folgende Verhaltensweisen, die beispielhaft aufgelistet sind, wirken positiv auf den Kunden:

1. Sie gehen sofort auf den Kunden zu.
2. Sie sprechen ihn mit seinem Namen an.
3. Sie lächeln.
4. Sie freuen sich darüber, dass der Kunde zu Ihnen kommt.
5. Sie hören Ihrem Kunden zu.
6. Sie sprechen mit ihm ein paar persönliche Worte.
7. Sie kombinieren den „Ich-Stil" mit dem „Sie-Stil".
8. Sie begleiten den Kunden zum zuständigen Berater.
9. Sie stellen sich (beim ersten Kontakt) persönlich vor und überreichen Ihre Visitenkarte.
10. Sie drücken sich verständlich aus und verwenden kein „Fachchinesisch".
11. Sie bedienen auch den Kunden, der kurz vor Geschäftsschluss kommt, freundlich.
12. Sie zeigen ihm, wie einfach GAA, KAD und die Service-Box zu verwenden sind.
13. Sie verbinden anrufende Kunden nur einmal, und zwar zum kompetenten Gesprächspartner, weiter.

14. Sie halten versprochene Termine und angebotene Rückrufe pünktlich ein.
15. Sie reichen Ihrem Kunden den eigenen Kugelschreiber zur Unterschrift.
16. Sie verwenden öfter die Worte „bitte" und „danke".
17. Sie gratulieren ihm zum Geburtstag.
18. Sie entschuldigen sich bei ihm für Fehler, auch dann, wenn Sie persönlich den Fehler nicht verschuldet haben.
19. Sie bieten in einem längeren Gespräch ein Getränk an.
20. Sie geben dem Kunden das Gefühl, ihn als Partner zu behandeln.
21. Sie treten nett und freundlich auf.
22. Sie haben einen aufgeräumten Arbeitsplatz.
23. Sie haben einen gut sortierten und aktuellen Prospektständer.
24. Sie haben saubere und übersichtliche Räumlichkeiten.
25. Sie haben gepflegte Blumen und Zierpflanzen in Ihrer Geschäftsstelle.

Tipp 67
Verlassen Sie sich nicht zu sehr auf die Treue Ihrer Kunden!

Ein Geschäftsstellenleiter erzählte in einem Seminar folgende Begebenheit:

Er hatte einen Kunden, der eine bedeutende Summe Festgeld bei ihm angelegt hatte. Vier Jahre lang wurde das Festgeld immer wieder verlängert! Anscheinend lag also eine stabile, gefestigte Kundenverbindung vor. Bis das Festgeld plötzlich nicht mehr verlängert und das Geld abgezogen wurde. Der Kunde hatte im privaten Bereich einen Anlageberater einer anderen Bank kennengelernt, der ihm Fonds empfahl und der diese Empfehlung anscheinend auch entsprechend nutzenreich vermitteln konnte.

Der Kunde kaufte also Fonds der anderen Bank. Auf den Hinweis des Geschäftsstellenleiters, dass der Kunde ja auch bei ihm Fonds kaufen hätte können, erwiderte der Kunde: „Davon haben Sie mir aber nie etwas gesagt!".

Seit diesem Erlebnis informieren der Geschäftsstellenleiter und auch seine Mitarbeiter ihre Kunden ständig über Neuigkeiten und andere Alternativen der Geldanlage, um sicher zu gehen, dass eine Abwanderung eines Kunden nicht auf Grund mangelnder Informationen erfolgt.

Bei vermeintlich sehr sicheren Kundenverbindungen fragen Sie dennoch immer wieder nach. Gerade „langjährig treuen Kunden" müssen Sie immer wieder das Gefühl geben, dass Sie sich um sie kümmern. Machen Sie es sich nicht zu bequem und verlassen Sie sich nicht darauf, dass alles in Ordnung ist. Damit es Ihnen nicht wie unserem Geschäftsstellenleiter geht.

Tipp 68
„Ich bin noch nie angesprochen worden!"

Per Zufall komme ich mit einem guten Bekannten ins Gespräch. Banker würden diesen Bekannten in ihrem Jargon als typischen Individualkunden mit besten Chancen zum aktiven Verkaufen bezeichnen. Und wie wir so miteinander über Kreditinstitute und deren Mitarbeiter sprechen, führt er Folgendes aus.

„... Seit einigen Monaten gehe ich in die neu gestaltete Geschäftsstelle XY meiner Bank. Die haben dort jetzt alle Automaten: Geldautomaten, Kontoauszugsdrucker, Überweisungsautomat. Da komme ich mit keinem Mitarbeiter mehr in Kontakt. Doch eines wundert mich immer mehr: Ich bin noch nie von einem Mitarbeiter angesprochen worden! Ich habe das Gefühl, dass ich denen vollkommen egal bin – die wissen sicher noch nicht einmal, wer ich eigentlich bin!"

Sicher ein verheerendes Kundenurteil über die Geschäftsstelle XY. Doch wie sieht es bei Ihren Kunden aus? Kennen Sie und Ihre Kollegen alle Kunden? Kennen Sie auch die Laufkunden? Und kennen Sie die neuen Gesichter unter Ihren Kunden?

Kunden erwarten von ihrem Kreditinstitut mehr als nur Automaten. Sie erwarten konkrete Hinweise und Informationen rund um Ihre persönlichen Geldangelegenheiten. Sie sind deshalb offen für die aktive Kundenansprache, auch wenn die Reaktion oft (aus Verkäufersicht!) nur eine enttäuschende „Danke für den Hinweis"-Antwort ist. Das Bemühen, die Aktivität des Verkäufers, wird über kurz oder lang honoriert werden.

Nehmen Sie sich deshalb für jeden Arbeitstag zwei oder drei aktive Kundenansprachen vor. Gehen Sie auf unbekannte, gehen Sie auf neue, gehen Sie auf lange nicht mehr gesehene Kunden zu. Schon ein „Guten Tag, mein Name ist ... . Was kann ich für Sie tun?" ist mehr als das stille Warten auf einen Kundenwunsch.

Sie erfüllen eine Kernkundenerwartung und signalisieren Ihren Kunden, dass Sie gerne tätig werden.

Tipp 69
Wissen Sie, warum Kunden ihr Konto bei Ihnen auflösen?

Aus der Befragung von Kunden, die ihr Konto bei Ihnen schließen oder geschlossen haben, können Sie interessante Informationen erhalten.

Außerdem können Sie aus diesen Informationen spezifische Maßnahmen für Ihre Geschäftsstelle ableiten.

Fragen Sie daher gezielt alle Kunden über den Grund der Kontoauflösung.

Die folgenden Gründe werden überwiegend genannt. An der Häufigkeit der genannten Möglichkeiten erkennen Sie Schwerpunkte und verkäuferische Ansatzpunkte.

- Kunde hat Wohnort oder Arbeitsplatz gewechselt (Wenn eine Filiale Ihrer Bank in der Nähe ist, warum wurde bei Wohnort-, bzw. Arbeitsplatzwechsel eine andere Bank gewählt?);
- Dem Kunden wurde ein anderes Geldinstitut empfohlen;
- Kunde bekommt bei anderem Geldinstitut bessere Konditionen (In welcher Sparte hat der Kunde eine bessere Kondition bekommen?);
- Kunde hat sich über Ihre Bank/Geschäftsstelle geärgert (Worüber hat sich der Kunde geärgert: Abwicklung? Mitarbeiterverhalten?);
- sonstige Gründe.

Beschäftigen Sie sich mit Ihren Kontoschließungen. Der erste Schritt besteht darin, diese überhaupt zu bemerken und zu erfassen. Der zweite Schritt ist ein Telefonat mit dem Kunden. Auch wenn ein Kunde verärgert wurde, so ist dieses Interesse Ihrerseits doch zumindest ein positives Signal und wird von den meisten Kunden auch gut aufgenommen. Ein negativer Eindruck des Kunden (ich habe mein Konto geschlossen, weil ... und die haben es nicht einmal gemerkt) wird gemindert. Ansonsten haben Sie auch noch das Risiko einer negativen Mund-zu-Mund-Propaganda.

Aus diesen Gesprächen ziehen Sie dann entsprechende Schlussfolgerungen und überlegen passende Maßnahmen über die zukünftige Vorgehensweise und das Mitarbeiterverhalten.

Tipp 70
Eine Reklamation – elf argwöhnische Kunden

Gute Bank- und Sparkassendienstleistungen sind selbstverständlich – und damit auch kaum eine Botschaft an Bekannte, Geschäftspartner und Freunde wert. Ein Kunde, der allerdings verärgert ist, beispielsweise über eine mangelhafte Reklamationserledigung, gibt seine Verärgerung an circa elf Geschäftsfreunde weiter. Diese Zahl – in einer aktuellen Umfrage bei mehreren hundert Firmen ermittelt – zeigt, wie wichtig die sorgfältige Bearbeitung von Reklamationen ist.

Bei Privatkunden dürfte der Multiplikator noch größer als bei Unternehmen sein. Deshalb:

- **Freuen Sie sich über Reklamationen**

  Reklamationen zeigen nachhaltiges Interesse Ihrer Kunden an Ihrem Kreditinstitut – Reklamationen bieten eine gute Chance zur Qualitätssteigerung und Leistungsverbesserung – Dank, Verständnis und Interesse müssen deshalb die ersten Reaktionsschritte auf Reklamationen sein.

- **Reagieren Sie schnell und prüfen Sie sorgfältig**

  Schieben Sie Reklamationen nicht auf die „lange Bank" – Sprechen Sie mit Ihren Kunden einen gemeinsamen Weg der Prüfung, Klärung und Ausräumung ab – geben Sie bei längeren Überprüfungen Zwischenbescheide – vermeiden Sie Stereotypen wie „Unsere Unterlagen beweisen", „Es ist unsere Geschäftspolitik" oder „Sie haben sich geirrt".

- **Nutzen Sie Reklamationen zur permanenten Qualitätsverbesserung**

  Analysieren Sie die Reklamationsursachen – Streben Sie am besten eine 100-prozentige Qualität auch bei Dienstleistungen an – Sorgen Sie für ein positives Klima rund um Reklamationen:

- Meiden Sie Fragen wie „Warum konnte das passieren?"

- Fragen Sie besser „Was haben wir -jeder einzelne Beteiligte- nach der Reklamation unternommen?"

Erkennen und nutzen Sie Reklamationen als Chance zur Qualitätsverbesserung im Verkauf von Finanzdienstleistungen. Berücksichtigen Sie dabei die folgenden sechs Grundregeln:

1. Ziele setzen

Freuen Sie sich über jede Reklamation, auch wenn der Inhalt noch so negativ sein sollte. Reklamationen sind ein Zeichen des Vertrauens zum Kreditinstitut und/oder dem Mitarbeiter. Viel schlimmer sind stumme Kunden, die einer Bank oder Sparkasse ohne jegliche Besserungschance den Rücken drehen. Eine Reklamation ist somit zwar nicht erwünscht, aber besser als ein vollständiger Abbruch des Kontaktes.

Mit der erfolgreichen Erledigung einer Reklamation verbinden Sie als Berater folgende Ziele:

- Sie wollen Ihren Kunden behalten,
- Sie wollen, dass Ihr Kunde weiter positiv von Ihnen und Ihrem Kreditinstitut spricht,
- Sie wollen, dass Ihr Kunde ein Multiplikator bleibt oder wird,
- Sie wollen, dass Ihr Kunde Ihnen Verbesserungsmöglichkeiten aufzeigt,
- Sie wollen Aufwand und Ertrag der Reklamationserledigung in ein sinnvolles Verhältnis bringen,
- Sie wollen aus eigenen Fehlern lernen und
- Sie wollen, dass Fehler und Unzulänglichkeiten von Kollegen künftig vermieden werden.

Wenn Sie diese Absichten realisieren wollen, muss Ihr Verhalten dem reklamierenden Kunden Zeichen der Höflichkeit und Freundlichkeit senden: Unsichere und schüchterne Kunden werden sicherer, sachliche und ruhige Kunden werden offener, kühle und kalkulierende Kunden freundlicher, aggressive und bestimmende Kunden werden zurückhaltender.

2. Verständnis für den Kunden

Der reklamierende Kunde ist meist aufgebracht; die anstehende Beschwerde bewegt ihn. Zeigen Sie Ihrem Kunden, dass Sie die Reklamationen so ernst nehmen, wie er sie auch nimmt. Drücken Sie als erste Reaktion Verständnis für den Kunden und dessen Reklamation aus:

- „Ich verstehe sehr gut, dass..."
- „Gut, dass Sie mir gleich diesen Hinweis gegeben haben"
- „Ich finde es richtig, dass Sie mich gleich angerufen haben"

Bitten Sie Ihren Kunden bei umfangreicheren Beschwerden an einen ungestörten Platz. Unter „vier Augen" spricht es sich leichter, der Ablauf (an anderen Beratungs- und Serviceplätzen) wird weniger gestört, andere Kunden hören nicht zu und Ihr Kunde trägt seine Position wahrscheinlich in gemäßigterer Form vor.

Meiden Sie die Begriffe „Reklamation", „reklamieren", „Beschwerde", „beschweren" und „Beanstandung" sowie „beanstanden" gegenüber dem Kunden. Sie bestärken durch solche negativen Begriffe den Kunden; die Reklamation wird letztendlich härter vorgetragen. Ersetzen Sie die genannten Begriffe durch Umschreibungen:

Statt: „Die Beschwerde können wir in aller Ruhe im Besprechungszimmer erörtern"

Besser: „Ihre Frage können wir ungestört im..."

Statt: „Wie bringen wir jetzt Ihre Reklamation aus der Welt?"

Besser: „Wie kann ich Ihnen jetzt helfen?"

Mitarbeiter sollten in besonders harten Fällen sehr früh eine Führungskraft oder einen kompetenten Kollegen hinzuziehen. Das stärkt Ihre Position gegenüber dem Kunden. Der Kunde wird weniger aggressiv und emotional sprechen. Das späte Hinzuziehen eines weiteren Mitarbeiters stärkt dagegen die Position des Kunden.

3. Zuhören und Notizen anfertigen

Lassen Sie den reklamierendem Kunden reden; vor allem unterbrechen Sie ihn nicht. Hören Sie aktivierend zu. Zeigen Sie mit auffordernden Reaktionen, dass Sie an dem Kunden und seinen Ausführungen interessiert sind. Fertigen Sie Notizen an. Selbst wenn die fachliche Seite einfach und klar ist, erreichen sie dreierlei:

- Sie verdeutlichen Ihrem Kunden, für wie wichtig Sie seine Reklamation ansehen,
- Sie verzichten auf eine vorschnelle Reaktion mit allen Konfrontationsrisiken und
- Ihr Kunde meidet höchstwahrscheinlich Übertreibungen, da sie sofort „zu Protokoll" genommen werden würden.

Verdeutlichen Sie auch bei telefonischen Reklamationen, dass Sie Notizen anfertigen: Wiederholen Sie im Schreibtempo wichtige Aussagen oder sagen Sie bewusst „Ich notiere kurz: Sie haben....". Lassen Sie sich bei jeder Beschwerde ausreichend Zeit für die Darstellung durch den Kunden. Vielleicht können Sie unterdessen Unterlagen, die eng mit der Beschwerde verbunden sind, ergreifen und aufschlagen. Ihre Körpersprache unterstützt Ihr aktivierendes Zuhören – Sie zeigen Interesse und Offenheit.

4. Zusammenfassen

Ihr Kunde hat seine Reklamation vorgetragen. Mit einer Zusammenfassung seiner Aussagen leiten Sie die Erledigung der Reklamation ein. Gerade langwierige, doppeldeutige und ungenaue Äußerungen, die manchmal auch sehr erregt gesprochen werden, könnten zu Missverständnissen führen. Das Zusammenfassen verdeutlicht dem Kunden, was der Berater verstanden hat und für wichtig hält.

Nicht wie der Kunde die Reklamation vorträgt, geht in die Zusammenfassung ein, sondern was der Kunde ausführt. Für den Berater bringt das Zusammenfassen eine Zeitersparnis. Stimmen Sie den Inhalt Ihrer Zusammenfassung mit Ihrem Kunden ab.

Kontrollfragen eignen sich hierfür besonders gut:

- „Habe ich Sie so richtig verstanden, Frau Kaiser?"
- „Herr Mayer, ist das der Kern Ihrer Aussage?"
- „Habe ich den Sachverhalt vollständig erfasst?"

Vergessen Sie bei den Zusammenfassungen und Kontrollfragen nicht den Kundennamen. Die Namensnennung ist bei angespannten Gesprächssituationen noch wichtiger als sonst.

Nach der Zusammenfassung können Sie oft schon feststellen, ob die Reklamation aus Ihrer Sicht berechtigt ist; aus Kundensicht ist sie immer berechtigt. Bei Beschwerden mit rein fragendem Charakter („Mir fehlt die Festgeldabrechnung. Wo ist die geblieben?") entfällt die Zusammenfassung mit der Kontrollfrage.

5. Bedanken (und Entschuldigen)

Bedanken Sie sich für die Informationen des Kunden und entschuldigen Sie sich dann für die Fehler, die Ihr Kreditinstitut gemacht hat. Entschuldigen Sie sich ohne 'Wenn und Aber', ohne Einschränkungen und Bedingungen. Richten Sie sich dabei nach der Formulierung

> „Frau/Herr …, ich entschuldige mich bei Ihnen für …"

Entschuldigen Sie sich auch dann in der Ich-Form, wenn der Fehler bei einem Kollegen lag. Der Kunde sieht Ihr Kreditinstitut als Ganzes. Da er mit Ihnen spricht, erwartet er auch von Ihnen die Entschuldigung, stellvertretend für das Institut.

Entschuldigungen, die

- für andere Personen getroffen werden („Das ist meinem Kollegen unterlaufen. Ich entschuldige mich für ihn."),
- für die Bank getroffen werden („Unser Haus entschuldigt sich bei Ihnen vielmals."),
- mit Einschränkungen verbunden werden („Für diesen Teil entschuldige ich mich bei Ihnen."),
- mit Bedingungen verknüpft werden („Wenn Sie mit dieser Lösung einverstanden sind, entschuldige ich mich bei Ihnen."),
- mit Befehlen verbunden werden („Sie müssen das entschuldigen.")

sind keine gute Voraussetzung für das weitere Gespräch. Nach einer echten Entschuldigung bedanken Sie sich nochmals für die Informationen des Kunden. Er gibt Ihnen durch die Reklamation eine Chance, den Fehler auszubessern. Das sollte Ihnen schon Dank wert sein: Dank für die Mitarbeit und Mithilfe, Dank für die Schnelligkeit und das Verständnis, Dank für die Tatsache, dass er zu Ihnen gekommen ist.

6. Bereinigen

Nach der Entschuldigung und dem Dank erwartet Ihr Kunde die Korrektur des Fehlers. Bereinigen Sie die Reklamation möglichst sofort, also auch in Anwesenheit des Kunden. Ist dies nicht möglich (zum Beispiel bei telefonischen Reklamationen), leiten Sie die ersten Schritte ein und erläutern Sie Ihr weiteres Vorgehen. Die sofortige Erledigung erspart spätere Bearbeitungszeiten und gibt dem Kunden die Sicherheit, dass der Fehler umgehend behoben wird.

Vermeiden Sie möglichst Schriftstücke und langwierigen Briefwechsel zu mündlich vorgetragenen Beschwerden. Die Beschwerde würde weit länger nachwirken, als es nötig ist. Zeigen Sie besonders in Zweifelsfällen Kulanz. Achtung: Kulanz heißt nicht „Berechtigte Reklamation = Übergabe eines Präsentes". Mit Großzügigkeit werben Sie nachhaltig für Ihr Kreditinstitut. Die Beschwerde wirkt positiv nach.

Sehen Sie das Bereinigen von Reklamationen als Ansatzpunkt für aktives Verkaufen. Mit einer Reklamation erhalten Sie oft tieferen Einblick in die finanzielle Situation und die Pläne Ihrer Kunden. Ergreifen Sie die Initiative („Was kann ich heute noch für Sie tun?") und klären Sie den Bedarf ab („Was steht bei Ihnen in nächster Zeit rund um finanzielle Angelegenheiten an?").

Tipp 71
Unerwartetes Verhalten verändert auch das Kundenverhalten

Oftmals gibt es in Beziehungen zu Kunden festgefahrene Situationen. Man versteift sich gegenseitig auf die eigene Meinung, man denkt nur mehr in Vorurteilen, und kann derart Konfliktsituationen nicht mehr lösen.

Ich hatte einmal einen Kunden mit einer Reklamation, die anscheinend nicht lösbar war, so verfahren war die Situation. Die gegenseitigen Standpunkte waren zementiert. Irgendwie hatte ich erfahren, dass Sportangeln das Hobby dieses Kunden war. Auf einem Flug nach Frankfurt fand ich in der Flugzeitung zufällig einen Artikel über Sportangeln in Frankreich. Ich schickte diesen Artikel mit einem netten persönlichen Vermerk an den Kunden.

„Sehr geehrter Kunde, ich weiß, dass wir derzeit ein Problem haben, welches wir anscheinend nicht lösen können. Bei meinem Flug nach Frankfurt habe ich in einer Zeitschrift einen Artikel über Sportangeln gefunden, und da ich weiß, dass dies Ihr Hobby ist, möchte ich Ihnen diesen Artikel hiermit senden. Vielleicht haben Sie damit ein wenig Freude."

Die Beschwerde war erledigt. Wir fanden gemeinsam eine Lösung. Nur weil ich dem Kunden das Gefühl vermitteln konnte, mich für ihn zu interessieren und ihn mit einer kleinen Aufmerksamkeit bedacht hatte.

Sie haben immer eine Chance, eine negative Kundeneinstellung ins Positive umzukehren. Durch eine unerwartete positive Handlung, die den Kunden überrascht und somit auch zum Umdenken anregt. Sie müssen allerdings den ersten Schritt setzen, sozusagen auf den Kunden zugehen und ihm die Hände reichen, so dass er gesichtswahrend zugreifen kann. Denn nur wenige Menschen wollen in ständigem Konflikt leben, die meisten Kunden sind an einer positiven Beziehung interessiert. Aus Sicht der Kunden wurde diese Beziehung aber durch die Bank und/oder Ihr Verhalten gestört, deshalb wartet der Kunde auch auf Ihre Reaktion.

> Nutzen Sie die Chance, einen unzufriedenen Kunden durch Ihre positive, für den Kunden unerwartete Handlung wieder zu einem zufriedenen Kunden zu machen.

Tipp 72
Ich bin heute 20 Jahre Kunde Ihrer Bank!

Ich wurde von einem Kunden zu einem Besuch bei ihm eingeladen. Den Grund nannte er nicht. „Kommen Sie bei mir vorbei, ich möchte mit Ihnen reden." Der Termin wurde vereinbart und ich ging hin.

Was geht da alles durch den Kopf?

- Hoffnung? Will er ein Geschäft mit mir machen?
- Besorgnis? Will er um Konditionen verhandeln?
- Ahnungslosigkeit? Was will er von mir?

Ich wurde vom Kunden mit Sekt und Brötchen empfangen und er teilte mir mit, dass er mit heutigem Tag seit 20 Jahren Kunde unserer Bank sei, mit mir darauf anstoßen wolle und sich für die gute Zusammenarbeit und Betreuung bedanke.

Sie können sich vorstellen, dass ich zwar einerseits erfreut war über den positiven Anlass, andererseits war es mir auch sehr unangenehm. Denn ich dachte mir, eigentlich hätte ich diesen Anlass erkennen und meinerseits zu einer kleinen Feier und einem Dankeschön nutzen sollen.

Seit diesem Erlebnis habe ich diese Chance genutzt, mir gezielt „Kontojubiläen" herausgesucht, und die betreffenden Kunden eingeladen oder besucht. Je nach Wichtigkeit der Kunden habe ich auch Geschenke variiert, vom Werbegeschenk bis Blumen. Besonders gut angekommen ist auch die Übergabe eines Maria-Theresia-Talers in einem Etui.

Da diese Aktivität aus Kundensicht ein überraschender Anlass ist, kam es immer ausgezeichnet an. Es war jeweils ein sehr angenehmes Gespräch mit dem Austausch des Ausdrucks gegenseitiger Zufriedenheit und manchmal sogar der Ausgangspunkt für ein neues Geschäft.

Durch spontane und überraschende Aktivitäten, verbunden mit Glückwünschen und Dank, pflegen Sie die Beziehungsebene zu Ihren Kunden. Die Loyalität und Treue wird gestärkt und die Basis für weitere Zusammenarbeit und Geschäfte gelegt.

Tipp 73
Wie Sie Ihre Weihnachtskarten persönlich und individuell gestalten

Jedes Jahr schreiben wir eine Menge an Weihnachtskarten. Meist wird zu dem vorgedruckten Text „Fröhliche Weihnachten und ein glückliches Neues Jahr" nur eine oft unleserliche Unterschrift gesetzt. Die Empfänger der Weihnachtskarte wissen manchmal gar nicht, wer ihnen geschrieben hat, bzw. wird nur kurz überprüft, ob man seinerseits ebenfalls eine Karte abgesandt hat. So werden Millionen von Weihnachtskarten geschrieben, die nichts bewirken. Die Weihnachtsgrüße werden zu einer gegenseitigen Pflichtübung.

Wie werden aus Pflichtübungen individuelle Weihnachtsgrüße?

- Schreiben Sie Ihre Weihnachtspost handschriftlich, zumindest aber mit ein bis zwei Sätzen als persönliche Anmerkung.
- Wenn Sie den Adressaten besser kennen, so beziehen Sie sich auf eine gemeinsame persönliche Begebenheit, auf berufliche Verbindungen und künftige Beziehungen, auf Hobby etc.
- Wählen Sie ein Zitat als Aufhänger und Bezugspunkt, zum Beispiel:

„Du siehst Dinge und fragst: WARUM?

Aber ich träume von Dingen, die es nie gegeben hat und sage: WARUM NICHT?" (George Bernard Shaw)

Einige weitere Möglichkeiten wären:

„Jahre vergehen und sind auf immer vergangen. Aber ein schöner Moment leuchtet das Leben hindurch." (Franz Grillparzer)

„Es gibt nicht wenige Menschen, die glücklich leben, ohne es zu wissen." (Vauvenargues)

„Das Glück wohnt nicht im Besitze und nicht im Golde, das Glück ist in der Seele zu Hause." (Demokrit)

Auf den Text der Zitate gehen Sie dann in Ihren persönlichen Grüßen ein. Schreiben Sie weniger Weihnachtskarten, aber diese dafür individuell. Heben Sie sich positiv von Ihrem Umfeld ab.

Wir führen Ihnen weitere Zitate an, die Sie handschriftlich mit einigen persönlichen Worten ergänzen:

1. „Inmitten von Schwierigkeiten liegen günstige Gelegenheiten."

(Albert Einstein)

Anrede!
Ich wünsche Ihnen ein frohes Weihnachtsfest und für das neue Jahr viele günstige Gelegenheiten und hoffe, dass wir die eine oder andere auch gemeinsam nutzen können

2. „Es ist nicht wenig Zeit, was wir haben, sondern es ist viel, was wir nicht nützen." (Seneca)

Anrede!
Ich wünsche Ihnen fröhliche Weihnachten und dass Sie für das neue Jahr möglichst viel Ihrer Zeit so nutzen können, wie Sie es sich persönlich vorstellen.

3. „Zu einem guten Ende gehört ein guter Anfang." (Konfuzius)

4. „Das ganze Leben ist ein Wiederanfangen." (Hugo von Hofmannsthal)

5. „Es gibt bereits alle guten Grundsätze. Wir brauchen sie nur anzuwenden."(Pascal)

6. „Alles heilt der Entschluss." (Christian Morgenstern)

7. „Nicht weil die Aufgaben schwierig sind, tun wir sie nicht; sondern weil wir sie nicht tun, sind sie schwierig." (Seneca)

8. „Nichts auf der Welt ist so stark wie eine Idee, deren Zeit gekommen ist."

(Victor Hugo)

9. „Der Langsamste, der sein Ziel nur nicht aus den Augen verliert, geht noch immer geschwinder als der, der ohne Ziel herumirrt." (Lessing)

10. „Der Anfang ist meist schon mehr als die Hälfte." (Aristoteles)

11. „Zu den Quellen gelangt man gegen den Strom." (Pestalozzi)

12. „Alle Dinge sind schwer, bevor sie leicht werden." (Persisches Sprichwort)

13. „Was vor uns liegt, was hinter uns liegt, verblasst gegen das, was in uns liegt."
(Ralph W. Emerson)

14. „Es kommt nicht darauf an, die Zukunft vorauszusagen, sondern auf die Zukunft vorbereitet zu sein." (Perikles)

15. „Glück entsteht oft durch Aufmerksamkeit in kleinen Dingen." (Wilhelm Busch)

16. „Es genügt nicht, zum Fluss zu kommen, mit dem Wunsch, Fische zu fangen. Man muss auch das Netz mitbringen." (Chinesische Weisheit)

17. „Wem das Lachen fehlt, dem fehlt ein Flügel." (Truman Capote)

18. „Gegenüber der Fähigkeit, die Arbeit eines einzigen Tages sinnvoll zu ordnen, ist alles andere im Leben ein Kinderspiel." (Goethe)

19. „Ich kann dem Leben nicht mehr Tage geben – aber dem Tag mehr Leben." (Schild in der Frankfurter S-Bahn)

20. „Verbringe nicht die Zeit mit der Suche nach einem Hindernis, vielleicht ist keines da." (Franz Kafka)

Und noch weitere 3 Möglichkeiten:

1. „Denke immer daran, dass es nur eine allerwichtigste Zeit gibt, nämlich sofort." (Leo Tolstoi)

In diesem Sinne wünsche ich Ihnen ein besinnliches Weihnachtsfest. Genießen Sie ein paar Tage voll Freude und Ruhe im Kreise Ihrer Familie, damit Sie dann wieder in ein erfolgreiches neues Jahr gehen können.

2. „Habe Vertrauen zum Leben – und es trägt Dich lichtwärts. Vertraue auf Dein Glück – und Du ziehst es herbei." (Seneca)

Ich wünsche Ihnen ein frohes Weihnachtsfest und dass Sie das Glück im neuen Jahr anziehen.

3. „Glück ist, wenn man zusieht, wie die Zeit vergeht, und hofft, dass sie für einen arbeitet." (Werner Finck)

Ich wünsche Ihnen ein schönes Weihnachtsfest und verspreche Ihnen, dass auch ich im nächsten Jahr für Sie mit voller Kraft arbeiten werde.

Wir hoffen, Sie finden in dieser Auswahl eine Idee für Ihre persönlichen Wünsche an Ihre Kunden.

Tipp 74
Wer spricht die ersten fünf Minuten im Verkaufsgespräch?

Wer sollte in den ersten fünf Minuten eines Verkaufsgespräches reden? Natürlich überwiegend der Kunde. Denn Sie wollen vom Kunden ja einiges erfahren, bevor Sie ihm Vorschläge und Angebote machen können. Außerdem hebt es das Prestige des Kunden, wenn wir ihn zuerst fragen, weil wir damit ausdrücken, dass uns seine Person und seine Meinung interessieren.

Die Praxis sieht leider anders aus. Zu 95 Prozent spricht in den ersten fünf Minuten der Verkäufer. Er will möglichst schnell seine Argumente los werden und redet damit meist am wirklichen Kundenbedarf vorbei.

Wir haben dies vielfach getestet, indem wir die Frage gestellt haben. „Ich möchte ein Konto eröffnen. Können Sie mir sagen, was Sie Besonderes bieten?"

Sofort begannen die Verkäufer zu erzählen von „ganz in Ihrer Nähe", „kompetenter Beratung", „freundlichem Service", „Parkplätzen", „weil wir die Besten sind" usw.

Kaum einer hat nach unseren Wünschen gefragt. Wofür wir das Konto benötigen, wie wir unsere Geldangelegenheiten abwickeln möchten usw. Brauchen wir überhaupt Parkplätze? Schon gar nicht wurden wir gefragt, was denn das Besondere sei, was wir gern haben wollen. Das Signal wurde nicht erkannt.

Stellen Sie sich um. Werden Sie nicht zum Dauerredner über sich und Ihre Bank, sondern versuchen Sie durch Gegenfragen Informationen vom Kunden zu erhalten. Erst dann sind Sie in der Lage, dem Kunden bedarfsgerechte Antworten zu geben. Also: Die ersten fünf Minuten eines Verkaufgespräches sollte überwiegend der Kunde reden. Sie erreichen dies durch offene Fragen (was, wie, welche usw.) und Aufforderungen zum Erzählen.

Erst wenn wir ausreichende Informationen über die Wünsche und Ziele unserer Kunden haben, können wir passende Antworten und Angebote geben. Diese Informationsphase beginnt schon in den ersten fünf Minuten des Verkaufsgespräches.

Tipp 75
Telefon-Standards

Das Telefon ist ein wichtiges Kommunikationsmittel zum Kunden und gewinnt immer mehr an Bedeutung. Das Verhalten der Mitarbeiter am Telefon ist damit auch ein entscheidender Imagefaktor. Der Kunde sieht den Gesprächspartner nicht und orientiert sich nur an dem, was er hört und wie er es hört.

Viele Banken erkennen dies und überlegen, wie sie das Verhalten am Telefon perfektionieren können. Zum Beispiel werden verbindliche Qualitätsstandards formuliert.

1. Das Telefon ist spätestens beim dritten Läuten abzuheben.

    (Überprüfen Sie die Schaltung Ihrer Telefonanlage, überlegen Sie wirkungsvolle Vertretungsregelungen etc.)

2. Die Meldung bei externen Anrufen erfolgt in jeder Filiale/Abteilung einheitlich:

    Name der Bank, Filial-/Abteilungsname, Vor- und Zuname des Abhebenden, Gruß. (Wenn Sie am Display feststellen, dass es sich mit Sicherheit um einen internen Anruf handelt entfällt der erste Punkt: „Name der Bank").

3. Keine Infobox während der Bank-Öffnungszeiten.

    (Organisieren Sie sich bitte so, dass auch bei Ihrer Abwesenheit immer ein persönlicher Gesprächspartner erreicht wird).

4. Rückruf am gleichen, spätestens am nächsten Tag.

    (Wenn ausschließlich ein bestimmter Gesprächspartner benötigt wird, der gerade nicht anwesend ist).

5. Weiterverbindung zum richtigen Gesprächspartner.

    (Falls der angewählte Gesprächspartner nicht selbst helfen kann, mit möglichst nur einmal Weiterverbinden helfen).

Besprechen Sie die Punkte in Ihrem Team, um einen optimalen Ablauf zu erreichen. Bemühen Sie sich, diese Telefon-Standards möglichst zu 100 Prozent zu erfüllen.

Tipp 76
Service in Selbstbedienungs-Foyers

Die meisten Banken forcieren die Selbstbedienung in Foyers, um ihren Kunden bestimmte Leistungen rund um die Uhr zu ermöglichen. Es ist aber nun nicht damit getan, die SB-Geräte in einem Foyer zur Verfügung zu stellen, sondern es sind damit auch Wartungs- und Betreuungsaufgaben verbunden:

1. **Ist der Zutritt zu den Foyers problemlos möglich?**
   - Können Kunden zu jeder Zeit die Foyers betreten?
   - Wenn dies mit Karten gemacht wird, sind die Kartenleser in Ordnung?
2. **Funktionieren die Geräte einwandfrei?**
   - Ist genügend Geld in den Geldautomaten?
   - Ist genügend Papier in den Kontoauszugsdruckern?
   - Sind die Geräte technisch betriebsbereit?
3. **Sind die Kontoauszüge optisch korrekt?**
   - Ist die Justierung (Papier gerade eingelegt) in Ordnung?
   - Ist der Auszug leserlich (Stärke der Druckfarbe)?
4. **Wie steht es mit der Sicherheit für den Kunden?**
   - Ist die Foyerbeleuchtung in Ordnung?
5. **Gibt es Hilfestellung bei Problemen?**
   - Gibt es einen Hinweis auf die nächstgelegenen Foyers?
   - Gibt es eine Art „Hotline" zur Zentrale?

Sie sehen, eine ganze Reihe von Kleinigkeiten, die es zu bedenken gibt. Untersuchungen haben leider ergeben, dass es immer wieder eine Reihe von Mängeln gibt. Stellen Sie daher Standards für die Wartung und Betreuung der Foyers auf.

Zum Beispiel:
- einmal tägliche Kontrolle,
- Zusatzkontrolle am Freitag nachmittags,

- Vorsorge für lange Wochenenden und Einkaufs-Samstage.

Wenn Sie Selbstbedienungseinrichtungen in Foyers anbieten, so müssen diese auch wirklich einwandfrei funktionieren. Sonst verärgern Sie Ihre Kunden, weil eine versprochene Leistung nicht erbracht wird.

Tipp 77
Soll ich mich beim Kunden für den Abschluss eines Geschäftes bedanken?

Untersuchungen haben ergeben: Etwa 80 Prozent der Mitarbeiter bedanken sich nicht für den Geschäftsabschluss!

Woran kann das liegen?

- Vergesslichkeit? (Zeitdruck. etc.)
- Nicht daran gedacht?
- Man traut sich nicht ? (Ungutes Gefühl etc.)
- Man fürchtet, dass der Kunde überrascht (misstrauisch) reagiert?
  (Warum bedankt sich die/der?)
- Einstellung? (Der Kunde will ja was von mir!)

Oder haben wir verlernt, DANKE zu sagen? – Viele Mitarbeiter merken gar nicht, wenn sich ein Kunde bei ihnen bedankt. Nicht mit überschwenglichen Worten, sondern „leise, zwischen den Zeilen". Mit einem Kopfnicken, mit einem ausgestreckten Arm zum Händedruck etc.

Wenn Sie der Überzeugung sind, dass Sie Ihren Kunden gut beraten haben, warum sollten Sie dann ein ungutes Gefühl haben? Warum sollte dann der Kunde misstrauisch reagieren, sich übervorteilt fühlen?

Warum und wofür müssten Sie sich eigentlich bedanken?

Dafür,

- dass der Kunde überhaupt zu Ihnen gekommen ist.
- dass sich der Kunde für Sie Zeit genommen hat.
- dass Ihnen der Kunde sein Vertrauen schenkt.
- dass sich der Kunde auf Ihre Informationen verlässt.
- dass der Kunde Interesse hat.
- dass er Unterlagen, Belege oder Ausweise gebracht hat.

Denn all dies und vieles mehr ist nicht selbstverständlich.

Und wenn Ihnen kein anderer Dank einfällt: „Danke für das Gespräch" geht fast immer. Doch der Dank darf nicht zu einer leeren Floskel werden. Der Dank wirkt tatsächlich nur dann als „echter Dank", wenn er ernst gegenüber dem Kunden gemeint ist. Die positive Einstellung zu den Kunden ist letztendlich der ausschlaggebende Faktor. Dann kommen auch schnell Variationen mit den Begriffen „Vielen Dank für ...", „Schönen Dank, dass....", „Herzlichen Dank" usw. – Die Wirkung des Dankes verstärkt sich insbesondere durch eine kurze Begründung wie „Danke für Ihren Anruf" oder „Ich danke Ihnen für Ihre Geduld".

In vielen Fällen wird der Kunde seinerseits mit einem Danke antworten: „Ich danke Ihnen ..."

Ein „Danke" wird höflich, freundlich, positiv vom Kunden bewertet. Wenn zwei Partner ein Geschäft miteinander abschließen, sollte das „Danke" eine Selbstverständlichkeit sein.

Tipp 78
Den Kunden nicht wegschicken, sondern begleiten

Ein Service-Leitspruch eines großen internationalen Hotels lautet:

„Wenn Dich ein Kunde nach dem Weg fragt, ist ihm dieser nicht zu erklären, sondern er ist dorthin zu begleiten."

Bei Kreditinstituten tritt diese Situation auch oft auf. Vor allem in größeren Filialen oder in Beratungs-Centern der Hauptstellen muss der Kunde manchmal weitergeleitet werden. In den meisten Fällen wird er „geschickt", es wird ihm erklärt, wo er hingehen soll. Angeblich soll es Menschen geben, die dort nie eintreffen, wo man sie hinschickt. Schon öfter ist zu beobachten, dass Kunden trotz Erklärung herumirren. Für die meisten Menschen ist es nicht besonders angenehm, den Wunsch zu wiederholen. Vielleicht ist am neuen Gesprächsort niemand zum ansprechen oder die Tür ist einfach verschlossen. Erinnern Sie sich an Ämter, bei denen Sie von Stelle zu Stelle geschickt wurden.

Deshalb unsere Empfehlung: Wenn ein Kunde weitergeleitet wird, dann

Erster Schritt: Begleiten Sie ihn dorthin.

Zweiter Schritt: Lassen Sie ihn abholen.

Dritter Schritt: Kündigen Sie dem neuen Gesprächspartner das Kommen des Kunden telefonisch an, damit er schon erwartet wird.

Vierter Schritt: Geben Sie ihm zumindest etwas mit, was ihm den neuerlichen Eintritt erleichtert (Visitenkarte, Leitzettel etc.).

Begleiten Sie Ihren Kunden auch zur Türe!

Sie haben zu Hause Gäste. Was machen Sie, wenn sich die Gäste verabschieden? Sie begleiten sie zur Türe. Ganz selbstverständlich, ohne großes Nachdenken.

Wie läuft dies in einer typischen Filiale ab? Nach einem Beratungsgespräch verabschieden sich fast alle Kundenberater am Arbeitsplatz vom Kunden und lassen diesen „alleine" hinausgehen. Was sind die Gründe für dieses nachlässige Verhalten?

- Der nächste Kunde wartet schon?

- Man verlässt ungern seinen Arbeitsplatz?
- Oder man denkt einfach nicht daran?

Gründe für das „Nicht-tun" gibt es immer. Wir empfehlen Ihnen, zumindest wichtige Kunden zum Ausgang, Lift oder Flur zu begleiten. Es ist dies eine kleine Form der Höflichkeit und Achtung Ihres Kunden.

Tipp 79
Fünf Minuten später schließen

Immer wieder beobachten wir, dass schon einige Minuten vor dem Schließen ein Mitarbeiter „eine Warteposition" einnimmt, um wirklich pünktlich, also auf die Minute genau zu schließen. Und fast immer gelingt das „pünktlichste" Schließen. Dabei ist nach Ende der Öffnungszeit das Problem des Kunden weit größer als beim morgendlichen Öffnen. Am Morgen ärgert sich der Kunde möglicherweise wegen der Wartezeit. Aber er weiß, er kommt auf alle Fälle in die Bank und kann seine Wünsche erledigen.

Wenn ein Kunde aber eine Minute zu spät kommt, dann ist es „aus und vorbei". Jetzt versetzen Sie sich in die Situation des Kunden: Er nimmt einen mehr oder weniger langen Weg auf sich, um zu Ihnen zu kommen. Dies ist mit entsprechendem Zeitaufwand verbunden. Er muss vielleicht sogar noch eine für ihn sehr wichtige Transaktion vornehmen. Um zurecht zu kommen, beeilt er sich. Und dann steht er vor der geschlossenen Tür, weil er eine Minute zu spät gekommen ist.

Wie ist die Reaktion eines Kunden, der eine Minute zu spät kommt?

Zuerst Enttäuschung, dass er es nicht geschafft hat. Er weiß, er muss die ganze Prozedur (Weg, Zeit, Beeilung etc.) am nächsten Tag nochmals angehen. Dann Wut und Zorn auf die Bank, die so bürokratisch und kleinlich ist, und nicht einmal eine Minute Toleranz gegenüber ihren Kunden aufbringt.

Für diese Situation gibt es sogar noch Steigerungsstufen:

- Kunden werden nach dem Schließen noch (für den Zuspätkommenden sichtbar) aus der Filiale gelassen, aber selbst kann (darf) er nicht mehr hinein.
- Er sieht die Mitarbeiter noch auf ihren Arbeitsplätzen und versucht sich durch Klopfen bemerkbar zu machen. Niemand reagiert darauf, oder wenn, dann mit bedauerndem Kopfschütteln.

Daraus werden mit Sicherheit keine zufriedenen Kunden. Ganz im Gegenteil, die erste Überlegung, die Bank zu wechseln, ist hiermit gelegt.

Eines sollten Sie auf alle Fälle tun. Diese Situation des Kunden sehr ernst nehmen und sich überlegen, WIE Sie Ihren Kunden dabei entgegenkommen können. Und wenn Sie das Wort „entgegenkommen" wörtlich nehmen, haben Sie auch schon die Lösung. Schließen Sie Ihre Filiale erst fünf Minuten später.

Tipp 80
Wie waren Sie heute mit uns zufrieden?

Neulich waren wir in einem Geschäft einkaufen. Beim Verlassen des Geschäftes wurden wir gebeten, auf einen Zettel unsere Zufriedenheit mit dem Einkauf anzukreuzen und den Zettel beim Ausgang in eine Box zu werfen.

Wie waren Sie heute mit uns zufrieden?

Was möchten Sie uns sagen, wo wir uns verbessern sollten:

☺ sehr

☺ es geht

☹ gar nicht

Jeden Abend beim Schließen des Geschäftes hatte der Filialleiter somit ein unmittelbares Feedback über die Zufriedenheit der Kunden an diesem Tag. Was aber aus unserer Sicht besonders wichtig ist: Die Serviceeinstellung gegenüber dem Kunden wird zum echten Anliegen des Filialleiters und seiner Mitarbeiter, die somit viel mehr auf die Kundenzufriedenheit achten und jeden Tag interessiert auf das Ergebnis der Beurteilung warten.

Wie ist es, wenn Sie diese Idee auf Ihre Geschäftsstelle umsetzen? Sie müssen jedoch die Kunden auffordern, ihre Meinung abzugeben, denn von sich aus tun dies nur wenige. Bei der Auswertung der abgegebenen Karten gibt es zahlreiche individuelle Hinweise, die von den Kunden auf die Karten geschrieben wurden. In vielen Fällen „Kleinigkeiten", welche die Kunden ärgern, oder bei denen sie Verbesserungen anregen.

Zum Beispiel:

1. Ein Kunde beanstandet das Fehlen eines Papierkorbes beim Kontoauszugsdrucker.
2. Kunde hätte gerne bei den SB-Geräten eine Ablagemöglichkeit für Mappen, Taschen und andere Gegenstände, die er bisher auf den Boden stellen oder legen muss.

Es sind verständliche Wünsche, die relativ einfach zu berücksichtigen sind.

Teil V
Filiale und Arbeitstechnik

Tipp 81 Warten Sie gerne?
Tipp 82 Wie oft werden Sie bei Beratungsgesprächen gestört?
Tipp 83 Diskretion ist nicht gleich Diskretion!
Tipp 84 Systematische und konsequente Neukundenbetreuung
Tipp 85 „Eine gute und eine schlechte Nachricht"
Tipp 86 Suchen Sie Kunden für Ihre Angebote? Oder suchen Sie Angebote für Ihre Kunden?
Tipp 87 Mehr Zeit für den Kunden durch Terminvereinbarung!
Tipp 88 Sichere Rückrufe
Tipp 89 „Dazu hatte ich keine Zeit"
Tipp 90 Abgänge oder Zuwächse festhalten?
Tipp 91 Jeden Tag gut aussehen! Auch Ihre Filiale!
Tipp 92 Es regnet! Es beginnt zu regnen!
Tipp 93 Drinnen warm, draußen kalt!
Tipp 94 Kundenfeiertag
Tipp 95 Wer erklärt den Kunden die SB-Geräte?
Tipp 96 Außer Betrieb – derzeit nicht besetzt
Tipp 97 Prospekte im Gummiband
Tipp 98 Einmal im Jahr werfen wir die nicht gebrauchten Prospekte weg
Tipp 99 Erfolgsbilanz: drei kreative Ideen
Tipp 100 Wie wirke ich auf Kunden?

Tipp 81
Warten Sie gerne?

Sicher nein! Weder in einem Geschäft, noch beim Arzt, noch beim Friseur. Warten ist immer unangenehm. Auch unsere Kunden ärgern sich, wenn sie in dem Kreditinstitut warten müssen. Warten löst Unmut, Verärgerung, oder oft sogar Aggressionen aus. Ob aus unserer Sicht berechtigt oder nicht, ist gleichgültig. Ebenso die Feststellung, dass es nicht anders möglich war.

Wartezeiten sind also ein besonders sensibles Thema, auf das wir uns einstellen müssen. Wie sieht es mit Wartezeiten in Ihrer Geschäftsstelle aus? Beobachten Sie dies? Treffen Sie organisatorische und personelle Vorkehrungen? Um Wartezeiten überhaupt zu vermeiden, zu verringern? Um auf plötzlich auftretende Wartezeiten rasch reagieren zu können?

Sollten dennoch gelegentlich Wartezeiten unvermeidlich sein, so gibt es vier wichtige Verhaltensregeln:

1. So schnell wie möglich vom Kunden Notiz nehmen. Ihn erkennen lassen, dass Sie ihn bemerkt haben.

    - „Ich bin in drei Minuten bei Ihnen."
    - „Wenn Sie bitte ein paar Minuten Platz nehmen"
    - usw.

2. Eine Wartezeit danach immer begründen und entschuldigen. Und besprechen wie man künftig Wartezeiten eventuell vermeiden könnte (Terminvereinbarung, Selbstbedienungsgeräte usw.).

3. Der Kunde muss sehen, dass die Organisation der Abläufe optimal erfolgt.

4. Wenn trotzdem Wartezeiten auftreten, dann muss der Kunde sehen, dass sich jemand darum kümmert, die Abwicklung zu beschleunigen.

Der meiste Unmut entsteht dann, wenn der Kunde in einer Warteschlange steht und das Gefühl hat,

- es geht nichts weiter,
- Alternativen werden nicht genützt,
- niemanden interessiert es.

Ein Filialleiter übernahm eine Filiale, in der die Wartezeiten ein Problem darstellten. Sein erstes Verbesserungsziel war sehr hoch gegriffen, aber es war für ihn eine Herausforderung:

> **„Keine Warteschlangen mehr, und es ist mir egal, wie es erreicht wird!"**

Als ersten Schritt machte er sich genaue Aufzeichnungen, an welchen Tagen und zu welchen Zeiten Wartezeiten besonders häufig und lang auftraten. Nachdem er dies wusste, besprach er mögliche Lösungen mit seinen Mitarbeitern:

1. Neuregelung der Mittagspause (wegen durchgehender Öffnungszeiten wurden die Essenzeiten anders gestaffelt)
2. Andere Einsatzzeiten für Teilzeit- und Ultimokräfte (die Zeiten wurden verstärkt an die Spitzenzeiten angepasst)
3. Flexiblere Vorgangsweise bei Öffnung weiterer Kassen:
    - Ab drei Kunden wurde die nächste Kasse geöffnet, wobei in Spitzenzeiten auch Mitarbeiter aus dem Beratungsbereich aushelfen mussten.
    - Führung einer „Notkassa" (Gleiches gilt sinngemäß für den Schalter).
    - etc.
4. Jede Woche wurde ein anderer Mitarbeiter verantwortlich gemacht, der sich um wartende Kunden kümmert. Dieser „Servicemanager" musste die Organisation laut Punkt 3 übernehmen, aber auch zu den wartenden Kunden gehen, sich entschuldigen und darauf hinweisen, dass gleich eine Beschleunigung erfolgt. Dabei konnte er erkennen, ob nicht die eine oder andere Transaktion schneller oder anders zu erledigen war (zum Beispiel über SB-Geräte).
5. Bessere Beschriftung, WAS, WO erledigt wird, damit sich Kunden nicht falsch anstellen.

Jetzt wissen wir natürlich, dass diese Vorschläge nicht auf jede Filiale/Geschäftsstelle passen, weil diese unterschiedlich groß sind, die räumliche Anordnung differiert usw. Aber es zeigt sich, dass es zumindest Verbesserungsmöglichkeiten gibt, wenn man darüber nachdenkt und sie entsprechend organisiert.

In unserem Beispiel erreichte der Filialleiter folgendes Endergebnis: Kunden, die nicht genervt an den Schalter, zur Kasse kommen. Die Mitarbeiter waren freundlicher, weil sie nicht den ganzen Tag mit wütenden Kunden zu tun hatten. Somit ergab sich eine positive Bilanz für alle Beteiligten.

„Gerechte" Wartezeiten

Sie kennen diese Situation. Sie stehen in einer Reihe vor einem Schalter oder einer Kasse, im Supermarkt, am Flughafen etc. Das Personal reagiert und es wird ein weiterer Schalter oder eine zusätzliche Kasse eröffnet. Wer kommt nun als erster Kunde an dieser neuen Stelle an die Reihe? Wirklich der nächste Kunde oder versuchen andere Kunden, die weiter hinten stehen, die Situation zu nutzen und sich vorzudrängen? Obwohl mit dieser Maßnahme die Wartezeit insgesamt verkürzt wird, entsteht bei diesen „nächsten" Kunden oft Unruhe und Verärgerung, wenn dies nicht organisiert wird und sie sozusagen „überholt" werden.

Dieses Problem auf die Kunden abzuschieben hilft nicht viel, denn der unangenehme Eindruck der Wartezeit bleibt trotzdem bestehen und zusätzlich ärgert man sich nicht nur über die Kunden, die vordrängen, sondern auch über das Unternehmen, das keine klare Einteilung vornimmt.

Sollten Sie in Ihrer Filiale gelegentlich oder öfters vor einer solchen Situation stehen, gibt es zwei Möglichkeiten für Sie:

1. Eine organisatorische Lösung über das System der „amerikanischen Warteschlange".

   Alle Kunden sind in einer einzigen Reihe angestellt, vor den Kassen öffnet sich eine Art Trichter, wo dann der nächste Kunde zur jeweils freigewordenen Stelle geht. Wenn Sie genügend Platz haben, ist es mit Ständern, Kordeln etc. relativ leicht zu machen. Diese Art ist für die Wartenden übersichtlich und gerecht.

2. Im anderen Falle muss bei Eröffnung jemand zu der an nächster Stelle wartenden Person gehen und diese zur neuen Kasse bitten. Nach Abwicklung ist der Vorgang bei Bedarf zu wiederholen. Diese Lösung erfordert zwar etwas zusätzlichen Aufwand, ist aber dem unkoordinierten Anstellen vorzuziehen.

Möglicherweise werden Sie jetzt denken, das sei etwas viel an Aufwand. Da kann ich Sie nur daran erinnern, was Sie selbst in einer gleichartigen Situation empfinden. Ich jedenfalls ärgere mich.

Entschuldigen Sie sich für eine Wartezeit!

Auf jeden Fall entschuldigen Sie sich beim Kunden für eine aufgetretene Wartezeit. So selbstverständlich dies scheint, in der Realität wird das fast immer vergessen. Sich für eine Wartezeit zu entschuldigen, ist auch ein Zeichen von Höflichkeit.

Zeit ist eines unserer wertvollsten Güter. Wenn Ihr Kunde bei Ihnen warten muss, so zeigen Sie durch Ihre Entschuldigung zumindest Einsicht, dem Kunden nicht beim effektiven Zeiteinsatz geholfen zu haben. Somit sieht der Kunde, dass es Ihnen nicht gleichgültig, sondern unangenehm ist und seine Verärgerung wird zumindest etwas gemildert.

Tipp 82
Wie oft werden Sie bei Beratungsgesprächen gestört?

Eine Frage, die Sie sicherlich zu Genüge kennen und die auch mitunter schwierig zu beantworten ist. Dennoch sollten Sie sich damit auseinandersetzen und nach Verbesserungsmöglichkeiten suchen.

Vorerst eine globale Bestandsaufnahme, wie das „durchschnittlich (statistisch)" abläuft. Rund 20 Prozent der Kunden bezeichnen nach Umfragen Unterbrechungen von Beratungsgesprächen als störend. In der Praxis werden aber bis zu 50 Prozent aller Beratungsgespräche unterbrochen. Sowohl die terminlich geplanten als auch die spontan zustandekommenden Gespräche.

Die Reihung der häufigsten Unterbrechungen sieht folgendermaßen aus:

- Circa 50 Prozent telefonische Unterbrechungen (Fragen von Kollegen, Direktanrufe von Kunden, Personalknappheit etc.);
- Circa 25 Prozent persönliche Unterbrechungen durch Kollegen (Fachfragen, Genehmigungen, Auskünfte, Suche etc.);
- Circa 25 Prozent persönliche Unterbrechungen durch Kunden („kurze" Fragen, brauchen „nur eine Kleinigkeit" etc.).

Es gibt natürlich nun kein Rezept, wie Sie Störungen immer vermeiden können, aber es gibt sicher Verbesserungsmöglichkeiten. Wir haben Filialmitarbeiter selbst dazu befragt und einige Vorschläge gesammelt:

- Generell wird angeführt, dass kurze Unterbrechungen meist kaum ein Problem sind, wenn sich der Berater dafür entschuldigt, bzw. die Unterbrechung erklärt. Natürlich darf das nur ein- bis zweimal pro Gespräch passieren.
- Besonders wichtige Gespräche im Leiterzimmer, bzw. wenn vorhanden in einem Besprechungszimmer führen. Vielleicht gibt es auch sonstige Räumlichkeiten, wo man mit einem Kunden ungestört reden kann.
- Das Filialteam vereinbart klar, in welchen Ausnahmefällen unterbrochen werden darf, sowie Vertretungsregelungen (Telefonbedienung, fachliche Auskünfte und Entscheidungen für Kollegen) und Rückruforganisation.
- Bei der häufigsten Störungsursache, dem Telefon, gibt es je nach Mitarbeiterzahl und der Technik der Telefonanlage unterschiedliche Möglichkeiten, die Sie im Filialteam diskutieren sollten. Zum Beispiel:

- Umschalten zu einem Kollegen (nach Gesprächsende so bald wie möglich zurücknehmen).
- Jeweils ein anderer Mitarbeiter ist für einen bestimmten Zeitraum für „das Telefon" verantwortlich.
- etc.

Wie gesagt, es gibt kein Rezept, und es wird immer wieder zu Engpass- oder Konfliktsituationen kommen, aber nach unserer Erfahrung lassen sich durch entsprechende Absprachen und Organisation im Filialteam die Störungen im Beratungsgespräch deutlich, zumindest um die Hälfte, reduzieren.

Tipp 83
Diskretion ist nicht gleich Diskretion!

Im Ergebnis nach einer Kundenbefragung führten die Kunden einer Geschäftsstelle als negatives Kriterium die mangelnde Diskretion in dieser Geschäftsstelle an. Geschäftsstellenleiter und Mitarbeiter waren über diese Kundenmeinung sehr überrascht, hatten Sie doch gerade deswegen Trennwände aufgestellt, um die Kunden abzuschirmen und ihnen damit das Gefühl der Diskretion zu vermitteln. Eine nachfolgende Diskussion mit Kunden brachte die Auflösung dieser unterschiedlichen Wahrnehmungen.

Der Mitarbeiter, der hinter der Trennwand sitzt, nimmt die Stimmen, den Lärmpegel im gesamten Raum nach einiger Zeit nicht mehr wahr. Er gewöhnt sich daran. So wie man den Lärm auf der Straße anfangs wahrnimmt, später gewöhnt sich das Ohr daran und man nimmt den Lärm viel weniger wahr. Genau so geht es den Kunden. Nur ist dieser am Beginn des Prozesses, wenn er hinter der Trennwand Platz nimmt. Er nimmt den Lärmpegel viel deutlicher wahr und fühlt sich dadurch möglicherweise gestört.

Fragen Sie daher Ihren Kunden danach, ob Diskretion und Ungestörtheit ausreichend für ihn sind. Entweder er akzeptiert die Situation, so wie sie ist, oder andernfalls müssen Sie eine andere Lösung finden. Entweder Beratung in einem Beratungszimmer oder beim Kunden, bzw. eine Terminalternative auch außerhalb der Öffnungszeiten.

Die Wahrnehmungen von Kunden sind unterschiedlich. Wenn Sie eine Sache so sehen, kann sie der Kunde anders sehen.

Fragen Sie daher immer nach der Sicht des Kunden.

Tipp 84
Systematische und konsequente Neukundenbetreuung

Ein Kunde, der bei einem Kreditinstitut ein neues Konto eröffnet und damit eine neue „Beziehung" eingeht, ist in der Anfangsphase sehr sensibel und beobachtet aufmerksam seine neuen Partner.

Er sucht eine Bestätigung dafür, ob er sich richtig entschieden hat. Werden seine Aufträge schnell und richtig durchgeführt? Gibt es keine Wartezeiten, sind die Mitarbeiter freundlich und hilfsbereit, erhält er für ihn nützliche Informationen usw.?

Erst im Lauf der Zeit festigt sich die Beziehung, es entstehen Vertrauen und Sicherheit, falls alles zur Zufriedenheit ausfällt. Auch für den Verkäufer ist die Neukundenbeziehung eine besondere Situation. Wie können Sie dem Kunden dieses Gefühl des Vertrauens und der Sicherheit vermitteln?

Sicher nicht dadurch, dass die Kontoeröffnung freundlich und höflich durchgeführt wird, aber sich dann niemand mehr um den Kunden kümmert. Und wenn, dann eher zufällig oder wenn der Kunde von sich aus kommt.

Damit die regelmäßige Kundenbetreuung nicht vergessen werden kann, ist eine systematische und konsequente Vorgehensweise nötig. Die folgende Evidenzkarte, jeweils zum richtigen Zeitpunkt in der Terminmappe, hilft Ihnen dabei:

	Termin am:	Erledigt:
Kunde: **Kontonummer:** **Kontoeröffnung am:**		
1. Folgegespräch: Telefonisch innerhalb einer Woche nach Kontoeröffnung. Nachfragen, ob Kunde noch Informationen benötigt. Oder Fragen hat, die bei der Kontoeröffnung nicht besprochen wurden.		
2. Folgegespräch: Persönlich nach drei bis vier Wochen. Ausgabe der bestellten Karten und ergänzende Informationen.		
3. Folgegespräch: Nach etwa drei Monaten Zusendung einer für den Kunden „passenden" Information, ein besonderes Angebot, einer Einladung zu einer Veranstaltung oder ähnliches.		
4. Folgegespräch: Telefonisch oder persönlich nach sechs Monaten. Nachfragen, ob Kunde mit der Geschäftsbeziehung zufrieden ist.		
5. Folgegespräch: Nach einem Jahr Anruf und Terminvereinbarungen für einen sogenannten „Finanzcheck". Analyse der bisherigen Geschäftsverbindung und Besprechung eines Zusatzbedarfs.		

Die ersten sechs Monate

Die ersten sechs Monate einer neuen Geschäftsbeziehung sind besonders wichtig. Der Kunde kam mit besonderen Erwartungen zu Ihnen. Nach sechs Monaten kann der Kunde schon sehr klar beurteilen, ob die Erwartungen positiv erfüllt werden oder nicht.

Oder er hatte in diesen sechs Monaten Eindrücke, Erlebnisse, und damit Erkenntnisse gewonnen, die er positiv oder negativ zuordnet. Zeit für Sie, vom Kunden ein feed-back über seine Zufriedenheit mit Ihrer Filiale/Geschäftsstelle einzuholen. Entweder passt alles, dann freuen Sie sich, oder Sie haben noch die Chance, entsprechende Veränderungen und Verbesserungen herbeizuführen.

Rufen Sie den Kunden einfach an:

- „Sie sind nun schon seit sechs Monaten Kunde unserer Filiale. Da wir sehr an der Zufriedenheit unserer Kunden interessiert sind, möchten wir Ihnen einige Fragen stellen ..."

- „Wenn Sie unsere Filiale besuchen, fühlen Sie sich dann wohl und gut aufgehoben?"
- „Werden Sie von uns freundlich und zuvorkommend bedient?"
- „Haben wir uns ausreichend um Sie gekümmert?"
- „Hätten Sie von uns gerne mehr Informationen?" (wenn ja: Worüber? In welcher Form?)
- „Gibt es irgend etwas, wo wir mehr für Sie tun können oder wo wir uns verbessern können?"

Dann danken Sie für das Gespräch und ein allfälliges Lob, bzw. sichern Sie dem Kunden zu, dass Sie sich um eventuell nötige Verbesserungen sofort bemühen werden.

Sie sehen, ob eine neue Geschäftsbeziehung in der richtigen Richtung verläuft und können nötigenfalls noch korrigieren. Der Kunde sieht, dass Sie sich für ihn interessieren und wird dies positiv aufnehmen.

Tipp 85
„Eine gute und eine schlechte Nachricht"

> Sehr geehrter Herr Wolfgang Ronzal,
>
> ich habe eine gute und eine schlechte Nachricht für Sie.
>
> Zuerst die schlechte Nachricht: Ihr bisheriger Betreuer, Herr XY, hat uns verlassen. Er wird eine neue Aufgabe bei einer anderen Firma übernehmen. Auch wir wünschen ihm dabei viel Glück und Erfolg.
>
> Nun die gute Nachricht: Ich, … , darf seinen Kundenstock übernehmen und freue mich sehr darüber, gerade Sie, Herr Wolfgang Ronzal, ab jetzt zu meinen Kunden zählen zu dürfen. Ich werde mich besonders anstrengen, Herrn XY möglichst schnell zu ersetzen und Ihr Vertrauen zu gewinnen.
>
> Damit Sie mich kennen lernen und auch ich feststellen kann, wie ich Ihnen am besten behilflich sein kann, möchte ich Sie zu einem persönlichen Gespräch einladen. Für dieses Gespräch habe ich eine kleine Aufmerksamkeit für Sie vorbereitet. Ich freue mich darauf und rufe Sie wegen des Termins in den nächsten Tagen an.
>
> Mit freundlichen Grüßen.

Diesen Brief erhielt ich von der Autofirma, bei der ich meinen letzten Wagen gekauft habe und zu der ich regelmäßig zum Service fahre.

Beraterwechsel

Was machen eigentlich Sie, wenn ein Berater wechselt? Ist dann die Übergabe an den neuen Berater genau so professionell organisiert wie bei meiner Autofirma?

Der Beraterwechsel stellt eine kritische Situation dar. Jene Kunden, die mit dem bisherigen Berater sehr zufrieden waren, werden unsicher, ob die gute Betreuung auch in Zukunft erfolgt. Diesen Kunden muss rasch die Bestätigung dafür gegeben werden.

Jene Kunden, die mit der bisherigen Betreuung nicht so zufrieden waren, überlegen nun vielleicht sogar einen Wechsel der Bankverbindung. Eine Chance für den neuen Berater, bei schneller Reaktion, dass dieser Wechsel zu ihm erfolgt.

Jene Kunden, denen bisher nicht bewusst war, dass sie einen zuständigen Berater hatten, kann nun gezeigt werden, dass sich jemand besonders um sie kümmert.

Sie sehen also, der Beraterwechsel stellt eigentlich eine große Chance für Sie dar. Aber er muss professionell organisiert werden.

- Die besonders wichtigen Kunden sind persönlich zu kontaktieren und eventuell auch zu besuchen. Optimal ist ein Gespräch mit den Kunden durch „den alten und den neuen Berater". Der neue Berater muss sich aber nach diesem Gespräch trotzdem bald bei diesen Kunden wieder melden, sonst bleibt es „bei Versprechungen".
- Wenn diese Übergabe nicht möglich ist, da der alte Berater nicht mehr zur Verfügung steht, bzw. bei der großen Anzahl der Kunden, die aus Zeit- und Kapazitätsgründen nicht persönlich übergeben werden können, dann wählen Sie die schriftliche Information. Schreiben Sie aber keinen „austauschbaren Standardbrief", sondern versuchen Sie eine etwas originellere Version, wie es mein Autohändler gemacht hat.

Wenn Sie bei einem Beraterwechsel „nichts tun", sondern lediglich hoffen, dass die Kunden sich daran gewöhnen, dann werden bei einzelnen Kunden möglicherweise Probleme entstehen. Wenn Sie den Beraterwechsel als Chance sehen und nützen, dann können Sie dadurch viele Kunden noch enger an Ihre Filiale binden.

Tipp 86
Suchen Sie Kunden für Ihre Angebote? Oder suchen Sie Angebote für Ihre Kunden?

Wo liegt hierbei der Unterschied, mögen Sie sich vielleicht fragen. Aus verkäuferischer Sicht ist das erste **„produktorientiertes Verkaufen"**, das zweite hingegen **„kundenorientiertes Verkaufen"**

Was macht nun wirklich den Unterschied?

Beim produktorientierten Verkaufen setzen Sie sich das Ziel, eine bestimmte Anzahl von Produkten, zum Beispiel Bausparverträge, zu verkaufen. Es wird nun jeder Kunde darauf angesprochen, ob er Interesse dafür hat.

Eine entsprechende Quote der Angesprochenen schließt auch tatsächlich ab, dennoch haben Sie viel verlorene Verkaufskapazität zu verzeichnen, bei jenen vielen Kunden, die Sie ansprechen, die aber nicht abschließen. Die Abschlussquote können Sie zwar verbessern, wenn Sie sich vor der Ansprache überlegen, welche Kunden besonders für dieses Angebot in Frage kommen könnten. Es wird nach bestimmten Kriterien eine Auswahl Ihrer Kunden vorgenommen. Die verkäuferische Effizienz verbessert sich dadurch zwar, aber dennoch bleibt auch in diesem Fall eine relativ hohe Anzahl von Kunden ohne Abschluss, wo Sie Ihre verkäuferische Zeit nicht effizient eingesetzt haben.

Am effizientesten setzen Sie Ihre verkäuferische Zeit hingegen beim kundenorientierten Verkaufen ein. Sie nehmen sich jeweils einen Kunden aus Ihrem Kundenstock, analysieren die Kundenverbindung nach Produktbesitz und möglichen Bedürfnissen und sprechen dann den Kunden an. Der Kunde hat möglicherweise nicht nur Interesse an einem Bausparvertrag, sondern vielleicht besonderes Interesse an der Problemstellung „Absicherung des Lebensstandards im Alter" und Sie können dabei weitere Produkte abschließen. (Diesen Ansatz des Zusatzverkaufs wird hingegen beim produktorientierten Verkaufen leicht vergessen, weil mit Abschluss des Primärangebotes das Erfolgserlebnis gegeben ist und zum nächsten Kunden übergegangen wird.) Ein anderer Kunde hat vielleicht kein Interesse an einem Bausparvertrag, aber zu diesem Zeitpunkt eventuell gerade Kreditbedarf.

Auch die kundenorientierte Ansprache können Sie natürlich weiter systematisieren, indem Sie jeweils nach bestimmten Kriterien Kundengruppen auswählen, die Sie auf diese Art bearbeiten möchten.

Produktorientiertes **Verkaufen**		Kundenorientiertes **Verkaufen**
Ansprache von 100 Kunden wegen Bausparen		Ansprache von 100 Kunden mit vorheriger Kundenanalyse und unterschiedlichen Bedürfnissen
A Zufallsprinzip ▼	**B Vorauswahl** ▼	▼
Abschluss 20 Bausparverträge (?Zusatzverkäufe)	Abschluss 30 Bausparverträge (?Zusatzverkäufe)	Abschluss zehn Bausparverträge zehn Versicherungen acht Kredite fünf Wertpapiergeschäfte sieben Kreditkarten neun Spar-Daueraufträge

Anhand dieser Darstellung erkennen Sie deutlich den Unterschied zwischen den beiden Verkaufsmethoden. Beim produktorientierten Verkaufen möchten Sie möglichst rasch viele Bausparverträge verkaufen, beim kundenorientierten Verkaufen möchten Sie verschiedene Produkte bei möglichst vielen Kunden verkaufen. Dies ist auch bezüglich des Einsatzes Ihrer Verkaufskapazität die effizientere Methode und bringt Ihnen über einen längeren Zeitraum auch eine insgesamt höhere Abschlussquote.

In der Bankpraxis überwiegt heute nach wie vor der produktorientierte Verkaufsansatz (kundenorientiertes Verkaufen ergibt sich bestenfalls nur dann, wenn der Kunde schon mit einem offensichtlichen Bedarf zu uns kommt).

Die zur Verfügung stehende Verkaufskapazität wird dadurch aber nicht effizient genützt, da zu viel Fehlansprachen und zu viele Gespräche ohne Abschluss damit verbunden sind.

Ein weiteres Manko bezüglich verkäuferischer Effizienz ergibt sich hinsichtlich der Bearbeitung Ihres gesamten Kundenstockes.

„Danke, ich habe schon alles" sagen schon manche Kunden, wenn sie die Filiale betreten und von den Mitarbeitern angesprochen werden. Bei Kundenbefragungen sagen bereits viele Kunden: „Ich kann das Wort Bausparen oder Versicherung schon gar nicht mehr hören, denn jedes Mal, wenn ich in die Filiale komme, bietet mir das jemand an." Viele Kunden wollen „keine zusätzliche Aktivität" des Mitarbeiters, aber genau so viele Kunden fühlen sich zu wenig oder gar nicht informiert.

Beim produktorientierten Verkaufen sprechen Sie einen Teil der Kunden immer wieder an, den anderen Teil der Kunden hingegen gar nicht. Es kann sein, dass Sie beim produktorientierten Verkaufen einen Kunden in einem Monat wegen Bausparen ansprechen, im nächsten Monat wegen Versicherungen und drei Monate später vielleicht wegen eines anderen Produktes. Abgesehen davon, dass dies beim Kunden kaum einen professionellen und kompetenten Eindruck hinterlässt, haben Sie auch Ihre Verkaufsressourcen nicht effizient eingesetzt. Beim kundenorientierten Ansatz hätten Sie das gleiche Ergebnis mit nur einer Ansprache erzielen können.

Durch die produktorientierte Ansprache erreichen Sie auch nicht alle Ihre Kunden, sondern nur jene, die für die jeweiligen Produktaktionen ausgewählt werden. Viele Kunden werden überhaupt nicht angesprochen und fühlen sich daher auch nicht betreut. Geringe Gesamtproduktnutzung und Abwanderungsgefahr sind die Folge.

Sicher werden Sie auch in Zukunft Produktaktionen durchführen, um Schwerpunktangebote Ihres Institutes rasch im Markt zu platzieren, aber solche Schwerpunkte, also spezifische Institutsangebote, sind auch im kundenorientierten Ansatz realisierbar.

Zur Sicherung Ihres Kundenbestandes, zu dessen Intensivierung und damit engeren Bindung Ihrer Kunden an Ihr Haus müssen Sie aber künftig vermehrt das „kundenorientierte Verkaufen" praktizieren.

Was spricht für die zeitgemäße Grundeinstellung „Bedarfsdenken vor Produktdenken"?

Langfristige Zusammenarbeit mit dem Kunden

Der schnelle Produktverkauf kann kurzfristig zur Zielerreichung beitragen. Doch der Kunde spürt immer mehr, dass mit seinem „Produktabschluss" nur die verkaufende Seite zufrieden gestellt wird. Es werden bei Käufen oft nur Teile das Kundenwunsches durch das vorgeschlagene Produkt abgedeckt. Eine Bindung an des Kreditinstitut entsteht kaum. Die Gefahr, dass der Kunde mit weiteren Kreditinstituten zusammenarbeitet, steigt mit jedem produktorientierten Verkauf.

Dagegen ist Bedarfsorientierung die Grundlage für weitere Geschäftsabschlüsse in der Zukunft: zum einen durch die Zufriedenheit des Kunden, da zufriedene Kunden zu weiteren Käufen beim gleichen Verkäufer neigen, und zum anderen durch zusätzliche Informationen über künftigen Leistungsbedarf des Kunden.

Steigende Ansprüche der Kunden

Kunden werden anspruchsvoller gegenüber Kreditinstituten. Ihnen genügt immer weniger das schnelle, oberflächliche und pauschale (Aktions-) Produktangebot. Sie verlangen nach einem persönlichen Leistungsvorschlag, der auch alle Wünsche des Kunden abdeckt. – Und dieses individuelle Angebot ist von Kunde zu Kunde sehr unterschiedlich. Damit ist eine umfassende Bedarfsanalyse unersetzbar.

„Unbekannte Gesichter"

Welches sind nun jene Kunden, die insbesondere durch das „Kundenorientierte Verkaufen" angesprochen werden sollen? Wir kennen jene Kunden, die häufig die Filiale aufsuchen. Wir kennen unsere besonders guten Kunden. Zwangsläufig, kennen wir auch unsere „schlechten" Kunden. Aber wie viele Kunden sind dies insgesamt in unserem Kundenstock?

Untersuchungen haben gezeigt, dass wir etwa 50 Prozent unserer Kunden zu wenig kennen und zu wenig von ihnen wissen. Selbstverständlich ist dies von Filiale zu Filiale unterschiedlich. Je größer der Kundenstock ist, je kürzer die Dienstzeit der in der Filiale beschäftigten Mitarbeiter ist, umso höher ist diese Kundenzahl. Aber auch in allen anderen Filialen ist die Quote meistens höher als wir meinen.

Dies sind jene Kunden, deren Produktnutzung gering ist. Die Geschäftsbeziehung ist nicht intensiv und die Bindung an die Bank ist oft instabil. Auch die Kundenzufriedenheit ist auf Grund der fehlenden Betreuung nicht allzu hoch.

Bei diesen Kunden besteht für Sie ein großes Problem:

Sie sind abwanderungsgefährdet. Über neue Beziehungen, über neue Informationen, auf Grund des Gefühls der Vernachlässigung kann es plötzlich zum Wechsel der Bankverbindung kommen.

Bei diesen Kunden haben Sie aber auch eine große Chance:

Durch Kennenlernen dieser Kunden und durch bessere Betreuung haben Sie die Möglichkeit für zusätzliche Geschäfte und damit bessere Kundenzufriedenheit. Der Vorstand einer großen Bank sagte neulich: „Durch bessere Betreuung unserer bestehenden Kunden können wir Volumina und Erträge verdoppeln." Wie erkennen Sie nun solche Kunden?

Gehen Sie Ihren Kundenstock durch und schreiben Sie jene Kunden heraus, die ein Konto bei Ihnen haben, deren Gesicht Sie aber nicht zuordnen können.

Immer wieder erhalten Sie in Ihrer Filiale auch Listen mit nach verschiedenen Kriterien ausgewählten Kunden: Bearbeiten Sie auch diese Liste nach dieser Methode.

Versuchen Sie jeden Tag zumindest einen dieser Kunden zu kontaktieren.

Tipp 87
Mehr Zeit für den Kunden durch gezielte Terminvereinbarung

In einer Filiale sahen wir folgendes Plakat gut sichtbar für den Kunden ausgehängt: „Wenn Sie wollen, dass wir mehr Zeit für Sie haben, vereinbaren Sie mit uns einen persönlichen Beratungstermin."

Dieses Plakat hing an jenen Stellen, bei denen es zu Wartezeiten kommen konnte (Kasse, Schalter etc.). Auf einem Bogen Flipchartpapier war das Angebot mit schöner Handschrift geschrieben. Auf diese Weise wird der Kunde darauf aufmerksam gemacht, einen Termin zu vereinbaren, an dem er nicht warten muss und wir auch mehr Zeit für ihn haben. Wie sinnvoll eine Terminvereinbarung ist, ist dem Kunden aus vielen anderen Branchen bekannt.

Selbstverständlich muss dieses Angebot dann auch in der Organisation perfekt klappen:

- Bereits bei der Vereinbarung des Termins darf es keine überraschten Gesichter und Verhaltensweisen geben. Sonst merkt der Kunde gleich, dass dieses Angebot gar nicht ernst gemeint ist. Der Kunde darf nicht herumgeschickt werden, bis sich irgendein Mitarbeiter „erbarmt". Sie brauchen einen Terminplan, in dem die Namen der Mitarbeiter und die möglichen Zeiten vermerkt sind, sodass ein rasches und leichtes Eintragen des Terminwunsches möglich ist. Jeder Mitarbeiter der Filiale kann einen Terminwunsch somit fixieren und informiert dann den betroffenen Mitarbeiter.

- Zum Termin selbst darf es dann keine oder eine nur minimale Wartezeiten geben. Auch das ist organisierbar. Sicher kommen auch weiterhin Kunden ohne Termin, die wir beraten. Haben Sie einen Termin jedoch fix vereinbart, so ist der vorhergehende Kunde darauf aufmerksam zu machen und auch mit ihm nach Möglichkeit ein neuer Termin zu vereinbaren. Vielleicht besteht eine Lösungsmöglichkeit darin, dass jeweils ein Beraterpaar abwechselt; einer arbeitet eine Woche mit vereinbarten Terminen, der andere steht für die ungeplanten Gespräche zur Verfügung. Nach einer Woche wird dann gewechselt. Oder Sie vereinbaren Termine anfangs nur zu bestimmten Zeiten, zum Beispiel an Tagen, Halbtagen, Stunden, an denen aus Ihrer Erfahrung der Andrang nicht so groß ist.

Anfangs müssen sich auch die Kunden erst an feste Termine gewöhnen, aber bei einem aktivem Angebot Ihrerseits steigt dann bald die Quote der Terminvereinbarungen.

Tipp 88
Sichere Rückrufe

Wenn Kunden anrufen und der gewünschte Gesprächspartner ist nicht erreichbar, so ist der Rückruf professionell zu organisieren. Dem Kunden ist ein Rückruf in einem entsprechenden Zeitrahmen zuzusagen. Dem abwesenden Kollegen ist klar und eindeutig das Wesentliche für den Rückruf mitzuteilen.

In einem Kreditinstitut fanden wir folgenden Zettel für Rückrufe:

```
Datum: _____   Uhrzeit: _____  Für:
_____

Angerufen hat
Herr/Frau               _____
Firma/Abteilung         _____
Telefonnummer für Rückruf    _____

O bittet um Rückruf     O war persönlich hier
O rief zurück           O ruft wieder an
O möchte Sie treffen    O rief an

Wann können wir Sie für einen Rückruf am besten erreichen?
Am: _____       um: _____

Grund des Anrufes:
```

Diese Information ist während des Telefonats schnell auszufüllen und damit sind alle relevanten Informationen für den Rückrufenden enthalten. Der Zettel ist sichtbar auf den Arbeitsplatz des Abwesenden zu legen oder diesem bei seiner Rückkehr persönlich auszuhändigen.

> Professionelles Verhalten am Telefon vermeidet Missverständnisse, Verzögerungen und möglicherweise Ärger. Dem Kunden wird signalisiert, dass seine Bankgeschäfte ebenfalls professionell durchgeführt werden.

Tipp 89
„Dazu hatte ich keine Zeit"

Wie oft im Leben haben wir diese Aussage schon als Entschuldigung angeführt. Weil wir uns damit vor der Tatsache rechtfertigen, etwas nicht gemacht zu haben, was wir hätten tun können, sollen oder müssen. „Dazu hatte ich keine Zeit!" – dieser Satz ist eine Lüge. Jeder von uns hat genügend Zeit zur Verfügung. 24 Stunden am Tag, und das jeden Tag. Es kommt vielmehr darauf an, was wir mit unserer Zeit machen, wofür wir sie einsetzen. Der ehrlichere Ausspruch müsste daher lauten:

„Dazu habe ich mir keine Zeit genommen; ich habe sie für andere Dinge verwendet, die mir im Augenblick wichtiger waren."

Es gibt sicher eine Reihe von Tagen, an denen der Kundenandrang so groß ist, dass es schwer ist, etwas zusätzlich zu tun. Danach muss man vieles aufarbeiten, es kommen ungeplante Aktivitäten seitens der Zentrale usw. Im Grunde genommen gibt es immer wieder etwas, wo wir sagen können: „Ich hatte keine Zeit, weil..." Seneca meinte schon: „Es ist nicht wenig Zeit, die wir haben, sondern viel Zeit, die wir nicht nützen."

Zeit ist eines unserer wichtigsten Mittel, um erfolgreich zu sein. Und keine Zeit haben heißt eigentlich nur seine Zeit falsch einzuteilen. Wenn Sie also zu oft sagen: „Dazu hatte ich keine Zeit", dann sollten Sie sich mit *Zeitmanagement* beschäftigen:

- Planen Sie Ihren Tagesablauf.
- Setzen Sie Prioritäten.
- Delegieren Sie mehr.
- Schaffen Sie sich Zeitblöcke.
- Reduzieren Sie Zeitkiller usw.

> Es gibt eine Reihe guter Bücher über Zeitmanagement und sicher hat Ihre Personalabteilung auch ein entsprechendes Fortbildungsangebot. Nutzen Sie diese Möglichkeiten.

Tipp 90
Abgänge oder Zuwächse festhalten?

Unlängst berichtete ein Geschäftsstellenleiter, dass er jede größere Abhebung von dem Sparkapital seiner Geschäftsstelle genau festhalte. Damit er argumentieren und nachweisen könne, warum er einen Rückgang hätte.

Sicher ist es wichtig, zu wissen, wohin Sparkapital abfließt, ob zur Konkurrenz oder für größere Anschaffungen usw. Mir gefiel nur der Grund nicht. Wenn dies lediglich zur Rechtfertigung dient, so entsteht eine negative Denkhaltung. (Das Ergebnis ist dann nur die Bestätigung der Befürchtungen.)

Viel entscheidender ist, was Sie auf Grund solcher Informationen tun. Wenn zum Beispiel schon die vierte Abhebung wegen Ankauf einer Immobilie erfolgt, fragen Sie sich dann auch, warum nicht Sie diese Immobilie vermittelt oder vielleicht eine Zusatzfinanzierung angeboten haben? Oder wenn sich die Abhebungen auf Grund von Erbschaften häufen, fragen Sie sich dann, wie Sie eventuell schon vorher künftige Erben kontaktieren können?

Und für die positive Denkhaltung besonders wichtig ist, dass Sie auch die Zugänge ab einer bestimmten Höhe festhalten und damit auch bewusst wahrnehmen.

Also: 1. Abgänge *und* Zuflüsse festhalten.

2. Häufen sich bestimmte Gründe für Abgänge, rasch analysieren, welche Gegenmaßnahmen möglich sind

Dies fördert eine positive Denkhaltung, denn es werden nicht nur Entschuldigungen und Rechtfertigungen gesucht, sondern es wird ein aktives Verhalten ausgelöst:

> Was kann ich aktiv tun, und wie fördere und beeinfluss ich zusätzliches Geschäft?

Tipp 91
Jeden Tag gut aussehen! Auch Ihre Filiale

Das will jeder von uns. Deshalb verbringen wir morgens einige Zeit im Badezimmer mit unserer Morgentoilette. Danach überlegen wir, was wir an diesem Tage anziehen. Und die meisten freuen sich (nicht nur die Damen), wenn sie ein Kompliment erhalten: „Sie sehen heute gut aus." Dafür überlegt man schon, ob die Krawatte farblich zum Anzug passt u.a.

Wie sieht Ihre Filiale aus? Auch Ihre Filiale sollte jeden Tag gut aussehen!

- Ordnung an allen Plätzen mit Kundenkontakt,
- Sauberkeit im Innenraum, am Eingang, vor der Filiale,
- Prospekte und Auslagen geordnet und aktuell,
- Grünpflanzen gepflegt usw.

Verwenden Sie für das gute Aussehen Ihrer Filiale genauso ein paar Minuten zum Tagesbeginn wie für Ihr persönliches Aussehen. Einfach einen kurzen Rundgang machen und alles bewusst und auch selbstkritisch ansehen. Und ändern, wenn Sie meinen, dass das eine oder andere besser aussehen könnte.

Was hat auf Ihrem Schreibtisch nichts verloren?

Viele Kundenberater haben den Wunsch, sich ihren Arbeitsplatz, vor allem ihren Schreibtisch, ein bisschen persönlich zu gestalten. Dagegen ist nichts einzuwenden, denn der Mitarbeiter soll sich ja wohl fühlen. Es ist aber zu beachten, dass das Umfeld des Mitarbeiters, also sein Schreibtisch, einen bestimmten Eindruck auf die Kunden macht. Also sollte man die Gestaltung seines Arbeitsplatzes aus beiden Gesichtspunkten betrachten.

Was haben wir schon gesehen, was uns nicht gefallen hat:

- überhäufter Schreibtisch, sodass der Mitarbeiter seine Unterlagen nur mit Schwierigkeiten gefunden hat;
- leere Kaffeetassen und volle Aschenbecher;
- den Joghurtbecher;

- das Boulevardblatt, das über Sex und Crime berichtet, am Arbeitsplatz des Wertpapierberaters, was nicht unbedingt Kompetenz vermittelt;
- das Lebkuchenherz vom letzten Besuch am Rummelplatz;
- ein Foto des Partners in freizügiger Kleidung oder im Badekostüm;
- Stofftiere und ähnliches;
- ausgetrocknete, unansehnliche Grünpflanzen, Blumenstöcke;
- vergilbte Unterlagen.

Die beste Wirkung auf Kunden macht ein geordneter, übersichtlicher, sauberer Arbeitsplatz.

> Checken Sie also Ihren Schreibtisch und entfernen Sie unpassende und überflüssige Utensilien. Tagsüber denken Sie ebenfalls daran, was auf Ihrem Schreibtisch nichts verloren hat und vermeiden Sie solche Beispiele, wie sie uns untergekommen sind. Ordnen Sie jene Unterlagen, die Sie am Schreibtisch benutzen.

Ein geordneter, übersichtlicher und sauberer Arbeitsplatz vermittelt dem Kunden den Eindruck, dass Sie für ihn da sind. Im umgekehrten Fall wird vermittelt, dass der Kunde stört (bei der Jause, beim Lesen etc.).

Überprüfung an Hand von Checklisten

Im Folgenden stellen wir Ihnen vier Checklisten zur Hand, die Ihnen die Überprüfung des Aussehens Ihrer Filiale erleichtern.

Diese Checklisten geben Sie in Ihre Terminevidenz, und zwar in den jeweiligen Überprüfungsrhythmen. So haben Sie alle wichtigen Punkte übersichtlich zusammengefasst und brauchen nicht ständig daran zu denken, sondern erst zum entsprechenden Termin.

Checkliste „Kundenempfang"	Beobachtung am:	Beobachtung am:
1. Wird die Geschäftstelle fünf Minuten früher geöffnet?		
2. Wird gegrüßt?		
3. Wird vom Kunden rasch Notiz genommen?		
4. Sind die Arbeitsplätze „geöffnet" (besetzt)?		
5. Wie findet sich der Kunde zurecht, wenn ein Arbeitsplatz nicht besetzt ist (Kasse, Beratungsplatz etc.)? Wo, wann, von wem wird er bedient?		
6. Gibt es Wartezeiten ■ an der Kasse, ■ am Schnellschalter, ■ am Beraterplatz?		
7. Wird eine Wartezeit begründet bzw. jedenfalls entschuldigt?		
8. Wird der Kunde zu einem anderen Gesprächspartner weitergeleitet (oder nur „geschickt"?)		
9. Wird der letzte Kunde vor dem Schließen noch serviceorientiert und freundlich empfangen?		
10. Wird die Geschäftsstelle fünf Minuten später geschlossen?		
11.		
12.		

Checkliste „Telefon"	Beobachtung am:	Beobachtung am:
1. Es wird spätestens beim dritten Läuten abgehoben.		
2. Die Meldung erfolgt korrekt (Name der Bank, Filiale oder Abteilung, Vor- und Zuname, Gruß).		
3. Der Anrufende wird begrüßt.		
4. Der Kundenname wird während des Telefonates zumindest einmal genannt bzw. wiederholt.		
5. Die Antwort ist richtig, es wird Hilfe oder Rückruf angeboten.		
6. Gegebenenfalls wird der Anrufer mit einmaligem Weiterverbinden zum richtigen Gesprächspartner vermittelt.		
7. Am Ende des Telefonats wird für den Anruf gedankt.		
8.		
9.		
10.		

Checkliste: Eindruck der Filiale innen und außen	Beobachtung am:	Beobachtung am:
1. Saubere Fassade		
2. Saubere Fensterscheiben (Staub, nach Regen usw.)		
3. Kein Schmutz am Gehsteig vor der Geschäftsstelle		
4. Sauberer Windfang, Eingang zur Geschäftsstelle		
5. Schaufenster ordentlich (Staub, tote Fliegen usw.)		
6. Schaufensterplakate aktuell		
7. Kleber und Plakate ohne Wellen, ohne abgerissene Ecken		
8. Leuchtschrift funktioniert (auch abends im Sommer)		
9. Beleuchtung der Auslagen an Jahreszeit angepasst		
10. Schrift an Eingangstür (zum Beispiel Öffnungszeiten) vollständig (keine fehlenden Buchstaben oder Ziffern)		
11. Prospektständer in der Filiale geordnet		
12. Keine herumliegenden Prospekte, Flugblätter		
13. Keine Papierzettel u. ä. am Boden der Geschäftsstelle		
14. Ausgeleerte Papierkörbe		
15. Ordentliche Arbeitsplätze (keine Kaffeetassen usw.)		
16. Geleerte Aschenbecher		
17. Prospekte sind aktuell		
18.		
19.		
20.		

Checkliste SB-Foyers	Beobachtung am:	Beobachtung am:
1. Das SB-Foyer ist auch außerhalb der Öffnungszeiten problemlos zu betreten.		
2. Alle Geräte sind betriebsbereit		
3. Im Geldausgabeautomat ist genügend Geld vorrätig (auch vor dem Wochenende).		
4. Beim Kontoauszugsdrucker ist ▪ das Papier korrekt justiert (gerade, in der richtigen Zeile), ▪ der Druck nicht zu blass, sondern deutlich lesbar.		
5. Im Foyer ist beim Kontoauszugsdrucker ein Papierkorb aufgestellt.		
6. Alle Pultkugelschreiber funktionieren.		
7. Das Foyer ist sauber, die Prospekte sind geordnet.		
8. Im Foyer befindet sich kein terminlich abgelaufenes oder unaktuelles Plakat.		
9.		
10.		
11.		
12.		

Tipp 92
Es regnet! Es beginnt zu regnen!

Immer wieder beobachten wir, dass es in manchen Filialen/Geschäftsstellen keinen Schirmständer gibt; weder im SB-Foyer, noch im Service- oder Beratungsbereich.

Wenn Sie an einem Regentag mit einem Schirm unterwegs sind und Sie betreten ein Geschäft oder ein Lokal, so gilt Ihr erster Blick dem Schirmständer. Mit einem nassen Schirm in der Hand ist man in seinem Bewegungsspielraum gehandicapt. Man hat nur eine Hand frei.

Überprüfen Sie, wie dies in Ihrer Filiale/Geschäftsstelle aussieht!

> Sie können dem Kunden nicht garantieren, dass es nicht regnet. Aber Sie können ihm garantieren, einen Schirm über ihn zu halten, falls es regnet!

Wenn ein Kunde bei Ihnen ist, und es beginnt zu regnen, oder er hat bei Regen keinen Schirm bei sich, so sind Sie ihm behilflich. Entweder haben Sie einige Schirme, die Sie als Werbeartikel verschenken können. Oder Sie schaffen sich einige Schirme an, die Sie verleihen, wie dies in manchen Hotels und Restaurants bereits üblich ist.

Eine weitere Möglichkeit ist es, den Kunden mit einem Schirm zu seinem Auto zu begleiten. Auch Sie würden diese Hilfsbereitschaft schätzen und sehr positiv aufnehmen.

Bei Regen reagieren viele Kunden besonders sensibel und fühlen sich unwohl. Man möchte nicht nass werden, man möchte die Hände frei haben usw. Reagieren auch Sie bei Regen besonders sensibel und achten Sie darauf, Ihren Kunden in dieser Situation behilflich zu sein.

Tipp 93
Drinnen warm, draußen kalt!

In der kalten Jahreszeit, in der wir uns befinden, ist auf etwas besonders zu achten: Die Kunden kommen in Winterkleidung zu Ihnen, mit Mantel, Schal, Kopfbedeckung. Sie kommen aus der Kälte in Ihre warmen Räumlichkeiten.

Bei Kurzbesuchen ist das natürlich kein Problem, aber schon bei Wartezeiten, und natürlich ganz besonders bei längeren Gesprächen, sollten Sie den Kunden die Möglichkeit geben, ihre Garderobe abzulegen.

Nicht selten beobachten wir, dass die Kunden im Mantel bei Beratungsgesprächen sitzen oder stehen. Der Kunde beginnt zu schwitzen, und wenn er dann wieder in die Kälte hinausgeht, ist die Gefahr der Erkältung groß.

Sorgen Sie also für generelle Möglichkeiten, die Garderobe im Kundenraum ablegen zu können, wenn Sie absehen können, dass der Aufenthalt, das Gespräch, länger als etwa fünf Minuten dauern wird.

Wenn Sie keine „verschnupften" Kunden haben wollen, dann achten Sie auf den Temperaturwechsel kalt/warm.

Tipp 94
Kundenfeiertag

Im Laufe eines Jahres gibt es eine Reihe von Feiertagen und Festtagen. Wir feiern Muttertag und Vatertag, und am Tag der Arbeit haben wir alle arbeitsfrei. Es gibt einen Tag des Buches, einen Tag des Kindes und vieles mehr. Was gibt es eigentlich für die wichtigsten Personen in unserem Beruf, für unsere Kunden?

Aus Amerika kommt die Idee des „Kundenfeiertages". Ein Tag im Jahr, der ganz besonders den Kunden gewidmet wird.

An diesem Tag gibt es Getränke und Brötchen für die Kunden, einen kleinen Blumengruß für die Damen, einen Dank für die Zusammenarbeit und die Treue der Kunden. Gleichzeitig auch Nachfrage nach der Zufriedenheit der Kunden mit der Filiale/Geschäftsstelle.

Vergleichbar mit unserem Weltspartag, aber doch mit einer anderen Begründung. Ein solcher Kundenfeiertag zusätzlich würde nicht das „Sparen", sondern den Kunden in den Mittelpunkt stellen.

An diesem Tag sind alle Mitarbeiter „festlich" gekleidet, die Filiale/Geschäftsstelle wird vorher aufgeräumt und mit Blumen geschmückt. Die Kunden werden schon beim Eingang begrüßt und zu einer vorbereiteten Theke (Stand/Tisch) geleitet, wo es Getränke, Brötchen, Nüsse oder Ähnliches gibt. Diese Zeit wird für Gespräche genutzt.

> Einen Kundenfeiertag sollten Sie zeitversetzt zum Weltspartag durchführen, am besten im Frühjahr.

Laden Sie Ihre Kunden bewusst für diesen Tag ein, schreiben Sie ein Informationsplakat und hängen Sie dieses sichtbar auf. Damit ein zusätzlicher Anreiz für Ihre Kunden gegeben ist, machen Sie an diesem Tag ein kleines Preisausschreiben für alle, die Ihre Filiale besuchen. Preise und deren Wert können Sie beliebig gestalten.

Auch zeitlich können Sie einen Höhepunkt einplanen. Zu einer bestimmten Zeit nehmen Sie eine Ehrung Ihres ältesten oder langjährigsten Kunden vor (Blumenstrauß, Geschenkkorb).

Sicher haben Sie noch zusätzliche Ideen, die in einem vertretbaren Kostenrahmen liegen. Wenn Sie einen Kundenfeiertag einführen, so ist dies ein Höhepunkt Ihrer ganzjährigen Bemühungen um den Kunden. Ein Tag, an dem Sie sich im emotionalen Bereich intensiv bemühen, Ihren Kunden eine Freude zu bereiten und sich zu bedanken.

Tipp 95
Wer erklärt den Kunden die SB-Geräte?

Von Zeit zu Zeit lässt sich beobachten, wie sich Kunden in SB-Foyers/SB-Zonen gegenseitig die Bedienung der Geräte erklären.

Auf die Frage, warum sie sich nicht an einen Mitarbeiter der Geschäftsstelle gewandt haben, antworten Kunden dann manchmal, dass sie sich zu einer solchen Frage nicht getraut hätten, aus Angst, wegen Nichtkönnens belächelt zu werden.

Viele Kreditinstitute haben zwar zur Eröffnung von SB-Foyers/SB-Zonen zusätzliches Personal, das den Kunden einige Wochen lang Geräte und deren Handhabung erklärt. Aber nicht alle Kunden werden damit erreicht und andere Kunden vergessen es wieder.

Dies zeigt uns, dass wir immer wachsam sein und beobachten müssen, was in den SB-Bereichen passiert, um informieren und helfen zu können.

Was können Sie tun?

1. Ein Mitarbeiter Ihres Teams (der „Service-Manager") übernimmt für einen bestimmten Zeitraum (ein bis zwei Wochen) die Aufgabe der Beobachtung und des eventuell nötigen Handelns. Dann wird gewechselt und ein anderer Mitarbeiter wird Service-Manager.

2. Wenn es personell möglich ist, hält sich ein Mitarbeiter direkt im SB-Bereich auf, entweder auf Dauer oder zumindest zu bestimmten Zeiten. Auch in diesem Fall sollte gewechselt werden, damit alle Mitarbeiter für diese Situation sensibilisiert werden. Bei getrennten Bereichen Service und Beratung sollten Sie auch die Berater von Zeit zu Zeit einbeziehen.

Die Kunden sind beim Hereinkommen zu begrüßen und nach ihren Wünschen zu fragen. Sie bieten Information und Erklärung an. Wenn Sie dann mit dem ein oder anderen Kunden ins Gespräch kommt, erhalten Sie oft Informationen für Geschäftschancen. Erleichtert wird diese Kontaktsituation im SB-Bereich durch einen kleinen Ablagetisch oder eine Stehtheke, wo Sie sich hinstellen und auch etwas ablegen können.

Egal, welche Variante Sie wählen, diese Aufgabe muss organisiert und eingeteilt werden, sonst „schläft" die Aktivität nach kurzer Zeit wieder ein. Sammeln Sie eigene Erfahrungen, aber probieren Sie es mal aus. Durch die Zunahme der Selbstbedienung werden andere Kontaktformen zunehmend bedeutender. Die ständige Betreuung der Kunden in den SB-Bereichen gehört zu diesen neuen Aufgaben. Wir müssen immer dort sein, wo auch der Kunde ist oder hingeht.

Tipp 96
Außer Betrieb – derzeit nicht besetzt

Zugegeben, die Geschlossen-Schilder sind schon weniger geworden, aber die Informationstexte für den Kunden sind nicht wesentlicher besser. „Außer Betrieb" steht auf den SB-Geräten, wenn sie nicht funktionieren. „Derzeit nicht besetzt" finden wir auf den Beratungsplätzen und an anderen Kundenkontaktstellen.

Eigentlich eine „Null-Information", die der Kunde selbst auch sofort bemerkt. Was interessiert denn den Kunden?

- Wann funktioniert das SB-Gerät wieder?
- Wo kann ich in der Zwischenzeit meine Geschäfte abwickeln?
- Wann ist der Platz wieder mit einem Mitarbeiter besetzt?
- Wo werde ich in der Zwischenzeit bedient/beraten?

Sie sollten also positive Informationen geben. An wen oder wohin sich der Kunde wenden kann.

Der Geldautomat wird gefüllt

Wenn der Geldautomat neu befüllt wird, so ist er für diesen Vorgang fünf bis zehn Minuten außer Betrieb. Die meisten Geschäftsstellen machen dies erkenntlich mit einem Schild „Außer Betrieb".

Dies ist eine für den Kunden wenig aussagefähige Information. Ist der Ausfall kurz oder lang? Soll der Kunde warten oder gehen? In einer Geschäftsstelle fanden wir folgenden Text, der uns gefallen hat:

„Dieser Geldautomat wird im Moment für Sie neu befüllt. In wenigen Minuten können Sie wieder Geld abheben."

Mit dieser Information kennt sich der Kunde aus und er kann entscheiden, ob er wartet, später wieder kommt, oder einen anderen Geldautomaten aufsucht.

Übrigens: Schild und Text hat sich diese Geschäftsstelle selbst überlegt und erstellt.

Wenn Sie Ihren Kunden aussagefähige Informationen geben, so ist dies ein klares/deutliches Zeichen, dass Sie sich in die Situation Ihrer Kunden versetzen können und kundenorientiert denken. Dies ist ein Zeichen von Service und Qualität, das der Kunde schätzt.

Tipp 97
Prospekte im Gummiband

In meiner Tätigkeit als Verkaufstrainer bin ich bei einem eher ländlichen Kreditinstitut. Training am Arbeitsplatz ist meine eigentliche Aufgabe. Doch meine Aufmerksamkeit gilt ganz besonders dem Beratungs- und Verkaufsplatz sowie den Beistellmöbeln. Und das sieht überhaupt nicht gut aus:

- Massenhaft Prospekte in Richtung Kunde – doch die Prospekte befinden sich im Gummiband, wie von der Verwaltungsabteilung geliefert!
- Diverse stärkere Broschüren – doch die Broschüren liegen noch im Karton von der Anlieferung!
- Musterrechnungen für verschiedene Geldanlagen und die Altersvorsorge – doch die Musterrechnungen enthalten keine (handschriftlich ergänzten!) Ziffern, Beträge und Zinsen, sondern sind mit einer Stahlklammer untrennbar zusammengefasst!
- Aktuelle Immobilienangebote (Vermietungen, Grundstücke, Eigentumswohnungen und Häuser) aus dem Geschäftsgebiet – doch sie liegen unter einem schweren Stein als Briefbeschwerer!

Eigentlich ist alles da, eigentlich sind die Verkaufshilfen auch gut gestaltet. Doch ein ganz wesentlicher Baustein zum verkäuferischen Erfolg fehlt:

> Eine kleine Einladung für den Kunden zum Zugreifen!

Da reicht schon das einfache Entfernen des Gummibandes, des Lieferkartons, der Stahlklammer oder des schweren Steins. In einem dekorativen Ständer wird die Aufforderung zum Mitnehmen noch klarer. Und die wirkungsvollste Einladung ist der Hinweis durch den Mitarbeiter „Bitte bedienen Sie sich!".

> Bitte überprüfen Sie Ihre Verkaufshilfen an Ihrem Beratungs- und Verkaufsplatz; damit forcieren Sie die Mitnahme der Prospekte und initiieren Zusatzverkäufe.

Tipp 98
Einmal im Jahr werfen wir die nicht gebrauchten Prospekte weg

Beim Besuch von Filialen / Geschäftsstellen stellen wir meist ein Überangebot an Prospekten, Broschüren, Foldern und Informationsblättern fest. Sie finden sich in Prospektständern und liegen auf Theken und Tischen. Manchmal sind sie schon verstaubt und manchmal veraltet. Sie liegen und liegen, bis dann einmal im Jahr ein „Groß-Aufräumtag" gemacht wird. Da werden dann diese alten Werbematerialien entsorgt, um Platz zu schaffen für eine neue Flut an Prospekten, Broschüren, Foldern und Zeitschriften. Alles beginnt von vorn.

Was dies aber letztlich an Geld kostet, daran denkt niemand. Gehen Sie deshalb sorgfältiger mit Ihrem Werbe- und Informationsmaterial um.

Überlegen Sie sich zum Beispiel, Ihren Bedarf zu verkleinern, und vereinbaren Sie mit dafür zuständigen Stellen Ihren Zuteilungsschlüssel. So finden Sie heraus, wie hoch die benötigte Anzahl des Infomaterials ist. Sollten Sie zuviel Material erhalten, so schicken Sie die Übermenge mit bestem Dank und der Bitte um anderweitige Verwendung wieder zurück.

Die Ihnen verbleibende Anzahl sollten Sie nicht nur auflegen, sondern sinnvoll verwenden. Konsequenter Einsatz im Verkaufsgespräch, gezielte Ansprache oder Zusendung an interessierte Kunden reduzieren Ihre Bestände, so dass Sie dann nichts mehr wegwerfen müssen.

Ihr Erfolg, die Erträge Ihrer Bank, werden nicht nur davon bestimmt, was Sie verkaufen, sondern wie sinnvoll Sie die Kosten steuern. Und beim Werbe- und Informationsmaterial haben Sie die Möglichkeit, dies zu beeinflussen.

Tipp 99
Erfolgsbilanz: drei kreative Ideen

Es ist notwendig, mit den Mitarbeitern nicht nur einmal im Monat über Verkaufsergebnisse zu reden, sondern ständig in kürzeren Abständen, am besten Tag für Tag. Am Ende eines jeden Tages sollte eine Erfolgsbilanz über den Verkaufserfolg dieses Tages gezogen werden.

Dies kann in der Form von Tabellen, Grafiken, Bildern erfolgen, die, für alle deutlich sichtbar, an einem für die Kunden nicht einsehbaren Platz hängen, an dem Mitarbeiter täglich mehrmals vorbeigehen. Dadurch können einerseits alle Mitarbeiter leicht ihre täglichen Verkaufserfolge eintragen, andererseits werden sie damit ständig mit dem Ergebnis optisch und folglich auch gedanklich konfrontiert. Jedes Mal, wenn jemand daran vorbeigeht, wird er erinnert, Kunden anzusprechen und zu verkaufen. Nur dadurch erreichen Sie, dass das Thema Verkauf ständig aktuell bleibt.

Für diese *optische Erfolgsbilanz* haben wir kürzlich drei interessante und originelle Umsetzungsbeispiele in Filialen gefunden:

1. Eine Filiale hat auf einem Bogen Flipchart-Papier einen Baum mit vielen Ästen gezeichnet. Jeder Mitarbeiter konnte nach einem Abschluss ein Blatt (oder einen Apfel) „aufhängen" (dazuzeichnen). Ziel der Filiale war es, in einem bestimmten Zeitraum einen „vollen Baum" zu haben.

2. In einer anderen Filiale wurde ein Bild gemalt. Begonnen hat der Filialleiter, indem er in die Mitte einen See gezeichnet hat. Jeder Mitarbeiter konnte nach einem Abschluss etwas dazuzeichnen, wobei der Kreativität keine Grenzen gesetzt waren. So entstand ein individuelles Bild und alle Mitarbeiter hatten Freude und Spaß, weil sie mitgestalten konnten. Diese Filiale „arbeitet" bereits an ihrem dritten Bild, die beiden ersten Bilder wurden gerahmt und aufgehängt.

3. „Mensch ärgere Dich nicht"

    Sie kennen dieses Spiel, das Sie früher oft mit Ihren Kindern gespielt haben. Die Mitarbeiter wurden in zwei Teams eingeteilt. Ab einer bestimmten Anzahl Abschlüsse konnte auf das nächste Feld weitergefahren werden, so lange bis der Sieger feststand. Und die Verlierer mussten dann irgendetwas organisieren oder eine „unbeliebte Arbeit" für einen bestimmten Zeitraum übernehmen. Das Spiel war im Sozialraum aufgelegt, so dass die Mitarbeiter immer den Spielstand verfolgen konnte.

Verkaufen fällt dann leichter, wenn es mit Spiel, Spaß, Wettbewerb und Freude verbunden wird, wenn die Mitarbeiter Ideen verwirklichen können. Mit diesen Beispielen einer Erfolgsbilanz erreichen Sie diese „Leichtigkeit" und haben gleichzeitig die Gewissheit, dass alle an das Verkaufen denken.

Tipp 100
Wie wirke ich auf Kunden?

Versuchen Sie, sich einmal in die folgende Situation hineinzudenken: Sie kaufen ein Grundstück, ein Haus, also eine Entscheidung, die Sie nicht alle Monate treffen, sondern vielleicht ein- oder zweimal in Ihrem Leben. Finanziell ist dies eine extrem bedeutende Angelegenheit.

Sie gehen nun zu dem Anwalt, der die Sache abwickelt. Sein Büro ist schon von außen schmuddelig, unsauber. Drinnen türmen sich die Aktenberge, alles sieht unordentlich und chaotisch aus. Und dann sitzt noch der Anwalt an seinem Schreibtisch mit Jeans, T-Shirt und Sandalen und sieht ungepflegt aus.

Sind Sie jetzt völlig unbeeindruckt und wenden sich vertrauensvoll an diesen Menschen, dem Sie eine Ihrer wichtigsten Entscheidungen anvertrauen? Oder sind Sie ein wenig irritiert und sich nicht mehr ganz sicher, ob Sie hier richtig sind.

Erwarten Sie sich nicht eher ein sauberes, aufgeräumtes, gediegen eingerichtetes Büro mit einem Anwalt, der Anzug und Krawatte trägt? Glauben Sie mir, die meisten Menschen werden so denken. Wenn unser erster Eindruck nicht mit unseren Erwartungen übereinstimmt, so ist in den meisten Fällen der Aufbau einer positiven Beziehungsebene und einer Vertrauenssituation erschwert.

Sicher hängt es auch vom Umfeld ab, von der Art des Einkaufs, von der Zielgruppe, welche Erwartungen an das Aussehen und Auftreten gestellt werden. Aber schon beim Einkauf von Waren für den täglichen Gebrauch, von Lebensmitteln, beurteilen wir die Personen, die uns bedienen. Lebensmittel, die wir von Verkäufern erhalten, die ungepflegt wirken und in verschmutzter Arbeitskleidung bedienen, nehmen wir schon mit etwas Unbehagen entgegen.

Tests in Kaufhäusern haben ergeben, dass die Kunden, wenn sie kompetente Beratung suchten, sich in erster Linie an jene Verkäuferrinnen wandten, die Kostüm, Blazer oder ähnliches trugen, und nicht an die Verkäuferinnen in Jeans, Mini, mit tiefem Dekolleté etc. Wenn an zwei nebeneinander liegenden Verkaufsstellen der gleichen Firma der eine Mitarbeiter einen Anzug trägt, der andere daneben ein offenes Hemd oder einen Pullover, und ein neuer Kunde die Auswahlmöglichkeit zwischen beiden Personen hat, und beide Stellen frei sind, so geht noch immer die Mehrheit der Kunden zu dem Mitarbeiter im Anzug.

Empfangsdamen ignorieren den Besucher in der Sportjacke oder im Freizeitlook, bevorzugen aber den Geschäftsmann im dezenten Anzug. Ob es uns gefällt oder nicht. Wir wollen verkaufen und deshalb müssen wir uns an den Erwartungen unserer Kunden orientieren. Und sicher ist, dass noch immer ein Großteil der Menschen, oft auch nur im Unterbewusstsein, dem Aussehen und Auftreten eines Verkäufers Beachtung beimisst. Sicherlich spielen auch Freundlichkeit und die persönliche Ausstrahlung eine große Rolle. Aber die richtige Kleidung erleichtert es, den ersten Kontakt herzustellen.

Für den ersten Eindruck gibt es keine zweite Chance!

Im Kontakt zwischen Menschen entscheiden sich in den ersten Sekunden des Zusammentreffens positive oder negative Assoziationen. Nicht nur Sympathie oder Distanz bis hin zur Abneigung, sondern auch persönliche Details, die einem gefallen oder abstoßen.

Das Erscheinungsbild und das Auftreten prägen sich als erster Eindruck besonders stark ein. Vor allem im negativen Bereich, denken Sie nur an Mundgeruch, schmutzige Fingernägel etc. Bei Folgekontakten weicht man diesen Personen wenn möglich gerne aus. Achten Sie daher morgens auf Ihre körperliche Hygiene und Ihr Aussehen.

Ein paar Punkte, die gelegentlich auffallen:

- Körpergeruch (Duschen, Deodorants, Eau de Toilette);
- Frischer Atem (Zähneputzen, Mundspray);
- Make up für die Damen (dezent!);
- Bartstoppeln bzw. ungepflegter Bart bei den Herren (rasieren!);
- Saubere Fingernägel (keine „langen Krallen" bei den Damen);
- Korrekte Kleidung (zum Beispiel Hemdkragenknopf geschlossen, Hemdärmel nicht aufgekrempelt);
- Ordentliche Schuhe (keine klappernden Gesundheitssandalen);
- Schweiß an den Händen (zwischendurch abtrocknen).

Auf welche Punkte wird beim Aussehen geachtet?

Bei einem Seminar über Qualitätsmanagement mit Studenten wurden diese befragt, welche Erwartungen sie an das Aussehen von Bankmitarbeitern stellen. Das Ergebnis war für uns überraschend, denn die Antworten ergaben eine ziemlich konservative Erwartungshaltung. Dies zeigt, dass auch junge Menschen ganz bestimmte Vorstellungen davon haben, wie ein Bankmitarbeiter aussehen soll. Wenn diese erfüllt werden, so gestaltet sich der Kontakt von Anfang an positiver. Andernfalls ist es schwieriger, die notwendige Vertrauensbasis für Geldgeschäfte herzustellen. Insbesondere überrascht haben uns die vielen „Negativ-Erwartungen", also was auf keinen Fall passieren sollte:

Kein Kaugummi, keine sichtbaren Tätowierungen oder Piercing, kein protziger Schmuck, kein zu intensives und aufdringliches Parfüm usw.

Der Erwartung, dass ein männlicher Bankmitarbeiter keinen Haar-Zopf tragen sollte, wurde von zwei Studenten, die selbst einen Zopf trugen, vehement widersprochen. In der Diskussion gab es allerdings eine klare Meinung der anderen Studenten, die so weit ging, dass sie ausführten, sich von einem „Zopfträger" nicht beraten zu lassen.

Nun möchten wir gar nicht behaupten, dass ein „Zopfträger" nicht ein ausgezeichneter Berater sein kann. Aber der erste Eindruck ist nun einmal besonders wichtig. Wenn bei einem Kunden dieser erste Eindruck mit seinen Erwartungshaltungen nicht übereinstimmt, so ist in den meisten Fällen ein Aufbau einer positiven Beziehungsebene und einer Vertrauenssituation erschwert.

Da wir in einem Dienstleistungsbetrieb, wie es ein Kreditinstitut nun einmal ist, uns nach den Kundenwünschen und den Kundenerwartungen richten müssen, nützt uns keine Diskussion über dieses Thema. Wenn wir Geschäfte machen wollen, dann müssen wir in unserem Aussehen den Kundenerwartungen entsprechen.

Namensschilder zum Anstecken tragen wir nicht! Ist dies richtig?

Bei Fluglinien, Hotelketten und anderen Großbetrieben ist es selbstverständlich und Usance, dass die Beschäftigten dieser Firmen Namensschilder tragen. Wenn dieses Thema in einer Bank angesprochen wird, so entfacht dies sofort den Widerstand der Mitarbeiter. Alle möglichen Gegenargumente werden angeführt:

- die meisten Kunden kennen einen ohnehin;
- man kann das Namensschild nicht tragen, weil die Nadel einen sichtbaren Einstich in Sakkos und Seidenblusen hinterlässt;
- usw.

Tatsache ist, dass im Durchschnitt im Bankenbereich nur etwa ein Drittel der Kunden die Mitarbeiter auch namentlich kennen, bei häufigem Personalwechsel und vielen jungen Mitarbeitern sinkt diese Quote deutlich. Tatsache ist auch, dass zum Beispiel die weiblichen Mitarbeiter nicht täglich eine Seidenbluse tragen und es heute Schilder gibt, die ein schonendes Anstecken oder Ankleben ermöglichen.

Also handelt es sich bei den vorgebrachten Argumenten überwiegend um Vorwände. Worin liegen diese begründet?

In den USA trägt man Namensschilder, um den Kunden Lob und Kritik zu ermöglichen. Es ist dies mit einer generellen Serviceeinstellung verbunden. In Europa ist diese Serviceeinstellung nicht so üblich, was sich auch oft im Verhalten ausdrückt, sodass man vor allem für Kritik nicht „zuordenbar" sein möchte. Sogar bei Beschwerden der Kunden geben viele Mitarbeiter auch auf Befragen der Kunden ihren Namen nicht bekannt.

Warum sollten Sie und Ihre Mitarbeiter also Namensschilder tragen?

1. Um Ihre Serviceeinstellung gegenüber Ihren Kunden zu dokumentieren.
2. Um Ihren Kunden Lob und Kritik leichter zu ermöglichen.
3. Wenn der Kunde seinen Bankmitarbeiter namentlich kennt, so festigt dies die Beziehung. Mit dem Namensschild sorgen Sie dafür, dass dies bei mehr Kunden der Fall ist als bei durchschnittlich 30 Prozent.
4. Wenn ein neuer Mitarbeiter in die Geschäftsstelle kommt, erleichtert das Namensschild den Kontakt, das Kennenlernen durch die Kunden. Als Vorbildwirkung sollten aber auch die anderen Kolleginnen und Kollegen ihre Namensschilder tragen. Insbesondere natürlich der Geschäftsstellenleiter.
5. Übrigens, eine Untersuchung hat ergeben, dass etwa 50 Prozent der Kunden den Geschäftsstellenleiter nicht kennen, insbesondere in größeren Geschäftsstellen.
6. Das Namensschild personifiziert die Bank durch den Mitarbeiter. Das Unternehmen ist für den Kunden nicht mehr anonym, da er bei Bedarf eine für sich arbeitende Bezugsperson hat.

Die Vorteile überwiegen also gegenüber dem aus unserer Sicht einzigen Nachteil, dem Anbringen an der Kleidung, insbesondere bei weiblichen Mitarbeitern. Aber es gibt heute praktische und optisch gut aussehende Lösungen.

Es hängt eigentlich nur vom Wollen der Mitarbeiter ab, ob Namensschilder getragen werden. Diskutieren Sie dieses Thema mit Ihren Mitarbeitern oder Kollegen und erarbeiten Sie eine für alle gültige Regelung für das Tragen von Namensschildern.

Teil VI
Führen

Tipp 101	Der erste Chef prägt entscheidend
Tipp 102	Das Mitarbeitergespräch
Tipp 103	Der Verhaltenskorridor: Mitarbeiter souverän führen und entwickeln
Tipp 104	Veränderungen machen Angst!
Tipp 105	Wenn die Ziele für das nächste Jahr fixiert sind, dann ist alles in Ordnung
Tipp 106	Was ist in Mitarbeiterbesprechungen diskussionsfähig?
Tipp 107	„Haben Sie diese Idee umgesetzt?"
Tipp 108	Ertappen Sie Ihre Mitarbeiter bei guten Leistungen!
Tipp 109	Mitarbeiter und Kunden begeistern
Tipp 110	Kontrolle oder Erfolgsbilanz?
Tipp 111	Die Mitarbeiterbesprechung
Tipp 112	Warum besucht ein Mitarbeiter ein Seminar?
Tipp 113	„Ich versuche es einmal!"
Tipp 114	Erste Erfolgsbilanz bei Verkaufsaktionen kurz nach dem Start
Tipp 115	„Ich habe da etwas Interessantes für Sie!"
Tipp 116	Haben Sie heute schon einen Mitarbeiter bestätigt, anerkannt oder gelobt?
Tipp 117	Beispiele wirken ansteckend! – Vorbild durch Beispiel
Tipp 118	Mitarbeiter gezielt führen – aber wie?
Tipp 119	Das Vorbild des Geschäftsstellenleiters
Tipp 120	Geht nicht – gibt es nicht!

Tipp 101
Der erste Chef prägt entscheidend

Ein junger neuer Mitarbeiter, ein Auszubildender oder ein jüngerer Neueintritt, orientiert sich fast ausschließlich am Verhalten seines ersten Chefs. Die Kultur und Ziele des Kreditinstituts werden in dieser Zeit über das lebende Vorbild, meist der erste direkte Vorgesetzte, vermittelt. So wie der neue Mitarbeiter seinen Chef und seine Kollegen erlebt, so wird auch er sich bald selbst gegenüber Dritten verhalten.

Erlebt der neue Mitarbeiter nicht von Anfang an – also in seinen ersten Tagen im neuen Kreditinstitut – die gewünschte Kundenorientierung und Servicehaltung, so prägen sich bei ihm andere Vorstellungen ein. Meist sind dies dann eher interne Schwerpunkte, wie revisionsgerechtes Arbeiten, verwaltungsorientiertes Denken, u. ä., die im Mittelpunkt von Einstellungen und Tätigkeiten stehen. Der Kunde, der die Beschäftigung in dem Kreditinstitut bezahlt und damit erst ermöglicht, wird nicht vorrangig gesehen.

Achten Sie deshalb als Führungskraft besonders auf diese erste Tätigkeitsphase bei neuen Mitarbeitern:

1. Führen Sie mit den neuen Mitarbeitern gleich am ersten Tag des Einsatzes in Ihrem Verantwortungsbereich ein grundsätzliches Gespräch, in dem Sie ihm Ihre generelle Sicht, Ihre Einstellungen zu Kunden sowie zum Verkauf und die gewünschte Richtung seiner Arbeit bewusst machen.

2. Beachten Sie das Verhalten Ihres neuen Mitarbeiters besonders in den ersten Tagen und Wochen; geben Sie ihm sehr bald Feedback unter dem Blickwinkel ‚Vertriebsorientierung'.

3. In größeren Filialen/Geschäftsstellen bestimmen Sie einen „Paten", einen erfahrenen und positiv eingestellten Mitarbeiter, der den Neuen begleitet und führt.

4. Führen Sie möglichst jeden Monat ein ausführliches Gespräch zur Weiterentwicklung des neuen Mitarbeiters, zumindest ein halbes Jahr lang, bis Sie sicher sind, dass Einstellung und Verhalten passen.

5. Fixieren Sie diese Termine mit den neuen Mitarbeitern oder die Sicherungstermine mit den Paten der neuen Mitarbeiter in Ihrem Zeitplan.

Wenn Sie sich gleich von Anfang an bewusst Zeit für Ihre neuen Mitarbeiter nehmen, so werden diese schneller Ihre Grundeinstellung übernehmen sowie Ihre Wünsche und Ideen im verkäuferischen Alltag umsetzen. Sie sparen dadurch spätere aufwendige Kontrollen und vor allem Korrekturen im Verhalten dieser Mitarbeiter.

Tipp 102
Das Mitarbeitergespräch

In einem Führungskräfteseminar haben die Teilnehmer, Team- und Gruppenleiter sowie Abteilungs- und Geschäftstellenleiter, eine umfangreiche Mängel-Checkliste zu Mitarbeitergesprächen erarbeitet. Hier beispielhaft die verschiedenen Defizite in der Führungspraxis bei Banken und Sparkassen aus der Sicht von dieser zufällig ausgewählten Gruppe:

- fehlende Inhaltsangabe vor dem Mitarbeitergespräch;
- unvorbereitete Mitarbeitergespräche;
- Notwendigkeit von Mitarbeitergesprächen wird von Führungskraft nicht gesehen;
- extreme Konfliktverdrängungen;
- Zeitdruck;
- Mitarbeiter kann wenig Ideen und Anregungen einbringen;
- Mitarbeitergespräche sind eine Restgröße in der Zeitverwendung von Führungskräften;
- fehlende Kontrolle und fehlende langfristige Konzeption;
- Mitarbeitergespräche finden zu selten statt;
- Unterminierte Mitarbeitergespräche;
- Monolog der Führungskraft;
- pauschalierende Kritik an Mitarbeiter;
- Gesprächsinitiative geht oft vom Mitarbeiter aus;
- Über-/Unterordnung von Führungskraft u. Mitarbeiter;
- Fehlende Ergebnis- und Vereinbarungsorientierung;
- Vertröstungen und leere Versprechungen;
- Vorwürfe an Mitarbeiter;
- Rechtfertigungen von Führungskräften.

In jeder erkannten Schwäche rund um Mitarbeitergespräche steckt ein Ansatzpunkt für gezielte Verbesserungen.

1. Das systematische ergebnisorientierte Gespräch

Mitarbeitergespräche sind geplante, ergebnisorientierte Gespräche zwischen Führungskräften und deren Mitarbeitern unter vier Augen. Sie sind das Führungsinstrument neben Mitarbeiterbesprechungen, das heißt Treffen des Teams, der Abteilung oder Gruppe in der großen Mitarbeiterrunde. Lesen Sie zu dem Thema Mitarbeiterbesprechung den Tipp 111.

Ergebnisorientierte Mitarbeitergespräche durchlaufen systematisch sechs Stufen:

Stufe 1: Gesprächseinstieg mit Anlass, Thema und Ankündigung

Stufe 2: Situationsanalyse aus Mitarbeiter- und Führungssicht mit Diskussion

Stufe 3: Lösungsansätze aus Mitarbeiter- und Führungssicht

Stufe 4: Vereinbarung konkreter Maßnahmen

Stufe 5: Sicherung der Vereinbarungen

Stufe 6: Weitere Themen und/oder Gesprächsausstieg

Alle Bemühungen in Mitarbeitergesprächen zielen auf eine beidseitig anerkannte Vereinbarung – auf ein messbares Gesprächsergebnis. Gespräche, in denen – letztlich ergebnislos – nur geplaudert wird, erfüllen deshalb nicht die hohen Ansprüche an ein Mitarbeitergespräch. Solche „ergebnislosen" Gespräche sind natürlich auch wichtig, denn sie fördern das Betriebsklima und schaffen oft die Voraussetzung für das systematische ergebnisorientierte Mitarbeitergespräch.

Die Inhalte der Stufe 1 signalisieren Mitarbeitern die Bedeutung des Mitarbeitergesprächs. Durch die offene, ehrliche Kommunikation erfährt dieser den Gesprächsanlass, wird in die Festlegung des Gesprächstermines eingebunden und erfährt frühzeitig die Gesprächsthemen, so dass er sich ebenso wie die Führungskraft gut vorbereiten kann. Die Führungskraft sorgt am besten für einen neutralen Gesprächsort – insgesamt eine gute Ausgangslage für ein Mitarbeitergespräch: Das Gespräch erfolgt nicht zufällig, sondern klar und geplant.

2. Die Situationsanalyse

Nach dem Gesprächseinstieg gilt es, die Ausgangssituation für das Mitarbeitergespräch zu klären. Wichtig dabei: Der Mitarbeiter soll sprechen – und weniger die Führungskraft. Dies kommt ja bereits in dem Begriff „Mitarbeitergepräch" zum

Ausdruck. Deshalb ist die Gesprächsführung für den Ablauf der Situationsanalyse außerordentlich wichtig.

Bewährt haben sich offene Fragen durch die Führungskraft an den Mitarbeiter. Zum Beispiel:

- „Wie sehen Sie die Situation?",
- „Was ist im Einzelnen passiert?",
- „Wie war ... aus Ihrer Sicht?",
- „Auf was haben Sie besonderen Wert gelegt?" oder
- „Wie ist ... im Detail gelaufen?"

Die W-Fragen führen zu größeren Gesprächsanteilen für den Mitarbeiter. Sie sind damit eine gute Grundlage für die ergänzende Analyse aus Führungssicht und eine kurze Diskussion der Analysestandpunkte.

Die Analyse kann sehr wohl unterschiedlich zwischen Führungskraft und Mitarbeiter ausfallen. Wichtiger ist die Offenheit und Deutlichkeit der beidseitigen Analyse. Selbst bei unterschiedlichen Analysen können im späteren Verlauf des Mitarbeitergesprächs noch gute Vereinbarungen getroffen werden. Begrenzen Sie zeitlich den Analyseabschnitt; die folgenden Lösungsansätze und Vereinbarungen sind für die Zukunft bedeutsamer.

3. Lösungsvorschläge

Mit guten Lösungsvorschlägen wird die Voraussetzung für eine Vereinbarung mit dem Mitarbeiter getroffen. Mit Fingerspitzengefühl aktivieren Sie die Kreativität Ihrer Mitarbeiter. *Bedenken Sie:* Vorschläge und Ideen der Mitarbeiter werden in aller Regel von den Mitarbeitern viel konsequenter realisiert als Vorgaben und Ideen von deren Führungskräften.

Gehen Sie direkt an Ihre Mitarbeiter mit Forderungen nach den Lösungsvorschlägen heran. Achten Sie erneut auf W-Fragen – Sie vermeiden damit ineffektive Ja- oder Nein-Antworten:

- „Was schlagen Sie vor?",
- „Wie könnte ... künftig gelöst werden?",
- „Welche anderen Möglichkeiten sehen Sie noch?",
- „Was würden Sie beim nächsten Kunden anders machen?" oder
- „Wo gibt es aus Ihrer Sicht Verbesserungswege?".

Erhalten Sie von Ihren Mitarbeitern keine Lösungsansätze, sollten Sie nicht vorschnell eigene Vorschläge bringen. Ihr Mitarbeiter würde sich schnell an diesen – für ihn bequemen – Weg gewöhnen und künftig noch weniger Vorschläge einbringen. Stecken Sie besser einen klaren Rahmen:

- „Ich halte es für sehr wichtig, dass Sie Vorschläge und Ideen einbringen. Deshalb schlage ich Ihnen vor, dass wir unser Gespräch vertagen. Sicher kommen Ihnen bis ... (circa fünf bis sieben Tage später) gute Ideen, die wir dann besprechen und auch umsetzen können."

Durch dieses Vorgehen verdeutlichen Sie Ihrem Mitarbeiter, dass Sie sein Mitwirken erwarten. Die Wahrscheinlichkeit künftiger Vorschläge steigt an. Letztendlich führen Sie Ihre Mitarbeiter autoritär zu kooperativen Verhaltensweisen.

4. Vereinbarungen

Ergebnisorientierte Mitarbeitergespräche zielen auf Vereinbarungen zwischen Führungskräften und Mitarbeitern. Der Erfolg des Gesprächs hängt entscheidend von dieser Gesprächsstufe ab.

Oft enden Mitarbeitergespräche mit Aussagen wie „Ich versuche es einmal" oder „Das probiere ich bei Gelegenheit". Bei solchen Reaktionen ist die Umsetzung der Absprache höchst unsicher bis unwahrscheinlich. Eine Vereinbarung setzt mehr voraus; es geht um beidseitige Akzeptanz.

Orientieren Sie sich an der taktischen Frage „Wie wollen wir jetzt verbleiben?" (nach dem Mitarbeitergespräch!). Beantworten Sie mit Ihrem Mitarbeiter die Unterpunkte der Frage

- „Wer macht was mit wem bis wann?".

Nur ganz konkrete Vereinbarungen halten nach dem Mitarbeitergespräch und werden dann auch realisiert. – Kontrollieren Sie noch einmal Ihre Vereinbarungen und fragen Sie konsequent nach:

- „Können wir so verbleiben?",
- „Geht das dann wie abgesprochen weiter?" oder
- „Sind Sie mit dieser Vereinbarung einverstanden?".

Bei zweifelnden Antworten gilt es, die Vereinbarung noch einmal zu überprüfen. Besser eine kleine realistische und damit realisierbare Vereinbarung als eine große unrealistische Vereinbarung (Bequemlichkeitsabsprache!) ohne späteres Ergebnis.

5. Sicherung der Vereinbarungen

In der vorangegangenen Gesprächsstufe ging es um Vereinbarungen zwischen der Führungskraft und seinem Mitarbeiter. Diese Vereinbarung/en gilt es zu sichern, so dass auch tatsächlich die spätere Umsetzung erfolgt. Dazu eignen sich drei Wege:

(1) Sicherungsgespräch

Sie sprechen mit Ihrem Mitarbeiter einen weiteren (oder mehere) Termin ab. Thema des Sicherungsgesprächs ist nur die Umsetzung der Vereinbarung. Damit signalisieren Sie, dass es Ihnen sehr ernst um die Umsetzung ist. Die Vereinbarung ist viel mehr, als nur das Ergebnis einer Tageslaune.

(2) Neugierde der Führungskraft

Sie kündigen Ihr Interesse an der Umsetzung der Vereinbarung an: „Ich werde in den nächsten Wochen hie und da bei Ihnen auftauchen und schauen, wie es mit ... läuft" oder „Ich helfe Ihnen gerne bei ... und bin deshalb häufiger in Ihrer Nähe". – Die Neugierde stimuliert die Umsetzung der Vereinbarung.

(3) Information bei Außergewöhnlichem durch Mitarbeiter

Sprechen Sie eine Verfahrensweise mit Ihren Mitarbeitern ab: Sie erwarten eine kurze Information, wenn die Realisierung der Vereinbarung gefährdet wird. Sie können dann schnell gegensteuern, Hilfe anbieten oder die Vereinbarung überdenken.

Ein zweites oder auch drittes Thema können Sie mit der gleichen Systematik, den sechs Stufen des Mitarbeitergesprächs, angehen. Doch denken Sie an den Erfahrungswert „Weniger ist oft mehr!". Lieber ein Thema intensiv und mit einer guten Vereinbarung besprochen als eine Vielzahl von Themenkreisen oberflächlich angerissen.

Tipp 103
Der Verhaltenskorridor: Mitarbeiter souverän führen und entwickeln

Patrick Beispiel ist 27 Jahre alt und Kundenbetreuer bei der XY-Bank-Sparkasse in Irgendwo. Nach einem hektischen Arbeitstag geht er mit zwei Freunden noch auf ein Bier in die Kneipe an der Ecke. Dann lässt er seinen Ärger und seine Wut über seinen Vorgesetzten so richtig raus:

- „Ich weiß ja meistens gar nicht, was mein Chef genau von mir erwartet!",
- „Heute die eine Vorgabe, morgen das ganz andere Ziel – da lässt man lieber gleich alles liegen!",
- „Klare Information, Hilfe und Unterstützung sind doch unbekannte Fremdwörter für unsere Häuptlinge; als Indianer hat man hier nur zu malochen!"

Diese Aussagen sind keine extremen Zitate, sie sind recht typisch für Mitarbeiter in Banken und Sparkassen. Rund die Hälfte aller Bankmitarbeiter vermisst nach verschiedenen Befragungen klare Rahmenbedingungen und Erwartungen, deutliche Aussagen über Stärken und Schwächen sowie individuelle realistische Entwicklungsmöglichkeiten und Perspektiven.

Führungskräfte bei Kreditinstituten konzentrieren sich auf das „quantitative Führen", auf das Führen mit immer wieder neuen Statistiken, endlosen Auswertungen und mit Zahlen, Zahlen und Zahlen. Diese Zahlen tauchen dann in Bildern (Charts, Tabellen, Kurven usw.) immer wieder auf. Quantitäten stehen ständig im Mittelpunkt. Doch das „qualitative Führen" wird aus Mitarbeitersicht bis auf wenige Ausnahmen schwer vernachlässigt.

Die Mehrzahl der Mitarbeiter wünscht sich eindeutige Orientierungen für ihr tagtägliches Verhalten von Ihren Führungskräften. Orientierungen über persönliche Stärken und Schwächen, über verkäuferische Schwerpunkte und Veränderungen, über aktuelle Entwicklungen und Tendenzen. Und Orientierungen werden den Mitarbeitern durch Verhaltenskorridore gegeben. Das Absprechen von Verhaltenskorridoren ist die ganz praktische Notwendigkeit im täglichen Miteinander.

Verhaltenskorridore enthalten eine klare verständliche Ich-Aussage der Führungskraft und sind direkt auf ein konkretes Verhalten des Mitarbeiters gerichtet. Sie können als Bitte und auch als nicht diskussionsfähige Vorgabe formuliert werden. Für den Mitarbeiter ist ein beidseitig akzeptiertes Ziel als begleitende Bedingung unerlässlich.

Verhaltenskorridore erfordern Nähe der Führungskraft zu ihren Mitarbeitern. Nur so kann der Rahmen (= Spielraum) für den Mitarbeiter gegeben und auch gesichert werden.

Bewährt hat sich Führungsverhalten, bei dem Führungskräfte für jeden Mitarbeiter gleichzeitig mindestens einen kurzfristig umsetzbaren (= in wenigen Wochen) Verhaltenskorridor und parallel einen längerfristigen (= für mehrere Monate oder gar Jahre) Verhaltenskorridor absprechen. Zu der detaillierten Absprache eines Verhaltenskorridors gehören selbstverständlich die „klassischen" Führungselemente wie Anerkennung, Bestätigung und Lob, aber auch Korrektur und Kritik sowie Hilfe, Ratschlag und Unterstützung.

Tipp 104
Veränderungen machen Angst!

Die Häufigkeit und die Inhalte der Schlagzeilen über Kreditinstitute übertreffen sich in den letzten Jahren:

- Die Presse berichtet fast täglich von kleinen und großen Fusionen, Filialschließungen, Personalabbau, ...;
- in der Öffentlichkeit wird mit immer neuen ‚Skandalen' über die Finanzkrise debattiert,
- die Fachpresse fordert die Kunden zu kritischen Vergleichen und zu intensivem Handeln rund um Konditionen und den Vertragsbedingungen auf;
- Marketing- und Vertriebsspezialisten berichten von neuen Trends, geänderten Vertriebswegen, alternativen Verkaufskonzepten;
- neue Kommunikations-)Techniken wie E-Mail, Internet und Online-Banking verbreiten sich in Windeseile und werden wiederholt von Kunden schneller und umfassender genutzt;
- Vorstände und andere Führungskräfte sprechen von der unsicheren Zukunft, von sinkenden Erträgen, von dem harten Wettbewerb, von den regionalen und globalen Herausforderungen ...

Das Sicherste im Kreditgewerbe scheint zur Zeit der stetige Wandel zu sein, der Wandel der sich Jahr für Jahr beschleunigt und mit seiner Dynamik bei vielen Bank- und Sparkassenmitarbeitern große Verunsicherungen auslöst. Die sehr wahrscheinlichen, aber doch ungewissen Veränderungen machen den Mitarbeitern auf breiter Front Angst!

Und diese Verunsicherungen, diese Ängste sind für den Kundenbetreuungs- und Verkaufsalltag ein ganz schlechter Motivator:

- Es wird gestaunt, gerätselt, vermutet – und das lenkt ab!
- Es wird gezweifelt, interpretiert, diskutiert – und das kostet Zeit und bindet Energie!
- Es wird projektiert, konzipiert, pilotiert, verworfen – und das hilft sehr oft weder den Kunden, noch den Mitarbeitern!

Führungskräfte werden in schwierigen, unsicheren und sehr herausfordernden Zeiten von ihren Mitarbeitern besonders stark gefordert. Die Mitarbeiter verhalten sich in diesem Veränderungsprozess äußerlich sehr unterschiedlich. Die Wenigsten sprechen ganz offen und offensiv über ihre Verunsicherungen und Ängste. Dennoch erwarten Sie von ihren Führungskräften

- eine längerfristige geschäftspolitische Zielsetzung und eine klare verkäuferische Linie,
- eine optimistische, lösungsorientierte und unterstützende Grundhaltung sowie
- ehrliche Informationen über geplante Maßnahmen und konkrete beschlossene Veränderungen.

Gift für die Mitarbeiter sind:

- Vermutungen („Vermutlich wird unsere Geschäftsstelle verkleinert, aber sicher ist noch nichts!");
- allgemeine Phrasen („Nichts wird so heiß gegessen, wie es gekocht wird!");
- Gleichgültigkeiten („Irgendwie geht's immer weiter!");
- Pessimismus („Wär ich nur fünf Jahre älter, dann könnte ich schon an den Ruhestand denken!", „In einem zweiten Leben werde ich sich nicht noch mal Bankkaufmann!"));
- Vertröstungen („Nehmen Sie das nicht so schwer, es gibt viel Schlimmeres im Leben!");
- Ironie/Sarkasmus („Dann müssen wir uns halt gemeinsam die Kugel geben!") und
- Drohungen („Wer jetzt nicht ranklotzt, der fliegt künftig ganz schnell!")

von Führungskräften. Dagegen hilft Mitarbeitern, wenn die Führungsmannschaft verdeutlicht, dass Veränderungen, Verbesserungen und Anpassungen ein positives Zeichen sind. Wer sich (als Institut und als Person) ständig den Marktveränderungen anpasst und damit in seiner Leistung verbessert, fällt nicht zurück und hat damit die Chance auf eine gute Zukunft, die Chance gerade bei Veränderungen im Wettbewerb zu bestehen.

Tipp 105
Wenn die Ziele für das nächste Jahr fixiert sind, dann ist alles in Ordnung!

Gegen Jahresende kommt üblicherweise die Zeit, in der mit den Vertriebseinheiten (zum Beispiel Marktbereichen, Geschäftsstellen, Betreuungsgruppen usw.) die Verkaufsziele für das nächste Jahr vereinbart oder vorgegeben werden. Die Aufgabe von dezentralen Führungskräften ist, diese Ziele ebenso mit den Mitarbeitern abzusprechen.

In vielen Fällen sind die Verkaufsziele des Folgejahres ein Ergebnis eines Rechenmodells, einer prozentualen Erhöhung der Vorjahresergebnisse, und/oder einer mehr oder weniger emotionalen Diskussion um Zahlen.

Wenn dann alle Zahlen fixiert sind und in der Summe das gewünschte Ergebnis rechnerisch erreicht ist, dann ist der Prozess in aller Regel abgeschlossen. Jetzt kann jeder der Beteiligten tief durchatmen, man hat ja schließlich alles fixiert.

Doch in Wirklichkeit beginnt der Prozess erst jetzt. Zahlen sind zwar wichtig, aber nicht das Wichtigste. Viel wichtiger ist die Frage und Überlegung, wie die abgesprochenen Ziele auch erreicht werden:

- Welche Aktivitäten und Aktionen müssen überlegt und/oder vorbereitet werden?
- Welche Hilfsmittel müssen erarbeitet und/oder bereitgestellt werden?
- Welche Kunden werden von wem angesprochen?
- Wie kann die gegenseitige Unterstützung im Mitarbeiterkreis organisiert werden?
- Wie wird die Realisierung der Zielerreichung überprüft und/oder gesichert?

Die Aufteilung und das Herunterbrechen von Zielen/Zahlen auf einzelne Mitarbeiter ist relativ einfach. Aber wer hilft den einzelnen Mitarbeitern bei der Durchführung von verkäuferischen Maßnahmen? Erst mit der erfolgreichen Umsetzung in tatsächliche Verkaufsaktivitäten werden die Zahlen zu Ergebnissen.

Wenn Sie also die Verkaufsziele für das nächste Jahr besprechen, dann diskutieren Sie nicht nur trockene Zahlen und Ziffern, sondern vor allem die möglichen Aktivitäten, die zur Erreichung der Zahlen führen werden. Nur wenn Sie mit Ihren Mitarbeitern die Maßnahmen besprechen, die zur Zielerreichung führen können, dann bekommen die Zahlen eine andere Gewichtung. Es stehen nicht nur nackte Zahlen im Raum, das Ziel erscheint dann leichter erreichbar.

Tipp 106
Was ist in Mitarbeiterbesprechungen diskussionsfähig?

Besprechungen von Verkaufsteams, Geschäftsstellen oder anderen organisatorischen Einheiten leiden oft an einer alten Krankheit: Es wird intensiv über Nicht-Diskussionsfähiges gesprochen und dann muss die Besprechung mit einem enttäuschenden „Das geht nicht!" oder „Das ist leider nicht möglich!" oder „Das ist schon anders entschieden worden!" beendet werden.

Die konstruktive Devise muss für alle Mitarbeiterbesprechungen lauten:

1. Trennen wir klar Diskussionsfähiges und Nicht-Diskussionsfähiges!
2. Konzentrieren wir uns dabei auf das Diskussionsfähige!

Nehmen wir ein Beispiel: Die Geschäftsleitung hat neue Zinssätze für Standardanlageformen festgelegt. Die Mitarbeiter sind verunsichert, denn einige wichtige Wettbewerber bieten jetzt deutlich günstigere Konditionen. Die geänderten Konditionen werden als ein Thema auf die Tagesordnung der monatlichen Mitarbeiterbesprechung gesetzt.

Der Geschäftsstellenleiter führt durch die Besprechung, doch er gibt keinen Diskussionsrahmen vor. Es wird dadurch intensiv, engagiert und vor allen sehr lange diskutiert: Die Beiträge drehen sich jedoch ganz schnell im Kreis, Sie drehen sich um eigentlich Nicht-Diskussionsfähiges: Die neuen Zinssätze sind – aus Mitarbeitersicht - nicht marktgerecht, die neuen Zinssätze müssten eigentlich höher liegen, die Zinsangebote widersprechen sich teilweise, Zinsfestlegungen finden am grünen Tisch statt usw. Die Besprechung endet ohne eine feste Absprache und wird ohne konkrete Hilfen für die Mitarbeiter geschlossen.

Was ist die Alternative zu solchen ergebnislosen Diskussionen über Nicht-Diskussionsfähiges?

Der Geschäftsstellenleiter führt in das Thema „Neue Konditionen" kurz ein. Er gibt dann eine klare Linie für die Besprechung vor: Reden wir bitte nur über das Diskussionsfähige! Und er konkretisiert, was er meint: Nehmen wir die neuen Konditionen so wie sie festgelegt sind, reden wir über das Verkaufen der neuen Konditionen und suchen wir nach konstruktiven Vorgehensweisen sowie Argumentationsmöglichkeiten.

Damit entsteht ein völlig anderes Besprechungsklima. Die Mitarbeiter erarbeiten gemeinsam konkrete Ansatzpunkte für die künftige Arbeit und gehen positiv gestimmt an ihre geänderten Aufgaben.

Übrigens: Wenn die Führungskraft die Trennlinie zwischen Diskussionsfähigem und Nicht-Diskussionsfähigem nicht vorgibt, kann auch jeder einzelne Mitarbeiter zum Einstieg die Frage danach stellen: „Was ist eigentlich bei unserem heutigen Thema diskussionsfähig und was ist vorgegeben?" oder „Wie sehen unsere Rahmenbedingungen aus?".

Durch das bewusste Trennen von diskussionsfähigen und nicht-diskussionsfähigen Besprechungsinhalten sparen Sie zum einen erheblich Zeit und schaffen gleichzeitig einen konstruktiven Rahmen für realistische Vereinbarungen.

Tipp 107
„Haben Sie diese Idee umgesetzt?"

In Trainings und Seminaren mit Mitarbeitern von Kreditinstituten stellen wir immer wieder fest, dass viele Anregungen, Vorschläge und Vorgangsweisen eigentlich bereits bekannt sind. Alle Teilnehmer wissen, was und wie man es machen kann, man nimmt die eine oder andere zusätzliche Idee positiv auf.

Einige Zeit später fragen wir als Trainer und fragen Führungskräfte ihre Mitarbeiter: „Haben Sie's umgesetzt?"- Die Antwort lautet fast immer: „Nein!" Dann folgen die Begründungen, meist Entschuldigungen und noch mehr Verteidigungsargumente:

- Gute Idee, aber in der Praxis ist es doch anders.
- Die Zentrale behindert uns, wir dürfen das nicht tun.
- Wir haben zu wenig Personal.
- Dafür haben wir keine Zeit.
- usw.

Die Aufzählung von Entschuldigungen und Rechtfertigungen lässt sich leicht fortsetzen. Das Problem ist also nicht das fehlende Wissen, sondern das mangelnde Tun. Sie sollten sich bewusst sein, wenn Sie mit Ihren Mitarbeitern nicht lernen, Maßnahmen systematisch und konsequent umzusetzen, werden diese Vorhaben im Sande verlaufen.

Was heißt nun systematisches und konsequentes Vorgehen?

1. Setzen Sie sich konkrete Ziele: WAS wollen Sie (Oder Ihre Mitarbeiter) bis WANN tun?

2. Schreiben Sie diese Ziele auf und geben Sie diese Aufzeichnung in die Wiedervorlage, damit Sie bereits zwischendurch überprüfen können, ob Sie bereits „auf dem richtigen Weg zum Ziel" sind.

3. Setzen Sie sich konsequent und systematisch Teilziele, beispielsweise: Jeden Tag einen Kunden anrufen. Denn mit einer realisierten durchführbaren Aktivität in einem kurzfristig überschaubaren Zeitraum erzielen Sie über eine längere Periode erstaunliche Erfolge.

4. Überprüfen Sie täglich die Erfüllung Ihrer Teilziele. Verbinden Sie in Zukunft eine für Sie wichtige und interessante Idee mit diesen vier Kriterien und Sie werden Ihre Idee leichter und schneller umsetzen.

Mit Systematik und Konsequenz erzielen Sie größere Erfolge. Damit Sie in Zukunft auf die Frage: „Haben Sie diese Ideen umgesetzt?" mit JA antworten können.

Tipp 108
Ertappen Sie Ihre Mitarbeiter bei guten Leistungen!

Überrascht Sie der Titel dieses Führungstipps? Führungskräfte sind immer wieder über diese ganz einfache und sehr wirksame Forderung erstaunt.

Leider sieht der Führungsalltag in den Kreditinstituten noch immer recht betrüblich aus: Scheinbar werden Führungskräfte vorwiegend für das Aufspüren von Unzulänglichkeiten, Ungenauigkeiten, schwachen oder minderen Leistungen, Fehlverhalten und Fehlern usw., bezahlt.

Es hat sich eine Führungs- und Verhaltenskultur eingespielt. Negatives wird sofort und aufwendig aufgespürt und besprochen, Positives scheint ganz selbstverständlich und wird kaum beachtet. Höhepunkt dieser Einstellung sind Führungsaussagen wie „So lange ich Ihnen nichts sage, ist alles in Ordnung!"

Sehr motivierend sind diese Einstellung und diese Aussage sicher nicht. Damit wird ein Klima der Fehlervermeidung geschaffen; neue Ideen, kreative Vorschläge, verbesserte Vorgehensweisen werden behindert. Der bessere Weg:

> **Ertappen Sie Ihre Mitarbeiter bei guten Leistungen!**

Suchen Sie deren Nähe, sind Sie neugierig und interessiert, unterstützen Sie Ihre Mitarbeiter, sprechen Sie mit ihnen über deren Aufgaben. Sicher beobachten Sie dabei viele erfreuliche Leistungen:

- Sagen Sie Ihren Mitarbeitern, was Ihnen gut gefällt: Ihre Mitarbeiter werden es beibehalten, Kollegen werden es bald auch übernehmen.
- Sagen Sie Ihren Mitarbeitern, was Ihnen auffällt: Ihre Mitarbeiter werden es überdenken, Kollegen werden es bemerken und sich daran orientieren.
- Sagen Sie Ihren Mitarbeitern, was Ihnen besser gefällt: Ihre Mitarbeiter werden es versuchen, Kollegen werden es ebenfalls probieren.

Nur wenn Ihre Mitarbeiter wissen, was Sie sich vorstellen, können sie danach handeln. Durch positive Rückmeldungen werden Ihre Vorstellungen klarer und die Mitarbeiter gehen motivierter an ihre Aufgaben.

Tipp 109
Mitarbeiter und Kunden begeistern

Die Mitarbeiterbesprechung ist zu Ende. Ein Teil des Geschäftsstellenteams setzt sich ohne den Leiter noch gemütlich zu einem Glas Wein zusammen. Und kaum hat die Mitarbeiterrunde Platz genommen fallen im vertraulichen Kreis Aussagen über den Geschäftsstellenleiter wie

- „Der glaubt selbst nicht an seine Argumente!" oder
- „Der steht ja auch nicht hinter seinen Vorschlägen!"

Kritische Aussagen, die das positive Ergebnis der Mitarbeiterbesprechung anzweifeln; kritische Aussagen, die an der Überzeugungskraft des Geschäftsstellenleiters zweifeln; Aussagen, die für eine klare Führungsschwäche stehen.

Wie lassen sich solche unangenehmen Mitarbeiterreaktionen für Sie als Führungskraft vermeiden?

1. Sprechen Sie gewinnend, sprechen Sie positiv

Ihre Sprache signalisiert Ihren Mitarbeitern, Kollegen, Vorgesetzten und Kunden Ihre Einstellungen. Einstellungen zu Personen, zu Entwicklungen, zu neuen Plänen, zu Vorschlägen, zu Verkaufsaktionen usw. Wie schnell „rutschen" vollkommen unabsichtlich Sätze raus: „Das war natürlich gar nicht so schlecht", „Da haben Sie keinen größeren Fehler gemacht" oder „Kein Problem!"

Der Inhalt stimmt, doch Ihre Gesprächspartner hören – gefühlsmäßig – die Begriffe „schlecht", „Fehler", und „Problem". Damit ist die negative Wirkung wahrscheinlich, auch wenn die negativen Begriffe verneint verwendet wurden.

Positive Aussagen – mit gleichem Inhalt – wirken gefühlsmäßig ganz anders: „Das hat mir gut gefallen", „Das haben Sie richtig gemacht" oder „Das geht sicher!"

2. Überzeugen Sie durch Demonstrationen

Ergänzen Sie Ihre verbalen Äußerungen durch gezielte Demonstrationen:

- Die Aussage „Ich bin von der XY-Kreditkarte überzeugt" klingt schon gut. Das Zeigen der Karte, das Nennen der eigenen Verwendungsstellen (konkrete Tankstelle mit Namen, Kaufhaus, Internet usw.) und auch das Zeigen einer typischen Monatsabrechnung wirkt noch überzeugender.
- Die klare Informationsweitergabe durch das gesprochene Wort ist gut. Das Vertiefen durch übersichtliche Charts und Folien zeigt mehr Engagement; das Ergänzen durch Tabellen, Grafiken, Übersichten und ausgehändigten Unterlagen ist einfach engagierter.

3. Begeistern Sie durch Ihre Körpersprache

Meiden Sie Zeichen von Unsicherheit wie beispielsweise fehlender Blickkontakt, geduckte Haltung, Unsicherheitsgesten sowie Lustlosigkeit wie das Zurücklehnen, Gähnen, wiederholte Blicke auf die Uhr und abwehrende Gesten. Ergänzen Sie Ihre sprachlichen Vorstellungen und Aussagen durch begeisternde Elemente der Körpersprache wie strahlende Augen, dynamische – nicht hektische – Bewegungen, offene Körperhaltung, gezielte aufwertende Gesten und gewinnendes Lächeln.

4. Gewinnen Sie durch Erlebnisse

Ergänzen Sie nüchterne Sachinformationen durch lebendige Geschichten, Beispiele oder Erlebnisse. Greifen Sie auf Ihre Erfahrungen zurück; am überzeugendsten sind Ihre eigenen persönlichen Erlebnisse. Sie drücken durch eigene Erlebnisse Nähe zu Ihren Gesprächspartnern aus – und Nähe ist überzeugend, gewinnend und begeisternd.

5. Stehen Sie zur Wahrheit: begeistern Sie durch Ehrlichkeit

Die Wahrheit ist der bewährteste und sicherste Weg zu Überzeugung und Begeisterung. Auch wenn die Wahrheit manchmal unangenehm oder gar negativ ist, die Wahrheit schafft Vertrauen und Zuversicht. Mit Wahrheit und Ehrlichkeit geben Sie Vorgesetzten, Kollegen, Mitarbeitern und Kunden einen klaren Handlungsrahmen. Ihre Aussagen wirken echt – Ihre Partner werden Ihnen folgen.

Tipp 110
Kontrolle oder Erfolgsbilanz?

Was fällt Ihnen – als Mitarbeiter, aber auch als Führungskraft – beim Begriff „Kontrolle" als erstes ein?

Zu etwa 80 Prozent werden negative Gedanken wie „Misstrauen", „Überprüfung", „Strafe" oder „Angst" zugeordnet.

Was fällt Ihnen bei Begriffen „Erfolgsbilanz" oder „Sicherungstermin" ein? Sicherlich überwiegen jetzt positivere Assoziationen, Gefühle und Gedanken.

Wer hat nicht – gerade auch als Mitarbeiter in einem Kreditinstitut - gerne Gefühle von Sicherheit und auch spürbaren Erfolg? Es ist wie beim Kegeln. Dort wird nicht mühsam kontrolliert, wie viele Kegel Sie tatsächlich getroffen haben. Nein, es wird die Trefferzahl, die Erfolgsquote, gezählt.

Bauen Sie daher auch am Erfolg Ihrer Mitarbeiter. „Jeder getroffene, jeder umgeworfene Kegel" ist ein Erfolg. Verwenden Sie für die Analyse von Verkaufsergebnisse den Begriff „Erfolgsbilanz". Bezeichnen Sie Nachfasstermine nach Absprachen mit Mitarbeitern nicht als Kontrolltermine, sondern freundlicher als „Sicherungstermine" oder „Sicherungsgespräch". Denn tatsächlich geht es um die Sicherung von Absprachen und Vereinbarungen.

Neben der Ausrichtung auf das positive Erfolgserlebnis bleiben Ihnen bei der Erfolgsbilanz mit dem zweiten Teil des Wortes durch das „Bilanz ziehen" genug Möglichkeiten, neben den „Aktiva auch die Passiva" zu besprechen. Aber die positive Interpretation steht im Vordergrund.

Tipp 111
Die Mitarbeiterbesprechung

Neben dem Mitarbeitergespräch (... 02), dem ergebnisorientierten Gespräch unter vier Augen, ist die Mi... ...echung **das zweite klassische Führungsinstrument**. Wir verstehen ... ...m Begriff Mitarbeiterbesprechung eine geplante komplette oder aber a... ...beiterrunde mit einer festen Zielsetzung und/oder Tagesordnung. Das ... ...chen mit Mitarbeitern – ohne Erge- nisorientierung – ist sicher auch k... ...er geht es allerdings um ein ganz bewusstes Führungsinstrument.

1. Chronologische Checkliste ...rbeiterbesprechung

Sie finden hier eine chronologische ... den Ablauf einer solchen geplanten Mitarbeiterbesprechung.

A. *Eröffnung der Besprechung*

   A.1 Begrüßung

   A.2 Ziel/Gemeinsamkeit/Anlass

   A.3 Organisatorischer Rahmen (l... ...oll, aktuelles Protokoll, zeitlicher Rahmen, Wortmeldungen, ... Ergänzung der Tagesordnung, Visualisierung usw.)

B. *Thema 1 der Tagesordnung*

   B.1 Einstieg

      B.1.1 Einführung in das Them... ...ick über das Thema

      B.1.2 Bedeutung des Themas ...eiter

   B.2 Analyse des Themas

      B.2.1 Analyse aus Mitarbeitersic... ...rbeiter möglichst kurz zu Wort kommen lassen)

      B.2.2 Analyse aus Sicht der Führu...

      B.2.3 Kurze Diskussion der Analyse.

   B.3 Lösungsvorschläge zum Thema

        B.3.1 Vorschläge aller Mitarbeiter sammeln

        B.3.2 Diskussion der Lösungsvorschläge

    B.4 Vereinbarung

        B.4.1 Abstimmung der Vereinbarung = Ergebnis

        B.4.2 Visualisierung und Fixierung der Vereinbarung

        B.4.3 Protokollierung der Vereinbarung – Ergebnisprotokoll

C. *Thema 2 der Tagesordnung*

– Ablauf wie unter dem Punkt B –

D. *Weitere Themen der Tagesordnung*

– Ablauf wie unter dem Punkt B –

E. *Ausstieg aus der Mitarbeiterbesprechung*

    E.1 Themennachlesen = weitere offene Themen aus der Mitarbeiter- und Führungssicht

    E.2 Zusammenfassung der Vereinbarungen aller Tagesordnungspunkte

    E.3 Optimismus/Positiver Ausstieg

Bei jedem Tagesordnungspunkt zielt die Mitarbeiterbesprechung auf Punkt „B.4 Vereinbarung mit dem Mitarbeiter". Der Erfolg wird an der späteren Umsetzung der einzelnen Vereinbarungen gemessen. Die klare chronologische Struktur erleichtert die Fixierung von konkreten Vereinbarungen.

2. Rahmen der Mitarbeiterbesprechung

Zufällige und gelegentliche Mitarbeiterbesprechungen bringen Ihnen nur zufällige Ergebnisse. Organisieren Sie deshalb regelmäßige und sorgfältig vorbereitete Mitarbeiterbesprechungen. Sie finden hier die wichtigsten Stichworte mit ganz konkreten Realisierungsvorschlägen:

- Termin   Möglichst regelmäßig – einmal pro Monat
- Zeitpunkt   Fester Termin außerhalb der Öffnungszeiten (zum Beispiel jeder 2. Dienstag im Monat von 16.30 bis 18.00 Uhr)
- Gruppengröße Günstig bis 12 Teilnehmer; ab 15 Teil nehmern Unterteilungsmöglichkeit prüfen
- Raum   In Arbeitsplatznähe; möglichst Anordnung im Kreis; notfalls: langer Tisch

▪ Visualisierung	Möglichst: Tageslichtprojektor, Flipchart, Beamer, Visualisierungswände (davon mindestens ein Hilfsmittel); Teilnehmerunterlagen
▪ Tagesordnung	Für alle Teilnehmer mindestens ein Tag vor der Besprechung einsehbar
▪ Protokoll	Ergebnisprotokoll; Protokollant wechselt regelmäßig; Protokoll für Abwesende einsehbar, möglichst: kein Leiterprotokoll
▪ Teilnehmerliste	Alle Mitarbeiter auf Liste; jeder anwesende Mitarbeiter zeichnet pro Termin ab
▪ Unterlagen	Teilnehmer erhalten vor der Besprechung Informations- und Vorbereitungsunterlagen (Ziel: inhaltliche Vorbereitung und Zeitersparnis)
▪ Leiter	Führungskraft oder wechselnd erfahrene Mitarbeiter des Teams; Leitung kann auch themenweise wechseln
▪ Themen	Höchstens drei größere Themen; mindestens ein Thema aus dem Mitarbeiterkreis
▪ Versorgung	Für Arbeitsatmosphäre sorgen; für Erfrischungen und Kaffee sorgen; kein Alkohol oder gar Kombination mit Geburtstagsfeiern oder Jubiläen
▪ Zeitrahmen	Nicht länger als zwei Stunden; Endtermin sicher einhalten; nicht erledigte Themen vertagen (falsch: Open-end-Veranstaltungen)
▪ Inhalte	Reine Informationsthemen auf anderen Wegen transportieren; Schwerpunkte: Akzeptanzthemen, Ideenfindungsthemen, Beteiligung aller Teilnehmer

3. Eröffnung der Mitarbeiterbesprechung

Bereiten Sie den Raum (möglichst in der Nähe der Arbeitsplätze – manchmal auch in entfernten Geschäftsstellen - Raumwechsel sorgt für unterschiedliche ‚Blickwinkel') für Ihre Mitarbeiterbesprechung sorgfältig vor: ausreichende Anzahl an Sitzplätzen, kreisförmig angeordnet, Visualisierungsmöglichkeiten, Teilnehmerunterlagen (Kopien), frische Luft und gute Temperatur, Erfrischungen usw. ... Kommen und starten Sie pünktlich (Vorbildfunktion!); lassen Sie Ihre Mitarbeiter keinesfalls warten (Wertschätzung!).

Beginnen Sie mit dem ersten großen Besprechungsthema erst dann, wenn Sie den organisatorischen Rahmen geklärt haben:

- Teilnehmerliste umlaufen lassen;
- freundliche Begrüßung (insbesondere Gästen besonders danken);
- positive Einstimmung in die Mitarbeiterbesprechung (zum Beispiel.: aktuelles Ziel, Gemeinsamkeit verstärken, besonderer Anlass; generell: Optimismus ausstrahlen);
- Wiederholung der Tagesordnung mit der Bitte um; weitere/aktuelle Themenvorschläge aus dem Teilnehmerkreis;
- Zusicherung der Zeitabsprache (zum Beispiel: „Unsere Mitarbeiterbesprechung wird heute bis maximal 18.00 Uhr dauern.");
- Festlegung des Protokollanten;
- Aufgreifen des Protokolls der vorangegangenen Besprechung mit der Prüfung der Absprachen (Was ist passiert? Was ist noch zu erledigen?).

Informieren Sie jetzt über den Ablauf der Besprechung (zum Beispiel „Frau Maier wird in das Thema XY einführen und die Diskussion dazu leiten. Bitte beteiligen Sie sich ...") und leiten Sie das erste Thema der Mitarbeiterbesprechung ein.

4. Erstes Thema der Mitarbeiterbesprechung

Überfrachten Sie Ihre Mitarbeiterbesprechungen nicht durch eine Vielzahl von Themen. Günstig sind zwei oder drei größere Themenkreise und mehrere kleine Themen. Arbeiten Sie bei jedem Thema auf eine – für jeden Teilnehmer – klare Umsetzungsvereinbarung hin.

Bewährt haben sich kurze Einführungen in jeden Themenkreis. Die Einführung kann von der Führungskraft, dem Besprechungsleiter, einem Mitarbeiter oder einem Besprechungsgast (zum Beispiel Spezialist der Zentrale) vorgenommen werden. Umfassende Informationen sollten einige Tage vor dem Termin allen Beteiligten zugänglich gemacht werden. Die Einführung sollte für alle Teilnehmer verständlich (eventuell Unterstützung durch übersichtliche Folien) sein. Wichtig ist dabei, die Bedeutung des Themenkreises für die einzelnen Teilnehmer hervorzuheben.

Alle Teilnehmer sollten bei der Analyse des Themas mitwirken (Beispielsweise: „Wie sehen Sie das Thema? – Lassen wir jeden reihum dazu etwas sagen!"). Achtung: Die Führungskraft sollte sich erst als letzter Teilnehmer äußern! – Die Analyse des Themenkreises schließt mit einer kurzen Diskussion.

Jetzt folgt schon der Weg zu einer Absprache/Vereinbarung mit den Mitarbeitern. Es werden Vorschläge zur Anwendung, zur Umsetzung und zur Verbesserung des Themas erfragt. Auch hier sollten erst die Mitarbeiter und dann die Führungskraft Lösungsvorschläge bringen. Trennen Sie das Sammeln und Visualisieren (Flipchart, Karten und Pinwand oder Folie) vom Diskutieren und Bewerten.

Stimmen Sie dann eine Vereinbarung mit allen Mitarbeitern (= Festlegung eines Ergebnisses) ab. Die Vereinbarung sollte möglichst von allen Teilnehmern akzeptiert werden. Fixieren Sie das Ergebnis für alle sichtbar und halten Sie die Vereinbarung im Protokoll fest. Gute Ergebnisse beantworten die Frage

- „Wer macht wann was mit wem bis wann?".

Trennen Sie klar und für alle offensichtlich diskussionsfähige Themen von nicht zur Diskussion stehenden klaren Vorgaben. Diskussionen und Ideensammlungen zu nicht Veränderbarem erzeugen nur Enttäuschung und Ärger, Demotivation und Frust bei den Beteiligten. Kündigen Sie am Ende eines Tagesordnungspunktes an, dass das protokollierte Ergebnis zu Beginn der nächsten Mitarbeiterbesprechung zur Ergebnissicherung aufgegriffen wird.

5. Weitere Themen der Mitarbeiterbesprechung

Eine typische Mitarbeiterbesprechung in einem Kreditinstitut hat mehrere, am besten zwei bis drei, größere Themen. Sie durchlaufen alle die gleichen Stufen, die Stufen unter dem vorangegangenen Punkt 4.:

Stufe 1: Einführung in das Thema

Stufe 2: Analyse (durch alle Teilnehmer) des Themas

Stufe 3: Lösungsvorschläge von allen Teilnehmern

Stufe 4: Abstimmung einer Vereinbarung

Die einzelnen Themen werden durch die vorgegebene und rechtzeitig veröffentlichte Tagesordnung sowie durch eine offene Frage zu Beginn der Mitarbeiterbesprechung („Was sollten wir heute noch zusätzlich auf die Tagesordnung nehmen?") festgelegt. Nach dem Motto „Weniger ist Mehr!" reichen die bereits genannten zwei bis drei großen Besprechungsthemen und einige wenige kurze Themen.

Gerade bei diesen weiteren Themen sollte jede Führungskraft darauf achten, dass Themen aus dem Mitarbeiterkreis auf der Tagesordnung stehen. Die Attraktivität und vor allem auch die Qualität der Mitarbeiterbesprechung (= die allseits akzeptierten Ergebnisse) leidet ganz schnell, wenn nur Themen der Führungskraft besprochen werden. Die „Mitarbeiter"besprechung wird dann leider sehr schnell zum „Führungskraft-Monolog".

Sollten Ihre Mitarbeiter keine Themenvorschläge bringen, dann müssen Sie die Themen aus Ihren Mitarbeitern „herauskitzeln": Stellen Sie immer wieder bei der Kommunikation im Tagesgeschäft Fragen wie:

- „Sollten wir dieses Thema nicht gemeinsam auf der Mitarbeiterbesprechung in der großen Runde besprechen?",
- „Das ist doch ein Thema für alle; sollten wir das nicht auf die Tagesordnung unserer Besprechung setzen?" oder
- „Was halten Sie davon, wenn wir das im Team auf unserer Besprechung bereden?".

> Bedenken Sie bitte immer: Die Mitarbeiterbesprechung heißt Mitarbeiterbesprechung, weil die Mitarbeiter wichtige Themen für Mitarbeiter besprechen sollen!

6. Ausstieg aus der Mitarbeiterbesprechung

Nachdem alle Tagungsordnungspunkte der Mitarbeiterbesprechung gemeinsam abgearbeitet sind, schließt die Führungskraft oder der Besprechungsleiter. Dabei gehören einige Punkte zum üblichen „Ausstiegsritual":

- Die einzelnen (zu protokollierenden) Ergebnisse werden noch einmal zusammengefasst.
- Der Leiter fragt nach aktuellen Fragen und offenen Punkten aus Sicht der Teilnehmer.
- Der Leiter informiert noch einmal über wichtige Termine, Schwerpunkte, Maßnahmen, Änderungen, Besonderheiten usw.
- Der Leiter dankt für die Mitarbeit, die Diskussionen und Ideen, das Engagement der Teilnehmer und
- Der Leiter sorgt für ein positives und optimistisches Schlusswort (zum Beispiel: „Ich freue mich jetzt schon auf die positiven Reaktionen unserer Kunden" oder „Ich bin sehr gespannt, wie groß unser Erfolg bei ... sein wird").

Nach der Mitarbeiterbesprechung kann jetzt eine gesellige Mitarbeiterrunde folgen. Die Initiative kann, muss aber nicht, von der Führungskraft ausgehen. Die Teilnahme sollte aus freien Stücken und nicht aus Zwang erfolgen.

Auch das gehört zum planvollen Ausstieg aus Mitarbeiterbesprechungen: Reden Sie als Leiter mit Ihren Mitarbeitern über Verbesserungsvorschläge für die Organisation und den Ablauf künftiger Mitarbeiterbesprechungen. Nicht die Besprechung selbst, sondern der Ablauf der Besprechung steht zur Diskussion.

Tipp 112
Warum besucht ein Mitarbeiter ein Seminar?

Pointiert und überzogen dargestellt: Der Mitarbeiter war schon lange nicht mehr bei einer Weiterbildung, er ist der Reihe nach jetzt einfach dran ("Jeder kommt mal dran!"), es ist im Fortbildungsprogramm so vorgesehen ("Jeder muss da hin!"), es könnte ihn motivieren ("Der soll mal was Gutes bekommen!") usw.

Was passiert, wenn der Mitarbeiter vom Seminar an seinen Arbeitsplatz zurückkehrt: Es wird ihm erzählt, dass während seiner Abwesenheit (Seminar ist ja fast wie Urlaub!) besonders viel los war und alle anderen wegen ihm mehr arbeiten mussten. Niemanden interessiert es tatsächlich, was er beim Seminar gelernt hat und was für das Team von Vorteil sein könnte.

Was ist die Auswirkung solcher Seminarbesuche?

Nach kurzer Zeit ist alles wie vorher, der Mitarbeiter vergisst seine Ideen, Anregungen oder Vorhaben und passt sich der bisherigen alten Routine an. Überspitzt pointiert und überzogen dargestellt?

Wir haben über 100 Mitarbeiter in Kreditinstituten befragt, bei wem der jeweilige Geschäftsstellen- oder Abteilungsleiter vor bzw. nach einem Seminar ein Mitarbeitergespräch über einen Seminarbesuch oder eine andere Weiterbildung geführt hat. Die Antwort war mehr als erschreckend für das Führungsverhalten: Gerad mal zehn Prozent!

Da dürfen wir uns dann nicht wundern, wenn sehr viel Mitarbeiterpotenzial nicht genutzt wird, und die Mitarbeiter resignieren und sich anpassen.

Eine Weiterbildung dient dazu, dass der Mitarbeiter dazulernt, dass Fachwissen, Verhalten, Abläufe und vieles andere mehr verbessert werden können. Allerdings: Nur mit dem Besuch allein erfolgt noch keine Umsetzung des Angebotenen am Arbeitsplatz. Diese muss durch die direkte Führungskraft gefordert, gefördert und gewährleistet werden. Denn: Die Weiterbildung von Mitarbeitern ist eine Investition, die auch eine Rendite einfahren soll.

Die meisten Mitarbeiter kommen von einem Seminar motiviert zurück und haben Ideen und Vorschläge, die sie aber oft alleine nicht umsetzen können. Sie befürchten Widerstand und Desinteresse der Kollegen. Bei unkonventionellen Ideen besteht auch die Angst, sich bei den anderen lächerlich zu machen. So bedarf es der besonderen Unterstützung durch den Leiter, wenn tatsächlich etwas verändert werden soll.

Was ist für Führungskräfte also zu tun?

Vor jedem Seminar, Training, Kurs, also vor jeder Weiterbildung ein Vorbereitungsgespräch mit dem Mitarbeiter: Warum besucht er diese Veranstaltung? Worauf soll er vor allem achten? Welchem Ziel dient es? Was soll er für das Team mitbringen? Was wird von ihm nach der Weiterbildung erwartet?

Und nach jeder Weiterbildung (möglichst innerhalb einer Woche) ein angekündigtes Nachbereitungsgespräch über die mitgebrachten Erkenntnisse: Was hat der Mitarbeiter gelernt, was möchte er umsetzen? Welche Ideen und Vorschläge hat er für das gesamte Team mitgenommen? Was könnte man verbessern, welche neuen Verkaufsansätze gibt es? Und welche Unterstützung braucht er bei und für die Umsetzung?

Und um alle Ihre Mitarbeiter einzubeziehen, empfiehlt sich bei Mitarbeiterbesprechungen einen Kurzbericht durch jeden Mitarbeiter, der von einer Weiterbildung zurückkommt, einzuplanen.

Der nächste Schritt: Treffen Sie eine Vereinbarung mit dem Mitarbeiter über die genauen Umsetzungsaktivitäten inklusive Zeitplan. Erst wenn Sie so vorgehen, wird der Seminarbesuch zu einer erfolgreichen Investition für den Mitarbeiter, für Sie als Leiter, für Ihr Team und für Ihr Kreditinstitut.

Und wenn Sie nun selbst Mitarbeiter sind, der diesen Beitrag liest und bei dem dies nicht so abläuft, wie vorgeschlagen (wenn Sie also zu den 90 Prozent gehören!): Fordern Sie das Vor- und Nachbereitungsgespräch von Ihrem Vorgesetzten ein. Vielleicht hat er es nur vergessen. Und wenn er nicht will, dann lassen Sie sich vielleicht versetzen.

Tipp 113
„Ich versuche es einmal"

Sie haben sich Zeit genommen und ein intensives Mitarbeitergespräch wegen einer verkäuferischen Neuerung geführt. Für die nächste Zukunft ist eine geänderte Vorgehensweise für den Mitarbeiter besprochen worden. Sie haben dazu eine klare Vereinbarung mit Ihrem Mitarbeiter getroffen. Sie erwarten demnach künftig eine Verhaltensänderung.

Doch dann beendet Ihr Mitarbeiter das angenehme Mitarbeitergespräch mit einer lockeren Bemerkung wie

- „Ich werde es einmal probieren!",
- „Ich werde mich bemühen!" oder
- „Ich versuchs 'mal".

Ist das ein Zeichen für eine echte Vereinbarung?

Die Gefahr ist nach solchen Mitarbeiteräußerungen sehr groß, dass die von Ihnen gewünschte Verhaltensänderung nicht realisiert wird. In solchen Mitarbeiteräußerungen steckt sehr viel Skepsis und wenig Motivation zu tatsächlichen Veränderungen. Wie können Sie auf solche Aussagen reagieren, um die gewünschten Verhaltensänderungen zu erreichen?

Hier sind direkte Botschaften mit ganz klaren eindeutigen Handlungsanweisungen von Ihnen gefordert. Dem Mitarbeiter muss schnell deutlich werden, dass der Versuch zu Veränderungen alleine nicht ausreichend ist. Sie erwarten keinen Versuch der Verhaltensänderung, Sie erwarten eine sichtbare Verhaltensänderung. Das gilt es auch klar auszusprechen:

- „Ich finde es gut, dass Sie es versuchen wollen. Der Versuch alleine genügt mir nicht. Ich bestehe auf der eben besprochenen Verhaltensänderung. Ich bitte Sie (in Wiederholungsfällen auch: „Mir ist das besonders wichtig!" oder gar „Ich erwarte von Ihnen, ..."), dass Sie künftig ... (die konkrete Vereinbarung noch einmal wiederholen!). Wir sollten am ... darüber sprechen, wie es bei Ihnen läuft."

Nur durch solche sofortigen konsequenten Reaktionen führen Mitarbeitergespräche zu tatsächlichen Verhaltensänderungen von Mitarbeitern.

Tipp 114
Erste Erfolgsbilanz bei Verkaufsaktionen kurz nach dem Start

Verkaufsaktionen werden meistens ausführlich vorbereitet. Die Kundenauswahl wird überlegt, der Gesprächsaufhänger diskutiert und die Verkaufsargumente gesammelt und verbessert. Man setzt sich persönliche Ziele und dann geht es an den Start.

Eine erste Zwischenbilanz über den Verlauf der Aktivitäten wird nach dem ersten Monat eingeplant.

Für erfahrene Verkaufsprofis ist das viel zu spät. Denn in einem Monat, auch schon nach ein bis zwei Wochen, kann eine Aktivität bereits erfolgreich gelaufen sein – oder sich aber als totaler Flop herausstellen.

Und gerade wenn es nicht erfolgreich läuft, so zeigt sich das schon nach ein, zwei oder drei Tagen. Die Mitarbeiter sammeln Negativerlebnisse, die sich dann bis zur ersten Besprechung nach einem Monat verstärken. Die Gedanken beginnen Widerstände und Widerstände zu formulieren und Begründungen für den Misserfolg zu suchen. Es gelingt nur noch selten, an den Erfolg zu glauben.

Steuern Sie dieser Entwicklung frühzeitig entgegen. Sprechen Sie deshalb kurz nach dem Beginn einer Verkaufsaktivität über die ersten Erfahrungen. Mit welchen Argumenten stellt sich Erfolg ein? Wie lassen sich Kundeneinwände am besten entkräften? Das gibt Bestätigung und Sicherheit für den weiteren Verlauf. Ein erfolgreicher Beginn kann verstärkt, Mitarbeiter von den Erfahrungen der Kollegen lernen, eventuelle Probleme und Schwierigkeiten können wahrscheinlich noch rechtzeitig korrigiert werden.

Meist sind die Probleme nicht grundsätzlicher Art. Sie liegen eher in der Argumentation, die dann rechtzeitig im Team überdacht und geändert werden kann. Also: Streben Sie nach der ersten Erfolgsbilanz bereits kurz nach dem Start einer Verkaufsinitiative – am besten am Ende des 1. Umsetzungstages der neuen Verkaufsaktion.

Tipp 115
„Ich habe da etwas Interessantes für Sie!"

Eine wesentliche Führungsaufgabe ist die Entwicklung und die Unterstützung der Mitarbeiter rund um das Kernthema Verkaufen. Viele Führungskräfte tun sich dabei sehr schwer und verzichten – oft unbewusst – auf verkäuferische Impulse.

Dabei ist es eigentlich recht einfach, das verkäuferische Verhalten der Mitarbeiter

- zu verstärken,
- abzustellen und
- neu zu etablieren.

Nutzen Sie dazu gezielt Veröffentlichungen, die Ihnen im Alltag rund um Ihrem Schreibtisch auffallen: Veröffentlichungen in der Tages- und Wirtschaftspresse mit verkäuferischen Innovationen und Trends, Veröffentlichungen in Fachzeitschriften und Verbandsorganen über Bankmarketing und Vertrieb, Unterlagen von Tagungen und Kongressen, Ausdrucke aus dem Internet oder auch Fachbücher – wie dieses hier – mit Beiträgen zur verkäuferischen Vorgehensweise und der Argumentation im Beratungs- und Verkaufsgespräch.

1. Schritt: Lesen Sie – bei Ihrer bank- oder vertriebsorientierten Lektüre - ganz bewusst mit dem Hintergedanken „Mit welchem Beitrag kann ich etwas bei einem meiner Mitarbeiter bewegen?"

2. Schritt: Fertigen Sie immer wieder gezielt Kopien (Ausdrucke, Folien, Charts usw.) in unregelmäßigen Abständen für Ihre einzelnen Mitarbeiter an. Begrenzen Sie jeweils das Volumen auf wenige Druckseiten. Stellen Sie das für jeden einzelnen Mitarbeiter besonders Interessante durch Hervorhebungen (zum Beispiel gelber Markerstift) heraus.

3. Schritt: Sprechen Sie ganz kurz bei der Aushändigung der Kopien mit dem jeweiligen Mitarbeiter. Die Kernbotschaft kann „Ich habe da was sehr Interessantes (Neues/Wichtiges/Aktuelles) für Sie!" lauten. Und vor allem: Kündigem Sie ihm gleich an, dass Sie in einigen Tagen über die Unterlage/Beitrag/Ausdruck/Kopie noch einmal sprechen möchten.

4. Schritt: Suchen Sie ein kurzes Gespräch über jede verkäuferische Anregung. Fragen Sie nach der Bedeutung, Umsetzung bzw. Anwendung der Inhalte der Veröffentlichungen.

Streuen Sie Ihre „Entwicklungsimpulse" nicht einheitlich über Ihre gesamte Mannschaft. Der Erfolgsweg ist die individuelle Zuordnung einzelner Anregungung zu einzelnen Mitarbeitern und am besten noch zu unterschiedlichen Terminen. Sie dokumentieren mit diesen vier Schritten immer wieder Ihren Mitarbeitern Ihr Interesse an der kontinuierlichen Qualitätsverbesserung rund um das Verkaufen. Sie geben sehr effizient Hilfestellung und zeigen konkrete Wege zur persönlichen Weiterentwicklung.

Achten Sie neben konkreten verkäuferischen Optimierungsvorschlägen (= typische How-to-do-Beiträge) auch auf Beiträge, bei denen es vor allem um generelle Einstellungen zur beruflichen Tätigkeit, zu Kunden, zum Wettbewerb oder zu Veränderungen in der Kreditwirtschaft geht.

Tipp 116
Haben Sie heute schon einen Mitarbeiter bestätigt, anerkannt oder gelobt?

Sie kennen als Mitarbeiter oder Führungskraft in einem Kreditinstitut das stete Klagen von Kollegen

- „Keiner lobt mich!",
- „Niemand nimmt meine Leistung richtig wahr!" oder
- „Da hängt man sich richtig rein und das war's dann!".

Es wird allgemein ein erhebliches Defizit an persönlicher Anerkennung, Bestätigung und Lob festgestellt – und das auf allen hierarchischen Ebenen. Durchbrechen Sie als Führungskraft, aber auch als Mitarbeiter, dieses Defizit und handeln Sie mindestens nach einer Devise:

> Jeden Tag nehme ich eine gute Leistung wahr und bestätige diese gegenüber dem anderen!

Sie werden erstaunt sein, wie schnell Sie dann auch Anerkennungen, Bestätigungen und Lob aus Ihrer Umgebung zurückerhalten. Achten Sie dabei auf einige Rahmenbedingungen:

- Verbinden Sie die Anerkennung mit einer Leistung (zum Beispiel „Mir hat es sehr geholfen, dass Sie mich sofort über ... informiert haben." oder „Herzlichen Dank für die ... Hilfe. Ich habe dadurch viel Zeit bei der Vorbereitung von ... gespart.")
- Bestätigen Sie auch schwächere Mitarbeiter/Kollegen bei normalen Leistungen. Zum Beispiel „Ich danke Ihnen allen, dass wir jetzt pünktlich mit der Mitarbeiterbesprechung beginnen können", „Es gefällt mir, dass Sie das Gespräch mit dem Kunden vorbereitet haben und das Gesamtobligo ausgedruckt haben." oder „Gut, dass Sie auch alle Unterpunkte des ... Formulars vollständig ausgefüllt haben.".
- Loben Sie möglichst alle Mitarbeiter, Kollegen und auch Vorgesetzte gleichmäßig, sofort und anlassbezogen. Wichtig: Gerade auch Führungskräfte erhalten selten positive Rückmeldungen und freuen sich deshalb ganz besonders über sprachliche und körpersprachliche Anerkennungen! Zum Beispiel: „Es hat mir sehr geholfen, dass ich von Ihnen rechtzeitig alle Information zu ... erhalten habe!".

- Zeigen Sie auch durch Ihre Körpersprache (Haltung, Gestik, Mimik) persönliches Lob, positive Anerkennung und Bestätigung: Nicken, freundliches Strahlen, bestätigendes Lachen, bestätigende Gestik (Daumen hoch!) usw.
- Meiden Sie negative, abwertende und entschuldigende Aussagen. Zum Beispiel „Das war gar nicht so schlecht", „Da hatten Sie einfach nur Glück!" oder „Da muss ich Sie heute direkt einmal loben".; Nutzen Sie emotional angenehme Begriffe, beispielsweise „Das hat mich gefreut", „Toll, dass Ihnen das so gut gelungen ist" oder „Ich bin sehr stolz darauf, dass Sie das so schnell und so gut hingekriegt haben!", „Danke für Ihr Engagement bei …!"..

Tipp 117
Beispiele wirken ansteckend! – Vorbild durch Beispiele!

Was Sie auch immer als Führungskraft von Ihrem Team und den einzelnen Teammitgliedern verlangen, Sie sollten sich selbst daran messen lassen, Sie sollten es auch selber tun. Wenn Sie beispielsweise jedes Teammitglied dazu bringen wollen, den anderen Mitarbeitern bei deren Arbeit zu helfen oder sich gegenseitig über Wichtiges zu informieren, können Sie Ihre Mitarbeiter nur überzeugen, wenn Sie mit gutem Beispiel Ihren Mitarbeitern ein Vorbild geben.

Die Gesetze der menschlichen Beziehungen – zuhören, sich respektieren und sich umeinander kümmern – können alle am besten an Beispielen erläutert werden.

Als Jesus seine Jünger lehren wollte, dass sie als Führer fähig sein sollten, den Bedürfnissen der Einzelnen nachzukommen, hielt er ihnen keinen langen Vortrag über soziale Psychologie. Stattdessen nahm er eine Schale Wasser und ein Handtuch, kniete nieder und wusch ihnen die staubigen Füße.

Indem er die Arbeit des niedrigsten Hausdieners vorlebte und zeigte, lehrte er sie die Notwendigkeit der Demut als christliche Führer. Eine Tugend, die im krassen Gegensatz zu der Arroganz der heidnischen Könige und Herren stand, die sich selbst ständig rühmten.

Beispiele wirken spontan ansteckend. Es ist die Aktion oder das Verhalten, das Nachahmung anregt. Kinder ahmen von Natur aus nach, sie lernen von ihrer Umgebung. Wir halten als Erwachsene diesen Charakterzug zurück. Es kann sehr entscheidend sein, wie Sie das richtige Klima schaffen, wie Sie sich selbst als Führungskraft oder Kollege geben.

Und noch ein geschichtliches Beispiel: Als Napoleon nachts einen Wachsoldaten schlafend vorfand, nahm er die Muskete des Mannes und hielt selbst mehrere Stunden Wache. Und wie sehen aktuelle Beispiele in Kreditinstituten aus?

- Die Pünktlichkeit ist ein ganz offensichtliches Thema. Wenn Sie von Ihren Mitarbeitern wie selbstverständlich Pünktlichkeit verlangen und dafür auch Gruppenregeln aufstellen, so gelten diese auch für Sie: pünktlicher Arbeitsbeginn, pünktliche Rückrufe, pünktliche terminierte Verkaufsgespräche, pünktlicher Besprechungsbeginn usw. – Eine Führungskraft kann es sich nicht leisten, die Teilnehmer (Mitarbeiter) einer Besprechung warten zu lassen. Das kostet erst die teuere Zeit aller Teilnehmer und dann werden diese Teilnehmer andere (Kunden/Kollegen) bald auch warten lassen.

- Ihre persönliche Mitarbeit und Hilfe im Kundengeschäft an geschäftsstarken Tagen (zeitlich begrenztes ‚Einspringen' und Entlasten) ist ein weiteres deutliches Signal an Ihre Mitarbeiter!
- Wenn Sie gehbehinderten und alten Kunden oder Müttern mit Kinderwagen beim Öffnen der Türen helfen, werden Ihre Mitarbeiter das bald nachahmen.
- Wenn Sie jeden Kunden, der die Geschäftsstelle betritt, grüßen und mit dem korrekten Namen ansprechen, so wirkt das ansteckend auf Ihr gesamtes Team.
- Wenn Sie vorleben, was Ihre Mitarbeiter tun sollen, dann werden Ihre Mitarbeiter dieses „Vorbild durch Beispiele" bald selbst anwenden.

Serviceeinstellung und Verkaufsverhalten sind auf diese Art und Weise am leichtesten bei den Mitarbeitern in der direkten Umgebung zu erreichen. Sind Sie mit Verhaltensweisen Ihrer Mitarbeiter nicht zufrieden, prüfen Sie immer die Frage „Was kann ich vorleben?", damit Ihre Mitarbeiter es nachleben.

Tipp 118
Mitarbeiter gezielt führen – aber wie?

Rund ein Drittel der Verkaufsergebnisse in Geschäftsstellen von Kreditinstituten lassen sich direkt durch das Führungsverhalten des Geschäftsstellenleiters erklären. Das ist das Ergebnis einer breit angelegten Untersuchung bei über 200 Geschäftsstellen von Sparkassen in Deutschland. Etwas anders formuliert:

- Führungskräfte, die ihre Führungsaufgabe vernachlässigen, vergeben bis zu einem Drittel Ihres Marktpotenzials!
- Führungskräfte, die ungeschickt und falsch ihre Führungsaufgabe wahrnehmen, vergeben ebenfalls bis zu einem Drittel Ihres Marktpotenzials!

Wo liegen jetzt die entscheidenden Erfolgsfaktoren für wirksame Mitarbeiterführung im Verkauf?

Wir konzentrieren uns hier auf drei wesentliche und vor allem überschaubare Grundsätze; drei Grundsätze praktischer und wirksamer Mitarbeiterführung, die Sie sofort in Ihre eigene Führungspraxis einbauen können und damit schnelle Erfolge bei Mitarbeitern erzielen können:

1. Kritik zum Verkaufsverhalten

Reine Kritik fordert zu Widerspruch heraus (Führungskraft: „Die Beratung war nicht gut" – Antwort des Kundenbetreuers: „Ich hatte ja auch keine Zeit für Vorbereitung oder ein längeres Gespräch!"). Die Kritik ist in die Vergangenheit gerichtet und gibt außerdem keine Anhaltspunkte für eine Verhaltensveränderung. Deshalb:

> **Verstärkung statt Kritik!**

Verstärkungen geben Mitarbeitern klare Handlungsanweisungen (Führungskraft: „Ihre Terminabsprache hat mir gut gefallen, besonders die Terminbestätigung auf Ihrer Visitenkarte") und damit Sicherheit. Mit hoher Wahrscheinlichkeit werden Verhaltensweisen von Mitarbeitern wiederholt werden, die durch Führungskräfte verstärkt wurden.

2. Korrektur von Verkaufsverhalten

Wenn Führungskräfte das Verhalten ihrer Mitarbeiter korrigieren (Führungskraft: „Sie vergessen immer wieder den Zusatzverkauf gerade bei jüngeren Kunden"), führt das sehr schnell zu wenig fruchtbaren Diskussionen. Erinnern Sie sich an ein bewährtes Führungsprinzip, das Sie als Tipp 108 in diesem Buch bereits kennengelernt haben „Ertappen Sie Ihre Mitarbeiter bei guten Leistungen!". Deshalb:

> **Anerkennung statt Korrektur!**

Anerkennungen bauen das Selbstwertgefühl Ihrer Mitarbeiter auf und geben damit Sicherheit zum erfolgreichen Verkaufen. Anerkennungen erfordern allerdings auch Nähe zu den einzelnen Mitarbeitern (Führungskraft: „Ihr Einstieg mit der Bedarfsfrage zum Zusatzverkauf mit der Nutzenargumentation ‚Steuerersparnis' hat mir gut gefallen. Ihr Kunde hat auch sofort angebissen ...") und vor allem Energie zur intensiven Beobachtung, bis anerkennenswerte Verhaltensweisen angesprochen werden können.

3. Forderungen zum Verkaufsverhalten

Klare Vorgaben werden schnell zu (unerfüllbaren) Forderungen an die Mitarbeiter im Verkauf. Die schnelle Forderung von Führungskräften („Eine Bausparberatung darf maximal 15 Minuten dauern!") gibt wenig Orientierung und schon gar keine Hilfe zu konkreten Verhaltensänderungen. Deshalb:

> **Lob statt Forderungen!**

Konkretes Lob verstärkt Verhaltensweisen im Verkauf: „Gut, dass Sie sich heute nur auf den Bauspartarif B konzentriert haben. Damit ist Ihre Empfehlung an den Kunden sehr deutlich geworden und Sie haben zusätzlich viel Zeit gespart – außerdem hat der Kunde dadurch auch alles verstanden!". Mit dem Lob konkretisieren Sie die allgemeine Forderung.

Übrigens: Verstärkung, Anerkennung und Lob sind nicht nur bewährte Führungsmittel – sie eignen sich auch exzellent in der Unterstützung von Beratungs- und Verkaufsgesprächen.

Tipp 119
Das Vorbild des Geschäftsstellenleiters

Führungskräfte beeinflussen durch ihre Tätigkeit viele andere Menschen und insbesondere die eigenen Mitarbeiter. In einem Unternehmen gibt es eine Reihe von Dingen, die sich der Organisierbarkeit schlechthin entziehen und die vielmehr aus der Eigendynamik der Selbstorganisation eines Unternehmens entstehen müssen. Vieles für die Lebensfähigkeit eines Unternehmens Entscheidendes ist nicht durch Rundschreiben oder Anordnungen herbeizuführen.

In ihren Denkweisen und Verhaltensweisen, ihren Gewohnheiten und Überzeugungen, vermitteln Führungskräfte jene Impulse, die entweder Zustimmung auslösen oder Widerstände hervorrufen. So kann Servicequalität nur über das Verhalten der Führungskräfte erreicht und stabilisiert werden.

Jeder Mitarbeiter im Verantwortungsbereich der jeweiligen Führungskraft muss erleben, dass ein bestimmtes Verhalten erwartet wird und erwünscht ist. Wenn die Mitarbeiter keine Signale in diese Richtung erhalten, werden sie diesem Thema nur geringe Priorität beimessen.

Kein Unternehmen kann herausragenden Service leisten, wenn seine Führungskräfte nicht sichtbar und ständig der Idee des Services huldigen. Wenn sie es nicht tun, richtet die Organisation die Aufmerksamkeit zwangsläufig nach innen und konzentriert sich auf innere Abläufe.

Bedenken Sie als Führungskraft, dass Sie durch Ihr Verhalten positive oder negative Reaktionsketten bei Ihren Mitarbeitern auslösen. Wenn Sie von Ihren Mitarbeitern Kunden- und Serviceorientierung erwarten, so müssen Sie dies vorleben. Dies werden Sie selbstverständlich tun, werden Sie denken. Was wir meinen, ist das gelegentliche ganz bewusste Vorleben:

- Ordnen Sie zwischendurch mal die Prospekte auf den Schreibtischen, Beratungsplätzen und im Prospektständer,
- kümmern Sie sich besonders bei Wartezeiten um die Kunden oder „empfangen" Sie mal für eine Stunde die Kunden im Selbstbedienungsbereich usw.

Teilen Sie sich solche Aktivitäten in Ihren Zeitplan ein. Einmal pro Woche ist ein deutliches Signal für Ihre Mitarbeiter, Serviceorientierung intensiver zu praktizieren.

Tipp 120
Geht nicht – gibt es nicht!

Der Verkaufsalltag in Kreditinstituten ist leider mit vielen negativen Aussagen gegenüber Kunden gespickt. Dazu einige Beispiele: Die Kundin A hat einen kleinen außergewöhnlichen Wunsch an seinen Berater und hört prompt:

- „Das geht aber nicht ohne die Unterschrift Ihres Mannes!"

Kunde B möchte telefonisch einen Mitarbeiter sprechen und man antwortet ihm ohne jegliche Hilfestellung:

- „Der Kollege ist heute nicht da!"

Kunde C fragt nach den Öffnungszeiten einer bestimmten Geschäftsstelle und erhält die sachlich richtige, aber negative Antwort:

- „Die Geschäftsstelle in ... ist jeden Mittwoch nachmittags geschlossen!"

Der junge Nachwuchskunde D hat Interesse an einer Kreditkarte und erhält eine klare Absage:

- „Eine Kreditkarte können Sie leider noch nicht erhalten, da Sie keine feste Anstellung und auch kein regelmäßiges Einkommen haben!"

Und der langjährige wichtige Geschäftskunde E wird in der betreuenden Geschäftsstelle mit einem

- „Dafür sind wir nicht zuständig!"

abgeschmettert. Die kommunikative Botschaft lautet für alle Kunden: „Pech gehabt: Geht nicht!". Es handelt sich jeweils um klare Absagen. Der Kunde erhält keine Chance, keine Hilfe, keinen Service – Perspektiven werden nicht aufgezeigt. „Gehtnicht!"-Antworten treiben Kunden zum Wettbewerb, wenn dieser nach der Devise „Geht vielleicht (später oder mit kleinen Änderungen) doch!" oder einem ähnlich positiven Grundsatz arbeitet.

Nehmen Sie die „Geht-nicht!"-Einstellung bei Ihnen und bei Ihren Mitarbeiter als erstes wahr. Vertreiben Sie dann die „Geht-nicht!"-Einstellung aus den eigenen Köpfen, sonst wird der Kunde Ihnen und Ihren Mitarbeitern bald „Geht nicht mit mir!" sagen. Zum Umdenken hat sich der einfache Grundsatz

Geht nicht – gibt es nicht!

bewährt. Sogar ein Baumarkt ging mit diesem Slogan lange Jahre in die Werbung. Ersparen Sie Ihren Kunden Negatives und glatte Ablehnungen, sagen Sie dem Kunden nicht das Unmögliche, sondern gewinnen und überzeugen Sie ihn durch

- konkrete Möglichkeiten,
- realistische Perspektiven,
- logische Alternativen,
- andere realistische positive Reaktionen
- sowie engagierte Unterstützung und Hilfe.

Die Antworten gegenüber den Beispielkunden A bis E sehen – bei gleichem Sachverhalt – dann schnell freundlicher, engagierter und verkaufsorientierter aus:

Antwort A: „Ich helfe Ihnen gerne. Der Auftrag wird sofort ausgeführt, wenn auch Ihr Mann den Beleg unterschrieben hat."

Antwort B: „Der Kollege ist morgen wieder hier. Soll er Sie dann anrufen oder kann ich Ihnen jetzt helfen?"

Antwort C: „Die Geschäftsstelle in ... ist jeden Mittwoch von 8.30 bis 13.00 Uhr geöffnet."

Antwort D: „Ich bestelle Ihnen gerne eine Kreditkarte, wenn Sie wieder einen Arbeitsplatz haben und einige Gehälter eingegangen sind."

Antwort E: „Das erledigen die Kollegen von der zentralen Wertpapierabteilung. Ich rufe für Sie gerne an und vereinbare ..."

In den fünf Beispielen ist jeweils aus einem vorschnellen und kundenfeindlichen „Geht nicht!" ein unterstützendes und kundenfreundliches „Geht mit bestimmten Bedingungen! Ich helfe Ihnen dabei!" geworden.

Übertragen Sie diese Einstellung auch auf die Tipps dieses Buches. Bei dem einen oder anderen Beitrag werden Sie während der Lektüre auch ein schnelles

- „Geht nicht!",
- „Geht nicht bei uns!",
- „Geht nicht bei meinen Kunden!" oder
- „Geht nicht bei meinen Mitarbeitern!"

gedacht haben. Diese schnelle erste Reaktion ist verständlich, aber sie bringt Sie weder als Verkäufer noch als Führungskraft weiter. Zwingen Sie sich jeweils zu einem zweiten Gedanken und suchen Sie nach Möglichkeiten und Chancen:

- „Geht, unter der Voraussetzung, dass ...!",
- „Geht, wenn ... berücksichtigt wird!" oder
- „Geht, mit der einen der anderen kleinen Änderung!"

> Beide Autoren dieses Buches, Günther Geyer und Wolfgang Ronzal, sind sicher, dass viele Tipps dieses Buches auch bei Ihnen mit Erfolg „gehen" werden. Zur Umsetzung und praktischen Anwendung wünschen wir Ihnen viel Energie, viel Erfolg und vor allem auch Spaß.

Die Autoren

Wolfgang Ronzal

Wolfgang Ronzal, Jahrgang 1942, ist selbstständiger Trainer und Unternehmensberater. Er hat sich spezialisiert auf die Gebiete Servicequalität und Kundenbindung (Implementierung Qualitätsmanagement), Vertriebssteuerung und Verkaufsförderung, Führungskräfteentwicklung und -fortbildung, sowie Mitarbeitermotivation.

Ein besonderes Anliegen sind ihm Aktivitäten für die Zielgruppe 50plus, sowohl für Kunden als auch für Mitarbeiter.

Er trat nach dem Abitur 1960 in die Erste Bank der Österreichischen Sparkassen AG ein und war dort über 30 Jahre in verschiedenen Funktionen in Vertrieb und Marketing tätig (Filialleiter, Leiter Verkaufsförderung, Leiter Marketing und Werbung, Regionalbereichsleiter, Direktor für den Filialvertrieb Wien, Leitung Projekt Qualitätsmanagement).

Wolfgang Ronzal ist akademisch geprüfter Werbekaufmann, war viele Jahre Universitätslektor an der Wirtschaftsuniversität Wien (Institut für Kreditwirtschaft) und ist nun Dozent an mehreren Bankakademien. Er ist Mitglied der Gemeinschaft europäischer Marketing- und Verkaufsexperten (Club 55), Beiratsmitglied der Direktmarketingakademie für Finanzdienstleistungen, sowie Vorstandsmitglied im Finanzmarketingverband Österreich.

Er ist unter den Top 100 Speakern von Speakers Excellence und ist auf Kongressen und Kundenveranstaltungen oftmals Gastredner.

Heute gehört er zu den erfolgreichsten Trainern im deutschsprachigen Raum. 1999 wurde er von der Akademie für Führungskräfte in Leonberg als Motivationstrainer des Jahres ausgezeichnet. Auf seiner Kundenliste befinden sich über 300 Kreditinstitute, seine Seminare und Vorträge haben inzwischen mehr als 50.000 Teilnehmer besucht. 2007 wurde ihm vom TÜV Rheinland das Qualitätssiegel „tested Kundenzufriedenheit Seminare" verliehen.

Er ist Autor zahlreicher Bücher und Fachpublikationen zu den Themen Qualität, Vertrieb, Verkauf und Führen (siehe Literaturverzeichnis). Sein Buch „Wie Sie Kunden zu Partnern machen" wurde inzwischen über 10.000 Mal verkauft.

Seit Oktober 1986 bildet er mit Günther Geyer die Redaktion für den monatlichen Praxisdienst „Erfolgreicher Führen und Verkaufen in der Zweigstelle – für Filial-, Geschäftsstellen- und Zweigstellenleiter von Banken und Sparkassen".

Mehr über Wolfgang Ronzal erfahren Sie unter www.ronzal.at sowie unter www.wettlauf-um-die-alten.com.

Kontakt: wolfgang@ronzal.at oder Tel/Fax: ++43 – 1 – 985 31 45

Günther Geyer

Dipl.-Kfm. Günther Geyer, Jahrgang 1951, ist selbständiger Management- und Verkaufstrainer. Er hat sich auf die Kreditwirtschaft und verwandte Organisationen spezialisiert.

Nach dem Studium der Betriebswirtschaftslehre sammelte er Erfahrungen im Kredit- und Wertpapiergeschäft einer überregionalen Geschäftsbank. Über eine erfolgreiche Marketingarbeit wurde er schnell Weiterbildungsleiter. Seit 1980 arbeitet er freiberuflich. Heute gehört er zu den führenden und erfahrenen Trainern im deutschsprachigen Raum. Er betreut vor allem Kreditinstitute und Verbände der Kreditwirtschaft von Hamburg über Frankfurt bis nach Bozen und von Luxenburg über Zürich bis nach Graz.

Sein Leistungsangebot reicht von vertriebsorientierten Führungstrainings über alle Formen des Verkaufstrainings und Vertriebs-Coaching bis hin zu Projektarbeiten sowie Beratungen. Günther Geyer ist gern gesehener Redner bei Kongressen für Bankmitarbeiter und Kundenveranstaltungen. Seine „Verkäufertage" für Kreditinstitute bringen sofort anwendbare Tipps für die Verkaufspraxis. Seine Fachbücher sind zu Standardwerken zum Führen und Verkaufen bei Kreditinstituten geworden. Unter anderen ist 'Das Beratungs- und Verkaufsgespräch in Banken – Bankleistungen erfolgreich verkaufen' im Gabler-Verlag bereits in der 8. Auflage erschienen.

Er bildet mit Wolfgang Ronzal die Redaktion für den monatlichen Praxisdienst „Erfolgreicher Führen und Verkaufen in der Zweigstelle – für Filial-, Geschäftsstellen- und Zweigstellenleiter von Banken und Sparkassen". Günther Geyer hat inzwischen über 50.000 Bank- und Sparkassenmitarbeiter aus über 300 Kreditinstituten in den letzten Jahren trainiert. Bücher und kostenlose Informationen zum erfolgreichen Führen und Verkaufen in Kreditinstituten erhalten Sie unter info@geyer-training.de, Fax 06251/67392 oder www.geyer-training.de.

Weitere Literatur von beiden Autoren

Günther Geyer: Das Beratungs- und Verkaufsgespräch in Banken – Mehr Erfolg durch aktiven Verkauf. 8. Auflage 2009, Wiesbaden, Gabler-Verlag

Günther Geyer: Ganz einfach ... Konditionen verkaufen – Wie Sie erfolgreich Preis- und Konditionengespräche führen, 5. Auflage 2008, Stuttgart, Sparkassen-Verlag

Günther Geyer: Telefontraining in Banken – Finanzdienstleistungen erfolgreich verkaufen, 4. Auflage 2003, Wiesbaden, Gabler-Verlag

Günther Geyer: Verkaufen von A bis Z in Kreditinstituten – Tipps und Ideen zum Verkaufserfolg, 4. Auflage 2007, Stuttgart, Sparkassen-Verlag

Günther Geyer: Ganz einfach ... aktiv verkaufen – Wie Sie gezielt erfolgreich abschließen, 3. Auflage 2006, Stuttgart, Sparkassen-Verlag,

Wolfgang Ronzal: Wie Sie Kunden zu Partnern machen, 5. Auflage 2002, Amalthea Signum Verlag

Wolfgang Ronzal: Wie Sie Kunden zu Partnern machen (Hörbuch), 2008, Verlag Michael Ehlers

Wolfgang Ronzal/Anton Schmoll (Hrsg.): Neue Wege zum Kunden – Multi-Channel-Vertrieb im Bankgeschäft, 2001, Wiesbaden, Gabler-Verlag

Wolfgang Ronzal/Detlef Effert (Hrsg.): Erfolgreiche Vertriebsstrategien in Banken – Von den Besten profitieren, 2006, Wiesbaden, Gabler-Verlag

Wolfgang Ronzal/Detlef Effert/Wilfried Hanreich: Ganzheitliche Beratung bei Banken – Modeerscheinung oder Erfolgskonzept, 2006, Wiesbaden, Gabler-Verlag, Seiten 215 - 229

Wolfgang Ronzal (Hrsg.): Profis im Finanzvertrieb - Verkaufsstrategien in der Bank, 2006, Wiesbaden, Gabler-Verlag

Wolfgang Ronzal/Helmut Muthers (Hrsg.): Wettlauf um die Alten – Bankmarketing für die Zielgruppe 50plus, 2007, Wiesbaden, Gabler-Verlag

Sie erhalten alle Bücher im Fachbuchhandel und direkt bei den Autoren.

Stichwortverzeichnis

A

Abgang 217
Abschlussbedarf 119
Abschlussbereitschaft 35
Abschlussbesprechung 109
Abschlussinitiative 30
Abschlussorientierung 37, 68
Abschlusssignal 35
Abschlusswahrscheinlichkeit 37
Adventszeit 88
Aktivgeschäft 59
Anerkennung 273, 278
Angebotsnennung 27
Angebotsvorschlag 134
Anrufbeantworter 64, 65
Anrufzeit 66
Anschlussgeschäft 31, 32
Antwort 120, 121
Arbeitsplatz 218, 219
Argumentation 120
Argumentationshilfe 110
Aufbewahrung 97
Aufmerksamkeit 81, 167, 168, 180
Auftreten 234, 235
Ausdruck 104
Aussehen 218, 234

B

Bank-Chinesisch 117
Bankgeheimnis 154
Beamer 102
Bedarfsanalyse 26, 27, 212
Bedarfsdenken 119, 212
Bedarfsermittlung 22
Bequemlichkeit 58

Beraterwechsel 208, 209
Betreuungstelefonat 144
Bevormundung 23
Beziehungsebene 155, 156, 234
Bildschirm 34
Blickfang 79, 80
Blickkontakt 259
Briefstil 139

C

Charts 104
Checkliste 104
Coach 19
Controlling 109
Cross-Selling 31, 32

D

Danke 189, 190
Datensicherung 70
Demonstration 258
Depotauszug 38, 39
Dienstnummer 67
Diskretion 70, 115, 204
Diskussion 253
Drucker 34

E

Ehrlichkeit 47, 259
Einbruchschutz 83
Einkaufserlebnis 162
Einwand 101, 147, 148, 149, 150, 152, 153, 155
Eltern 81
Empfehlung 28, 93, 94

Entscheider 30
Entschuldigung 114
Enttäuschung 57
Erfolgsbilanz 232, 260, 270
Erinnerung 98
Erinnerungskarte 99
Erscheinungsbild 235

F

Fachsprache 117
Fachzeitschrift 271
Fälligkeitsliste 140
Fehler 179
Filiale 82, 83
Finanzierungsrahmen 59
Finanzierungsraten 59
Flipcharts 102
Foyer 187
Fragen 22, 23, 135
Fragepraxis 22
Freundlichkeit 73, 74
Führungskraft 146, 241, 248, 249, 251
Führungsverhalten 277

G

Garderobe 225
Geburtstag 171
Geldautomat 229
Geschäftsbrief 139
Geschäftskorrespondenz 139
Geschäftspartnerschaft 17, 18
Geschäftsstelle 79
Geschäftsstellenleiter 253
Gesprächseinstieg 91, 144
Gesprächsführung 70, 135
Geste 259
Gesundheit 85
Gewinn 141
Gewinnspiel 86
Grundeinstellung 17, 157

Grundsatzgespräch 131, 132, 133
Gruß 63

H

Hilfen
 - optische 102
Hilfsbereitschaft 64
Hinweisständer 80
Höflichkeit 73, 74, 114
Hypothekendarlehen 60

I

Idee 256
Image 85
Information 103
Informationsmaterial 95
Informationsphase 185
Internet 34

J

„Ja"-Reaktion 144
„Ja"-Sager 120
Jahreswechsel 89

K

Kennenlernen 213
Kinder 81
Kochbuch 84
Kommunikation 114
Kompensation 153
Kondition 42, 103
Konditionengespräch 43
Konditionengestaltung 145
Konditionennennung 45
Konditionenübersicht 50
Konditionsanfrage 52
Konkurrenz 105
Konkurrenzangebot 105
Kontakteinstieg 62
Kontaktsicherung 32

Kontinuität 17
Kontoauflösung 174
Kontoeröffnung 206
Kontojubiläum 181
Kontrollfragen 178
Körperhaltung 35
Körpersprache 259
Korrespondenz 139
Kreditgeschäft 59
Kulanz 179
Kundenansprache 120, 143, 173
Kundenbetreuung 17
Kundenerwartung 20, 21
Kundenfeiertag 226, 227
Kundenkenntnis 61
Kundenveranstaltung 91
Kundenverbindung 172
Kundenvorteil 45
Kundenzufriedenheit 213
Kursgewinn 141, 142
Kursverlust 141

L

Loyalität 181

M

Mitarbeiterbesprechung 109, 253, 258, 261, 262, 263, 264, 265, 266
Mitarbeiterführung 19
Mitarbeitergespräch 243, 244, 246, 247, 261, 269
Mundart 115
Mund-zu-Mund-Propaganda 174

N

Nachverkaufsaktivität 55
Namensansprache 169
Namensschilder 236, 237
„Nein"-Sager 120
Neukunde 40, 90

O

Öffnungszeit 193

P

Papier 104
Phrase 251
Plaudern 143
Präsent 53, 54
Preis 42
Preisangabe 44, 45, 48, 49
Preisanpassung 50
Preisbestandteil 47
Preisinformation 47, 49
Preisnennung 46
Preisübersicht 50
Privatkunde 67
Privatnummer 67
Problem 137
Produktvorschlag 28
Produktvorteil 100
Prospekte 103, 104, 230, 231
Prospektständer 171

Q

Qualitätsverbesserung 175
Qualitätszirkel 126

R

Räumlichkeiten 171
Rechtfertigung 156
Redlichkeit 47
Reiz 114, 116
Reiz-Reaktions-Vorgang 113
Reklamation 53, 175, 176, 177, 179
Relativierung 48, 49
Risikoneigung 22
Rückruf 65, 66, 215

S

Satzlänge 117
SB-Foyers 228
SB-Geräte 187
SB-Zonen 228
Schauspieler 162, 163
Schreibtisch 218, 219
Schriftform 49
Schwächezeichen 156
Schweigen 124
Selbstbedienung 187
Selbstbehauptung 156
Selbstverständlichkeit 170
Seminar 267
Servicebereitschaft 161
Serviceeinstellung 164, 194
Servicekultur 164
Servicewüste 161
Sicherheit 83
Sicherheitsmaßnahme 83
Sicherungsgespräch 247
Spezialanbieter 122
Spielraum 249
Sponsoring 87
Sprache 28, 29, 33, 113
Spracheinfärbung 115
Sprachstil 29, 115
Standardbrief 129
Stift 104
Störung 25, 26

T

Telefon 34, 51, 52, 62, 63, 64, 68, 144, 186, 202
Telefonat 107
Terminiertes Verkaufsgespräch 24
Terminkalender 125
Terminkarte 96
Terminquote 24, 127
Terminvereinbarung 125, 126, 127, 214

Themenvorschlag 265
Treue 172, 181

U

Universalbank 122
Unterbrechung 202
Unzufriedenheit 18
Urlaubsvertretung 72
Urlaubszeit 72

V

Veränderung 250, 251
Vergissmeinnicht 82
Verhaltenskorridor 248, 249
Verhandlungssituation 146
Verkäufer 17, 76
Verkäuferpersönlichkeit 18
Verkaufsaktion 270
Verkaufshilfe 230
Verkaufskapazität 210, 211
Verkaufsorientierung 143
Verkaufsverhalten 278
Verkaufsverhandlung 18
Verkaufsziel 252
Vermutung 251
Veröffentlichung 271
Verpackung 97
Verständnis 176
Verstärkung 277
Vertragsbedingung 103
Vertrauenssituation 234
Visitenkarte 92, 93, 94, 95, 96
Vorausdenken 166
Vorbereitung 25
Vorbild 275, 279
Vordenken 58
Vorschlag 255
Vorstellung 63
Vorzugskondition 50
Vorzugszins 50

W

Wandel 157, 158, 250
Wartezeit 199, 200, 201, 214
Weihnachten 88, 182, 183
Weihnachtsgeschenk 84
Weiterbildung 268
Wettbewerbsangebot 128
W-Fragen 124, 245
Wiederanlageliste 140
Wortwahl 114
Wünsche 155

Z

Zahlenbeispiel 104
Zeitmanagement 216
Zitat 183
Zufluss 217
Zufriedenheit 90, 194, 206
Zusammenfassung 178
Zusatzverkauf 31
Zustimmung 124, 150
Zuwendung 150